民航国内客运销售实务

竺志奇 主编

中国民航出版社

图书在版编目（CIP）数据

民航国内客运销售实务/竺志奇主编.—北京：中国民航出版社，2009.9（2017.1）
ISBN 978-7-80110-933-0

Ⅰ．民… Ⅱ．竺… Ⅲ．民用航空-旅客运输-中国 Ⅳ．F562.6

中国版本图书馆 CIP 数据核字（2009）第 171263 号

责任编辑：王迎霞

民航国内客运销售实务
竺志奇　主编

出版	中国民航出版社
地址	北京市朝阳区光熙门北里甲 31 号楼（100028）
排版	中国民航出版社照排室
印刷	北京金吉士印刷有限责任公司
发行	中国民航出版社（010）64297307　64290477
开本	787×1092　1/16
印张	15.5
字数	352 千字
印数	39501—43500 册
版本	2009 年 10 月第 1 版　2017 年 1 月第 14 次印刷
书号	ISBN 978-7-80110-933-0
定价	54.00 元

（如有印装错误，本社负责调换）

编辑委员会

主　　任：吴桐水

副主任：李江民　曹建雄　顾佳丹　王全华

委　　员：(按姓氏笔画排序)

马崇贤　王明远　车尚轮　田留文

冯　刚　陈　明　周如成　唐　兵

徐杰波　徐　强　浦照洲　蓝新国

魏振中

编 辑 部

名誉主编：魏振中

主　　编：陈　燕

执行主编：（按姓氏笔画排序）

付晓云　白　燕　孙继湖　孙惠君

陆　东　陈　芳　陈彦华　竺志奇

编辑部成员：（按姓氏笔画排序）

万　青	王静芳	王娟娟	文　军
孔令宇	史合义	孙燕平	闫世昌
李玉红	李　红	李建华	李瑞林
肖瑞萍	张乐发	张　英	张辉（上海）
张辉（广州）	陈小代	陈文玲	陈　怡
杨省贵	周石田	袁锦华	徐　青
曹允春	戚久宏	崔　岩	曾晓燕
廉秀琴	臧忠福	樊春雷	穆铁贵

前　言

中国民航运输业是改革发展、经济腾飞浪潮中的朝阳产业，在当前国民经济生产建设中占有不可或缺的地位，具有高科技含量、风险敏感性、国际一体化和跨地区经营等特点，应运而生的中国航空销售代理企业由1985年产生的第一家，迅猛发展到现今具有认可资质的万余家，为航空公司节约了大量的营业网点的建设、管理、销售等费用，极大地拓宽了航空公司的销售渠道，使旅客、货主直接受益。

按照民航局的要求，中国航空运输协会具有负责规范航空运输销售代理市场秩序，引导其快速、健康、稳定发展的职能。在不断的积累经验和理论探讨的基础上，中国航空运输协会以加强代理人培训、提高从业人员素质为己任，针对航空运输销售代理管理、培训和考核的体系，制定了"统一大纲和教材、统一施教标准、统一收费标准、统一考试、统一颁发证书"的"五个统一"管理规定，做到有章可循、有据可依。

此套航空运输销售代理培训教材正是"五个统一"的重要举措之一，涵盖了航空运输销售代理的国际客货运输专业和国内客货运输专业的基本内容，具备如下特点：

（一）容量丰富、内容更新。即在原有教材的基础上汲取精华、去旧添新，根据代理工作的特点，以国际间通行的业务准则为基本依据，增加了生产实践中普遍运用的新规定、新技术和新方法，在"质"与"量"的双方面都有突破。

（二）操作性强、实用性高。本教材在满足中国航空运输企业销售工作的客观要求的同时，将理论知识和客观实践融会贯通，突出从业人员应知应会的内容，并增加案例分析等实用内容，做到理论与实践相结合，规定与应用相接轨。

（三）该教材作为中国航空运输协会授权培训与考核的唯一指定教材，教员以此为依据编写教材或讲义，并作为考核评定标准；学员既可将其作为学习用书，又可作为业务查阅手册，是教与学结合的良性互动教材。

此套航空销售代理人培训教材是中国航空运输协会召集中国民航大学、中国民航管理干部学院、中国民航飞行学院、民航上海中等专业学校、广州民航职业技术学院、中国国际航空公司、中国国际货运航空公司、中国东方航空公司、中国南方航空公司、上海航空公司、海南航空公司等具有较高理论素养和丰富实践经验的教授和专家精心编写而成，摒弃了单纯的教条模式，系统而全面地介绍了民航业务。

此套教材在编写过程中参考了 IATA 的国际通用标准和各大航空公司及院校的现有教材，在编写完成后经过了民航业内专家顾问的审阅和评定，同时也得到了民航有关领导的支持和帮助，在此表示热忱感谢。

中国民航业的高速发展具有行业知识更新快、变动多、变化大等特点，作为权威的教材，在日后的教学使用中应不断查漏补缺、添新去旧、整合更替，也希望读者不吝赐教，使其日臻完善。

中国航空运输协会
2009 年 9 月 29 日

目 录

上篇 民用航空基础知识

第一章 运输业概述 ... 3
第一节 运输业的性质和特点 ... 3
第二节 航空运输业的性质和特点 ... 9
第三节 航空运输生产基本知识 ... 11

第二章 民用航空运输发展概况 ... 20
第一节 国际民用航空业的发展 ... 20
第二节 中国民用航空业的发展 ... 25

第三章 民用航空运输法律法规 ... 29
第一节 国际民航公约 ... 29
第二节 中国民航法律法规 ... 39

第四章 民用航空运输组织 ... 46
第一节 国际民用航空组织 ... 46
第二节 中国民用航空管理机构 ... 56

第五章 民用航空运输企业 ... 61
第一节 航空运输企业概述 ... 61
第二节 国际民航运输企业 ... 65
第三节 中国主要航空运输企业 ... 79

下篇 民航国内客运实务

第六章 国内航空客运票证 ... 117
第一节 客票及其构成 ... 117
第二节 客票格式 ... 122
第三节 订票单据 ... 124

第七章 国内航空旅客运价 ... 127
第一节 民航运价 ... 127
第二节 票价 ... 130

第三节　票价信息的来源……………………………………………134
第八章　旅客订座与客票销售……………………………………………136
　　第一节　订座及订座系统……………………………………………136
　　第二节　客票销售……………………………………………………143
　　第三节　出票时限……………………………………………………146
　　第四节　座位再证实…………………………………………………147
　　第五节　客票变更……………………………………………………148
　　第六节　退票…………………………………………………………149
　　第七节　客票遗失……………………………………………………153
　　第八节　团体旅客……………………………………………………154
第九章　电子客票…………………………………………………………156
　　第一节　电子客票概述………………………………………………156
　　第二节　电子客票实务………………………………………………163
第十章　旅客运送服务……………………………………………………175
　　第一节　旅客运送流程………………………………………………175
　　第二节　旅客乘机的有关规定………………………………………177
　　第三节　误机、漏乘、错乘…………………………………………179
　　第四节　旅客运送服务工作…………………………………………180
第十一章　行李运输………………………………………………………187
　　第一节　行李运输的一般规定………………………………………187
　　第二节　行李的运费…………………………………………………188
　　第三节　行李的收运…………………………………………………189
　　第四节　行李的声明价值……………………………………………194
　　第五节　行李的检查、保管和装卸…………………………………195
　　第六节　特殊行李的运输……………………………………………198
　　第七节　限制携带物品和违章行李的处理…………………………200
　　第八节　行李的退运、变更和交付…………………………………202
　　第九节　行李赔偿……………………………………………………204
附录一………………………………………………………………………208
附录二………………………………………………………………………214
附录三………………………………………………………………………226
参考书目……………………………………………………………………238

上篇　民用航空基础知识

第一章　运输业概述

第一节　运输业的性质和特点

一、运输业的定义

运输是人和物的载运及输送，是在不同地域范围间，用设备和工具，以改变人和物的空间位置为目的的活动。运输是人类走向文明社会的重要方式，城市的兴衰、环境的变迁、社会的变革、经济的发展无一不与运输及运输方式的变革与发展密切相关。

运输业是国民经济中从事旅客和货物运输的物质生产部门，是国民经济的重要组成部分。马克思在剩余价值学说中指出："除了开采业、农业和工业，尚有第四个物质生产部门，也会经过手工业经营、制造业经营和机械经营这三个不同的阶段，它就是运输业，它或是运输人，或是运输商品。"自从人类所进行的生产出现剩余产品之后，人们就产生了对劳动者、劳动工具、劳动产品进行运输的需要，从人拉肩扛、车推船载，直到今天出现铁路运输、管道运输、航空运输等等。

自从人类社会形成以来，人类的活动就离不开交通运输，交通运输是和整个人类活动联系在一起的。可以说，运输业一方面促进了人类社会的发展，另一方面也同时受社会生产力的制约。交通运输业发展并最终形成一个独立的服务生产部门，经历了长期的发展过程。资本主义社会以前的社会是建立在小生产基础上的小农经济，对交通运输的要求不是很高，当时运输的对象也非常有限——主要是农产品和一些手工业品以及少量的原材料。工业革命以后，社会对交通运输的要求越来越高，主要体现在运输的质量和速度上，运输作为一种较为独立的消费随之产生，其社会分工也越来越细。运输产业的专门化和社会化，极大提高了运输的生产效率，加快了商品的流通，使地区性市场得以发展成全国性乃至全球性的国际市场。

当前，我国正处在全面建设小康社会的关键时期，要调整经济结构和转变经济发展方式，交通运输业作为国民经济的基础和先导产业，必须走在全体产业的前列，并具有一定的超前性，这对推动国民经济又好又快地发展具有十分重要的意义。

二、运输业的要素

现代运输业主要包括运输线路、运输工具、运输场站和通信设备等基础设施设备，他们在运输过程中发挥各自的作用，形成有机整体，共同完成运输任务。

1. 运输线路

运输线路又称运输通路。通路是指在运输网络中，连接运输始发地、到达地，供运输工具安全、便捷运行的线路。按其形成可分为自然形成和人工建设而成。自然形成的线路是依靠自然条件而形成的，如空中航线、水运航路；人工建设的线路是专门经过人员施工建设而成的，如铁路、公路、运河、管道等。运输线路一般分为陆路、水路和空路。

2. 运输工具

运输工具的功能是运送和保护运输的人和物品。早期的运输工具有人、牛、马、骆驼等，现代化的运输工具则是汽车、火车、轮船、飞机等。在这些运输工具中，有的运输工具与动力完全分离，如铁路的货车、海上的驳船、集装箱拖车等，有的则与动力同体，如汽车、飞机、轮船等。理想的运输工具应具备较好的动力性、安全性、可靠性，且有容量大、能源消耗少、对环境污染少等特性。

3. 运输场站

场站是指运输工具出发、经过和到达的地点，是为运输工具到发停留、货物集散装卸、运输工具维修管理以及运输过程中转连接的场所，如火车站、港口、机场及公路货运站等。运输场站具有衔接功能，它将运输线路联结成一个系统，使各个线路通过场站变得更为贯通，并且通过转换使运输更好地衔接在一起。运输场站必须建设候车（机、船）室、仓库、运输工具维修、通信设施等为运输服务的相关设施。理想的场站应地理位置适中，设备齐全，交通便利，场地宽广。

4. 通信设备

现代化运输方式的特点是运输量大、运输速度快，同时需要安装通信设备来传递、收集、处理、发送各类信息，以加强运输工具与线路、场站及相关部门的联系。通信设备的功能在于运输管理部门及营运企业能迅速确实掌握运输服务的进展情况，处理各类突发事件，确保运输安全，提高运输服务质量与运输效率。良好的运输通信设备应具备优良、迅速、操作简便的特点。

我们知道，任何一种运输方式都是由人来进行操作的，都需要一支高素质、专业化的管理和员工队伍。

三、运输业的性质

运输业既是从事旅客和货物运输的物质生产部门，同时它也是公共服务业，属于第三产业。上述每一种属性都是运输业性质的重要反映。"物质生产性"强调了运输业对其劳动对象，在价值创造和使用价值实现方面所具有的作用。由于运输生产活动是运输生产者使用劳动工具作用于劳动对象，改变劳动对象空间位置的过程，因此，实现劳动对象的空间位移成为运输的基本效用和功能，通过改变劳动对象的空间位置，使其价值和使用价值发生变化。"公共服务"强调运输业在运输活动中的服务性质，即运输业必须以服务作为前提向全社会提供运输产品。马克思曾特别强调运输业的服务性，他说："旅客运输，这种位置变化不过是企业之间向乘客提供的服务。"

运输业是连接社会各方面的纽带。在社会生活中，起着继续、并最后完成其他国民经济部门生产过程的作用。在生产力不发达的年代，人们生产的产品主要为了自身的消费，随着生产力水平的不断提高，自身消费的部分在产品总量中所占的比例越来越小，生产的产品主要提供给市场进行消费。运输业的作用在于将生产与消费连接起来，使生产的目的——消费最终得以实现。同时，现代化社会对人员和信息的流通要求越来越高，速度越来越快，都需要以运输作为媒介。因此，运输业发达与否是社会现代化水平高低的一个标志。从我国改革开放以来的经验看，运输条件较好，运输业较发达的地区，开放早，发展快；而在有些地区，交通运输的落后阻碍其开放和发展，这充分说明了交通运输业是国民经济的基础性、先导性行业，对经济、社会发展和国家现代化建设具有多方面的重大影响。

运输业是一个服务性行业。在不同的生产过程中，劳动对象所受到的作用性质是多种多样的，它可以是化学作用，表现为改变了劳动对象的物质性质，例如，制药、酿酒等等；它也可以是物理作用，表现为改变了劳动对象的物质形态，例如，制衣、轧钢等等。运输业作为一个物质生产部门，也具有生产力三要素。劳动力是从事运输生产的职工，劳动工具是运输设备、运输路线和运输工具等等，劳动对象是旅客、货物、邮件等等；在运输生产的全过程中，旅客和货主花钱的目的是实现人或物在空间位置的改变。我们所生产的产品叫做"位移"，就是说，运输生产所改变的是劳动对象的空间位置。运输业的产生、生存和发展就是为了满足社会对于位移的需求。从这个意义上说，运输业是一个服务性行业，必须深刻认识运输业的这种行业性质。对于运输业来说，我们生产的过程，是为社会提供位移服务过程，这二者是一致的。被服务者（劳动对象）在位移过程中享受到良好的服务，其所付费用真正实现了价值，他才会高兴而来，满意而去。运输业通过其提供的良好服务逐步占领市场和扩大市场，因此双方在经济利益上是一致的，反过来，旅客享受不到良好的服务，下次不再来了，我们就失掉了这部分市场。因此，对于运输业来说：必须清醒地认识到，服务水平的高低不是一件可抓可不抓的小事，从一定意义上说，服务决定效益和企业信誉，服务决定发展。

四、运输业的特点

相对于其他行业和部门来说，运输业有其明显的特点。

1. 运输业是一个不产生新的实物形态产品的物质生产部门。运输产品是运输对象的空间位移，运输业劳动对象是人或物，且劳动对象本身不为运输业所有，运输业参与社会总产品的生产和国民收入的创造，却不增加社会产品实物总量。

2. 运输业的劳动对象是旅客和货物，运输业不改变劳动对象的属性或形态，只改变它的空间位置。运输业提供的是一种运输服务，他对劳动对象只有生产权，没有所有权。

3. 运输是社会生产过程在流通领域内的继续。产品在完成了生产过程后，必然要从生产领域进入流通领域，这就需要运输，产品只有完成这个运动过程，才能变为消费品，运输与流通是紧密相连的。是社会生产过程在流通领域内的继续。

4. 运输生产和运输消费是同一过程。运输产品不能调拨，不能储存，只能满足当时当地的运输需求，因此，运输业以固定性生产设施的合理分布、运输能力的足够储备以及科学合理的运输生产组织工作来适应客货流在空间和时间上的波动。

5. 运输活动具有网络性、过程性、连续性等特点。这些特点为运输业如何安全、迅速、准确、便利、经济地完成运输活动提出了特殊要求。

6. 运输业的资本结构有其特殊性，其固定资本比重大，流动资本比重小，资本的周转速度相对较慢。

五、运输业的种类

运输活动是一项广泛存在的经济活动，其本身可以进行更详细的分类，概括起来，运输可进行如下分类：

1. 按照营业性质划分为公营运输与私营运输。
2. 按照运输对象划分为旅客运输与货物运输。
3. 按照运输主体划分为自有运输与公共运输（受雇运输）。
4. 按照运输方式划分为铁路、公路、水运、航空、管道。
5. 按照运输范围划分为城市内运输、城市间运输、乡村运输、国内运输、国际运输。
6. 按运输范畴划分为干线运输、支线运输、二次运输。

运输业的产品是旅客和货物的空间位移，运输产品的计算单位是旅客"客公里"或货物"吨公里"。旅客"客公里"也能换算为"吨公里"。每个旅客重量可按 0.09 吨计算。

六、运输业的作用

1. 经济方面的作用

1）运输是经济发展的基本物质保证

在影响经济发展的诸多因素中，运输的作用是十分明显的。一个完善的交通运输体系是维系和支持经济运行和发展不可缺少的。环视当今世界各国不难发现，经济愈是发达的国家，其交通运输系统愈是完备。应当说，完备的交通运输体系为经济发展提供了基本的支持。

2）运输是社会生产过程的重要组成部分

运输最基本的效用就是改变物体的地点或位置。古典经济学家把运输能够通过改变物体位置而创造价值的特性称为运输的空间效用。

从整个社会生产过程来看，除非把原料、材料及其他生产要素运到需要的地方，否则它们毫无价值。因此，运输是生产过程的重要组成部分。从这个意义上讲，运输可分为四种类型：①厂内运输。它所完成的是"在每一个生产过程中，劳动对象的位置变化"。如，汽车零件由生产车间运往组装车间。②产品从一个生产场所被运到另一个相隔很远的生产场所。这时的运输已经不再是内部运输，而是生产过程中的"流通运输"，是脱离生产过程而独立存在的商品交换的经济活动。③产品从生产领域运到消费领域。这种运输将使产品进入消费领域。④产品从消费领域运到生产领域。这一点是被多数人忽视的，然而，在现代市场经济条件下，这类运输却大量存在。其主要原因，或者是产品不能满足消费者需要，出现质量方面问题；或者是交易、政策方面问题，促使产品重新加工、生产。

不难看出，由于运输存在，才使社会生产和消费得以正常进行。运输使得不同商品的使用价值得以充分体现。所以，运输劳动像一般生产领域的劳动一样，能够增加商品的价值。

运输在参与社会生产活动中，还以其本身具有的"时间效用"创造价值。由于运输，生产要素能够顺利送达生产地，保证生产不间断进行；由于运输，各种商品可以在不同地区自由交换，实现其价值。很明显，运输对生产和消费在时间方面所起的正面效用能够创造价值。

从社会生产过程来看，运输另外一个重要作用就是促进劳动分工和地区专业化。由于不同地区在自然资源、环境、资本、劳动力、气候、文化等方面具有不同特点，所以每个地区的生产力、生产特点都会有别于其他地区。如果有运输作保证，各地区就会生产自己有优势、对自己有利的产品，从而形成不同地区的劳动分工和生产专业化。运输在大规模生产和地区分工方面的作用，也决定了它在社会生产力布局方面具有不可替代的影响。

3）运输是产品销售的必要条件

生产是为了消费，大规模的社会化生产，必须配备行之有效的销售体系。在市场经济条件下，产品如果卖不出去，生产就不再有意义。实现产品顺利销售的必备条件之一是充足完善的运输系统。运输能够把不同商品运到需要的地方，实现商品本身的价值。运输也能"开拓市场"，创造更大的市场范围和社会需求。

4）运输能够平衡和降低社会物价水平

运输使得货物从一地运往另一地，因此，也就能够平衡不同地区的物价。

如果没有运输，每个市场就只能依靠本地产品供应。而运输可以使其他地区产品参加该市场竞争。在当地货源不足的情况下，外地货源可以通过运输满足该市场需要，而本地产品相对过剩时，亦可以运往其他市场销售。由此，在运输行为的作用下，不同地区的商品价格会保持相对平衡。

除此之外，运输系统的存在能够允许更多的产品生产者参与市场竞争。通常，产品生产成本最低的地区以其产品成本加上相关运输费用作为商品的售价，市场上其他同类产品的出售者也要参照进行定价，否则可能会失去应有的市场份额。所以，地区专业化的结果，使得产品的市场价格可能是由远方的供应者所决定。没有运输，市场上就没有那么多竞争者，商品价格就会升高。因此，运输有利于降低商品价格。

运输在平衡和降低商品价格的同时，能够使土地价值发生变化。完善的运输可以使土地和它周围的资源变得有用甚至是必需。运输条件的改善能使附近地的地价增值，并促进该地区的社会经济发展。

2. 政治方面的作用

一个国家在交通运输建设上，包括线路（铁路、公路）设计、机场及港口建设等，都需要政府参与。

从历史和现实情况看，有效的运输使广阔地理区域上的政治统一成为可能。运输的政治意义还与它在国防中的重要作用紧密相连。历史上很多交通运输设施和道路的建设都是出于军事目的。今天，很大一部分运输设施仍是出于政治和军事需要。运输政策的制定不仅仅体现经济上的要求，运输系统带来的利益也超出经济范畴。尤其是航空运输，不少国家把它作为准军事系统，平时为国民经济服务，战时为军事服务，两次海湾战争充分说明了这一点。

3. 社会方面的作用

社会和文化的发展在很大程度上依赖于充足和完善的运输。运输在实现不同地区产品交换的同时，也促进了区域间的社会文化交流。随着运输体系的不断发展和完善，城际间、国际间的客货运输量不断增加。运输打破了地区间的隔绝状态，减少了孤立封闭的倾向，不同的社会文化相互渗透，共同发展。

第二节　航空运输业的性质和特点

一、民用航空运输业的定义

使用各类航空器从事除了军事性质（包括军事、海关和警察）以外的所有活动称为民用航空。

民用航空的定义明确了民用航空是航空的一部分，同时以"使用"航空器界定了它和航空制造业的界限，用"非军事性质"表明了它和军事航空的不同。

二、民用航空运输业的特点

航空运输具备运输业的共同特点，也有其自身特点，主要有以下几个方面。

1. 快速性

速度快是航空运输最大的优势和最主要的特点。与地面运输相比，航空运输的运程越长，所节约的时间就越多，快速的特点也越显著。第二次世界大战前，活塞式飞机的时速只有240千米/小时~320千米/小时；第二次世界大战中，涡轮螺旋桨飞机时速提高为460千米/小时~750千米/小时；第二次世界大战后，涡轮喷气式飞机时速进一步提高；20世纪80年代，出现巨型宽体喷气机，时速达到了850千米/小时~950千米/小时；后来，还出现了超音速飞机（协和号），时速在1240千米/小时（音速）以上。例如从上海到乌鲁木齐，坐火车需要70多小时，乘飞机只需大约4小时。和地面运输相比，运程越长，航空运输所节约的时间越多。

2. 机动性

航空运输是由飞机在空中完成的运输服务，在两地之间只要有机场和必备的通信导航设施就可以开辟航线，与其他运输方式相比较，不受地面条件的限制。飞机可按班期飞行，也可在非固定航线上飞行，并且可以根据客货运量的大小和流向调整航线和机型。航空运输的运输距离比其他运输方式要短，可在短时间内完成各种紧急任务。

3. 舒适性

现代的飞机飞行平稳、噪音小、客舱宽敞，多设有餐饮娱乐设备，舒适度高于其他运输设备。

4. 准军事性

由于航空运输的快速性和机动性，以及民航所拥有的机场、空地勤人员对军事交通运输的潜在作用，各国政府都视民航为准军事部门。一旦发生战争或紧急事件，军事部门可依据有关条例征用民航设施和人员，直至民航完全受军事部门指挥。

5. 国际性

航空运输从一开始就具有国际性的特点，随着世界航空运输相互依赖和合作关系的发展以及多国航空公司的建立，航空运输的国际化特点就更加明显。国际化的目的是要使任何一位旅客、一吨货物或邮件，能够随时从世界任何一地，方便、安全、迅速、经济、可靠地被运送到另一地，这是航空运输对国际交往和人类文明的一项重大贡献。

6. 营运成本高

飞机的商业载荷小，投资大，飞行成本高。由于这一特点，与其他运输方式相比，航空客货邮的运价较高，只适用于人员往来、急需运送的物资和时间性强的邮件、包裹等。也是由于这一特点，发展航空运输的自身经济效益有限，其贡献主要体现在社会效益，即促进地区经济、贸易、旅游和文化交流的发展及方便公众。高成本、高运价和微利是航空运输经济的基本特点。

三、民用航空运输业的作用

各种运输工具都有其特点和局限性，它们相互补充，分工协作，共同完成人们生产、生活所需的交通运输任务。由于航空运输具有快速、远程、舒适、安全的特点，在现代交通运输体系中具有不可替代的优势，在政治、经济、文化、社会建设中发挥着越来越重要的作用。

1. 节约旅客在途时间，缩短货物的流通过程

时间就是金钱，时间就是生命。在现代社会中，人们的生活节奏越来越快，能节省旅客的在途时间具有重大意义和经济价值。人们选择飞机出行，大多是为了省时。对货物来说，航空快速运送货物，可以加速流动资金的周转，也可以使运输的物资尽快地发挥效益，使商品大大增值。这在国际贸易市场上的体现更为明显。这些方面也是航空运输社会效益的重要体现。

2. 促进国际交往和国际旅游

目前旅游业已成为许多国家的重要产业，航空运输业的发展带动了世界旅游业的发展。可以说，没有航空运输，就没有现代化国际旅游业。

3. 促进经济发展

经济全球化的脚步越来越快，对外贸易在各国国民经济中所占比重越来越大，国内、国际间的人员、货物往来更为频繁，运输价值较高的精密仪器、时间要求较高的货物和资料，以及鲜活产品等运输品种日趋增多。虽然航空运费一般高于其他运输方式，

但是对于货主来说,这些货物的尽快运到,即能发挥出成倍的使用价值,从而获得更好的经济效益。

4. 承担特殊任务运输

航空运输在地形复杂或地面交通不发达的地方有其独特优势。在急救、救灾、航拍、人工降雨、海上救护、播种施肥、除虫灭草等方面,通用航空能大显身手。

第三节　航空运输生产基本知识

一、航空运输的种类

1. 民用航空在航空业中的位置

航空业在发展的初期只是一个单一的行业,随着航空制造技术的不断发展,航空应用到各个领域,到了 20 世纪 20 年代,航空业形成了 3 个相对独立而又紧密联系的行业,它们是航空器制造业、军事航空和民用航空。

1) 航空器制造业

也称航空制造业,是整个航空业的基础。

没有了航空器的制造,所有的航空活动,不论是军事的或民用的都无法进行。航空制造业研究和使用着最新的技术,制造出适用于各种目的和使用条件的航空器以及配套的设备,它也是机械工业领域中的一个重要部门。

2) 军事航空

是为了保卫国家以及维护国家内部安定而进行的军事性质的航空活动。

其中主要部分是空军,执行着保卫国家领空,歼灭入侵之敌,及国家的其他军事任务。其他如警察使用航空器执行任务,海关为打击走私而进行的航空活动,都属于军事航空活动。军事航空是国防的重要组成部分。

3) 民用航空

使用航空器从事民间性质的活动。

由于航空运输的迅速发展,在第二次世界大战以后,民用航空发展成为一个庞大的行业,它是交通运输业的一个重要组成部分,对国民经济发展有着巨大的贡献。

2. 民用航空的分类

民用航空分为两个大的组成部分。一是商业航空,另一个是通用航空。

1) 商业航空

商业航空也称航空运输。是指在国内和国际航线上使用航空器从事的经营性的客货运输的航空活动。它的经营性表明这是一种商业活动，以盈利为目的。它又是运输活动，这种航空活动是交通运输的一个组成部分，与铁路、公路、水路和管道运输共同组成了国家的交通运输系统。尽管航空运输在运输量方面和其他运输方式比是较少的，但由于快速、远距离运输的能力及高效益，航空运输在总产值上的排名不断提升，而且在经济全球化的浪潮中和国际交往上发挥着不可替代的、越来越大的作用。

2）通用航空

商业航空（航空运输）作为民用航空的一个部分划分出去以后，民用航空的其余部分统称为通用航空，因而通用航空包罗多项内容，范围十分广泛，可以大致分为下列几类。

（1）工业航空：包括使用航空器进行工矿业有关的各种活动，具体的应用有航空摄影、航空遥感、航空物探、航空吊装、石油航空、航空环境监测等。在这些领域中利用了航空的优势，可以完成许多以前无法进行的工程，如海上采油，如果没有航空提供便利的交通和后勤服务，很难想象出现这样一个行业。其他如航空探矿、航空摄影，航空使这些工作的进度加快了几十倍到上百倍。

（2）农业航空：包括为农、林、牧、渔各行业的航空服务活动。其中如森林防火、灭火、撒播农药，航空都是其他方式无法比拟的。

（3）航空科研和探险活动：包括新技术的验证、新飞机的试飞，以及利用航空器进行的气象天文观测和探险活动。

（4）飞行训练：除培养空军驾驶员外培养各类飞行人员的学校和俱乐部的飞行活动。

（5）航空体育运动：用各类航空器开展的体育活动，如跳伞、滑翔机、热气球以及航空模型运动。

（6）公务航空：大企业和政府高级行政人员用单位自备的航空器进行公务活动。跨国公司的出现和企业规模的扩大，使企业自备的公务飞机越来越多，公务航空就成为通用航空的一个独立部门。

（7）私人航空：私人拥有航空器进行的航空活动。

按照航线来划分又可分为国内运输和国际运输。

国内运输是指根据旅客运输合同，其出发点、约定经停地点和目的地点均在同一国家领土内（中华人民共和国境内）的航空运输。

国际运输是指根据旅客运输合同，其出发点、经停地点和目的地点中有一个或一个以上的地点不在同一国家领土内（中华人民共和国境内）的航空运输。

二、航空运输的飞行形式

航空运输飞行包括定期飞行和不定期飞行。定期飞行包括班期飞行、加班飞行；不定期飞行指的是包机飞行。其中，班期飞行是民航运输的基本形式，它每年完成的任务量占全部运输飞行运输量的90%左右。

班期飞行是根据班期时刻表，按规定的航线，定机型、定日期、定时刻的飞行。

加班飞行是根据临时性的需要，在班期飞行以外增加的飞行，是班期飞行的补充。

包用民航飞机，用以载运旅客、货物或客货兼载，即为包机运输。

运送我国党、政领导人和外国国家元首或重要外宾的包机为专机。

定期飞行和不定期飞行在法律上的最大区别是定期飞行对外公布运价和班期，向公众提供运输服务，对公众承担义务。不定期飞行是按包机合同飞行，个别申请，个别经营，不对公众承担义务。

三、航班

根据班期时刻表，飞机由始发站起飞，按照规定的航线，经过经停站至终点站或直接到达终点站作运输生产飞行，称为航班。

航班分为去程航班和回程航班。从基地出发的飞行为去程航班，返回基地的飞行为回程航班。

在国际航线上飞行的航班称为国际航班，在国内航线上飞行的航班称为国内航班。

四、航段

航段是指在航线上各经停点之间的航程。有的航线只有一个航段，有的则由几个航段组成。

五、班次

班次是指在单位时间内（通常以一周计算）飞行的航班次数。

六、航线

航线是指经过批准开辟的连结两个或几个地点的航空交通线。航线确定了飞机飞行的具体方向、起讫与经停地点，并根据空中交通管制的需要，规定了航线的宽度和飞行高度。

1. 分类

航线按起讫地点、经停地点的归属不同分为国内航线和国际航线。

飞机飞行的线路起讫点、经停点均在本国国境以内的称为国内航线。

飞机飞行的路线跨越本国国境，通达其他国家的航线称为国际航线。

连接香港、澳门与大陆城市之间的航线，称为特殊管理的国内航线，其运输适用国际运输规则。

国内航线又分为干线航线和支线航线。

干线航线是指连接首都北京和各省省会、直辖市或自治区首府的航线，以及连接两个或两个以上的省会、直辖市、自治区首府或各省、自治区所属的城市之间的航线。

支线是指在一个省（区）以内的城市间的航线。

2. 航线的构成形式

民航运输航线结构的主要形式有两种。
1）轴心辐射式（即轮辐式或轮毂式）
以大城市为中心，大城市之间建立干线航线，同时以支线航线形式由大城市辐射至附近各大小城市。
2）城市对式
从各个城市自身的需求出发，建立城市与城市之间的航线。

3. 我国的国内航线网络

1）我国国内航线集中分布在哈尔滨—北京—西安—成都—昆明以东的地区。其中以北京、上海、广州的三角地带最密集。整体上看，航线密度由东向西逐渐减少。
2）航线多以公司飞行基地城市为中心向外辐射。
3）主要航线多呈南北向分布，也有部分航线从沿海向内陆延伸，呈东西向分布。
以北京、上海、广州三个城市为中心的辐射航线，基本构成了我国国内航线的格局，再加上以西安、成都、沈阳、乌鲁木齐为中心形成的几个放射单元，共同组成了国内的主要航线网络。此外，以香港为中心的辐射航线，在我国的航空运输网中也占有重要地位。

4. 我国的国际航线网络

1）我国国际航线以北京为中心，通过上海、广州、乌鲁木齐、大连、昆明、厦门等航空口岸向东、西、南三面辐射。
2）国际航线的主流是东西向。向东连接日本、北美，向西连接中东、欧洲。它是北半球航空圈带的重要组成部分。
3）中国的国际航线是亚太地区航空运输网的重要组成部分。它与南亚、东南亚、澳大利亚等地有密切的关系。
我国的国际航线基本可分为东线、西线和南线三个组成部分。此外，还有昆明—仰光、厦门—马尼拉、厦门—新加坡、北京—平壤等短途国际航线。

七、航班号

为便于组织运输生产，每个航班都按一定规律以不同的号码以便于区别，这种号码称为航班号。例如 CA1105、CA981。

国内航班编号一般是由执行航班任务的航空公司二字英文代码和四个阿拉伯数字组成，第一个数字表示执行该航班任务的航空公司的数字代码，第二个数字表示该航班的终点站所属的管理局或航空公司所在地的数字代码，第三、四个数字表示该航班的具体编号。第四个数字为单数表示去程航班，双数为回程航班。

国际航班编号一般是由执行该航班任务的航空公司的二字英文代码和三个阿拉伯数字组成。第一个数字表示执行航班任务的航空公司数字代码，后两位是航班序号，第三个数字为单数表示去程航班，双数为回程航班。

八、代号共享航班

代码共享（Code Sharing），即持同一个航空公司的同一航班机票，可以连续登上分属于两个航空公司的两架飞机；同一架飞机的同一个航次，可以同时代表两个航空公司的两个航班；也就是说，一个航班两个代号，或两个航班代号同时在一架飞机上。

例如，代理人在民航订座系统中查询 AV：H/HETPEK/18JUL
则显示，呼和浩特至北京 7 月 18 日的座位可利用状态：

```
1   CA1105 DS# FA AS YA SA BS HS KS LS HETPEK 0725 0830 733
               MS  NS  QS  W2  VS  GS  0 S    E
2  *UA4406 DS# FA PC YA BA EC ML UC HL HETPEK 0740 0850 733
    CA1101         QL  VL  WL  KC  LL  QC  0 M
3   HU7176 DS# F7 C2 YA AS YA BA HA KA HETPEK 0740 0840 734 0
                  LQ  MQ  JA  IS  VA  ZS  S E
```

说明：序号 2 中的 *UA4406 与 CA1101 是代码共享航班，客票上填开的航班号为 *UA4406，实际承运人为 CA1101。代理人在实际工作中应注意向旅客说明，此航班为代码共享航班，实际承运人为中国国际航空公司。

代码共享最早出现在美国，迄今还没有严格的定义。美国交通部对这种做法的解释是："某一航空公司的指定航班号码被用于另一航空公司所营运的航班之上的做法。"

美国的航空业主要由两类航空公司组成。一类是在远程和骨干航线上使用大型喷气式飞机经营的主要航空公司，另一类是在短程支线上使用螺旋桨飞机经营的区域性航空公司。主要航空公司运力先进、竞争力强，但是如果大型喷气式飞机使用在旅客较为稀少、航程较短的航线上，作"少航班，大间隔"营运，则营运成本高，飞机调配困难，而且低密度航班安排无法满足旅客旅行的需要，经济效益很差；如果这些主要航空公司同时经营大型干线飞机和小型支线飞机，则又会遇到与战略目标发生冲突、营运复杂、行政管理不便的矛盾，但是放弃支线市场，又会影响其市场竞争地位。因此 20 世纪 70 年代以后，美国各主要航空公司纷纷以投资参股、订立合同等各种方式，支持甚至拥有为自身干线网服务的支线公司。一些大公司在经营中直接安排持有本公司联程客票的旅客乘坐自己所联系的支线航空公司的航班，这样做，由于旅客是使用主要航空公司的客票乘坐支线航班，所以经营干线的主要航空公司实际上使用了非本公司营运的小型支线飞机来替代大中型喷气飞机营运支线市场，这样既避免了因无法经营支线航班而损失客源，又达到了在支线市场上维护本公司市场形象的目的。这是在航空公司的营运中，在同一架飞机上同时使用两家航空公司不同代号现象,即代码共享的最早出现。

20世纪80年代以后,美国的大航空公司开始将代码共享的做法用于国际运输。当时,泛美航空公司在美国本土到加勒比海地区间的营运非常繁忙,但其不拥有中枢空港的以远权,该地区的支线市场完全由非美国的航空公司经营,而这些航空公司与泛美没有合作协议,因此,客源提供没有保证,航班的衔接无法有机地规划和统一,旅客也无法从美国本土出发以本公司内中转(On-Line Connection)的方式持全程泛美通票前往最终目的地,影响了航线的质量。因此泛美开始与加勒比海地区国家的支线公司签署代码共享协议。从表面上看,代码共享的做法本身与其在国内应用时没什么不同,但代码共享应用在国际航线上,使旅客可以持泛美的通票从美国本土出发经过美国本土以外的中枢空港直接到达加勒比海地区的最终目的地,这使泛美拥有了"有限经营"其本无权经营的国际航线的权力。泛美之后,越来越多的航空公司意识到周全的代码共享协议可以使一国航空公司绕开"双边协议"的限制,在无须实际获得"指定航空公司"法律地位的状况下,使用另一国合作伙伴的航线、飞机和自己的机票及航班代号承运旅客。

近年来,代码共享已成为现代航空经营管理,特别是航空市场开拓中最主要的组成部分,一些航空运输大国利用这种投入最少、风险最小、利益明显的手段,扩展自己的航线网,已从简单的线性共享发展到复杂的网式共享。可以预见,代码共享这种航空经营手段越来越广泛地被国际上应用,其后果将是使各国国内航空市场的封闭被打破,将带来航空运输企业更加激烈的竞争。

1998年8月18日,美利坚航空公司与中国东方航空公司签署的代码共享协议在这一天正式开始实施,成为中美航空公司第一对代码共享的合作伙伴。东方航空公司到达洛杉矶的航班可联接纽约、芝加哥、华盛顿、达拉斯四个城市,到达旧金山的航班可以衔接芝加哥,不同的是这五段航线是由美利坚航空公司运营。1998年10月27日,一架带有中国国际航空公司和美国西北航空公司两家航空公司航班号,命名为"联盟之光"的波音747飞机从北京首都国际机场腾空而起,飞向太平洋彼岸的美国。至此,国航和美西北合作经营跨太平洋中美航线的协议正式实施。从此,代码共享在中国民航已不仅仅是理论研究的课题,而是运营实践的方法。

代码共享与计算机订票系统(Code Sharing 和 CRS,被称为"两个C")取代了20世纪50年代起沿袭至今的"两个R"(Route 和 Rate——航线和票价),成为国际双边航空协定谈判的主要内容。

代码共享对旅客的影响如下。

1. 旅客从代码共享中得到的好处。代码共享的一个重要功能就是维护难以独立支撑的航线。很显然,那些正需要乘坐这些航线的旅客是代码共享的直接受益者。代码共享一般来讲都会伴随着航班协调,达到互利互惠的目的,没有哪两个航空公司会在直接竞争的、同一时间同一航线上的两个航班上实行代码共享。航班协调有利于旅客选择在最合适的时间起程,飞行最经济的航线,选择最方便的中转,缩短旅行时间,提高旅行舒适度。代码共享可使旅客在订票、出票、值机、转机、行李转运、中转站服务等方面得到"无缝隙"服务,使包括几个航段在内的长途、跨国旅行变得更为容易,有时旅客中途不必改换飞机,甚至不必下飞机。对于那些没有直达航班的航线来说,代码共享相比传统联运的优势更显而易见,更确切地说,它是"加以改进"的联运。通过共用候机楼、协调航班时刻表和消除中转手续,使代码共享取得"无缝隙"效果。特别是代码共享航班作为同一家航空公司航班(On-Line)营运,通过行李和座位分配简化登机手续,在同一候机楼区换机等,使其相对于传统的联运(Interline)表现出较强的优越性。对旅客来说,代码共享航班的另一个可能的好处是能够赢得常客累计点,因为代码共享协议往往伴随相互参与常客计划。从理论上讲,随着代码共享的发展,票价最终会降低。利用、合作协议产生的经济效益,即运量/收入的显著增加和单位成本的显著降低,代码共享联盟的航空公司应该能够向旅客提供更低的票价,或延缓其上升的速度,尽管这一趋势现在还不明显。

2. 代码共享可能给旅客造成的不便。随着代码共享伙伴的增多,计算机订座系统显示的可供旅客选择的航班数量成几何级数增加,结果是 CRS 屏幕被代码共享航班"淹没",这种"屏幕拉长"可能会使旅客错过实际上更方便的通常的联运航班,从某种意义上说限制了旅客的自主选择权利。代码共享协调航班的结果可能是从航空公司运营效益角度减少了城市对之间直达航班数量,增加了旅客的中转和换机次数。代码共享一般说来应增加航班选择余地,但在某些情况下,特别是在那些交通量稀薄的航线上,共享伙伴航空公司从合理利用运力方面考虑,一般会减少该航线上总的航班数量,不利于旅客选择最合适的时间出行。此外,跨国共享还存在空中服务语言问题,如果运营公司的机舱及机面服务人员不能流利使用共享公司所属国家的母语,也将给旅客带来不适。

九、班期时刻表

1. 概念

为了适应空运市场的季节性变化,根据飞行季节的不同和客货流量、流向的客观规律,各航空公司的有关业务部门每年两次制定航班计划,并将航线、航班及其班期和时刻等,按一定的秩序汇编成册,称为班期时刻表。一次为夏秋季班期时刻表,执行时间为 3 月下旬至 10 月下旬;另一次为冬春季班期时刻表,执行时间为 10 月下旬至来年 3 月下旬。

班期时刻表是航空运输企业组织日常运输生产的依据,也是航空公司向社会各界和世界各地用户介绍航班飞行情况的一种业务宣传资料。

2. 航班时刻表的发布形式

1)在计算机订座系统中公布的形式

例如,查询15OCT 北京到南宁的航班时刻。
输入指令:＞SK:PEKNNG/15OCT
显示:

民航国内客运销售实务

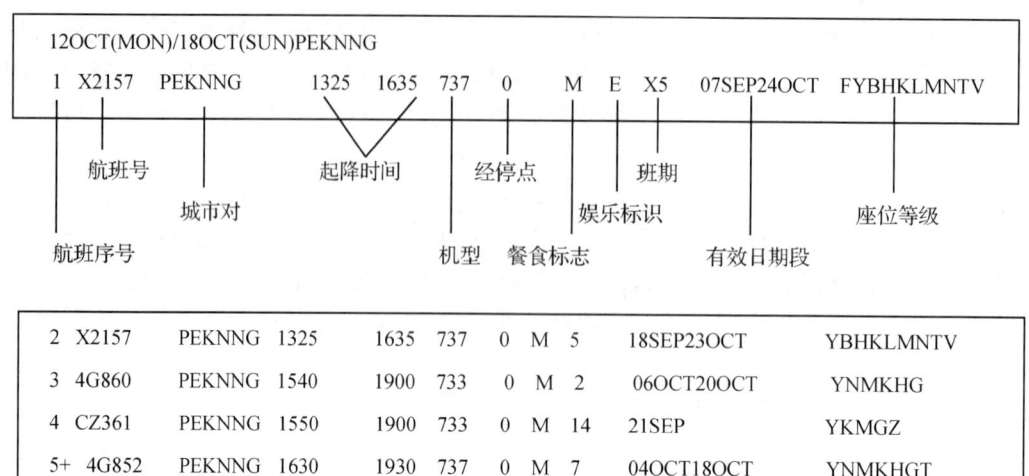

说明：

（1）SK 输出的第一行是所查询的时间范围，如上显示的 12OCT/18OCT 表示接下来的航班都是在 12OCT 至 18OCT 之间执行的航班；

（2）以第一行为例，航班号是 X2157，城市对为 PEKNNG，起降时间分别是 1325 和 1635，机型是 737，0 表示该航班没有经停站，M 是餐食标识，X5 表示除星期五以外每天都有该航班。07SEP24OCT 是该航班执行的周期，即从 7SEP 到 24OCT 这段时间除周五以外该航班都按这一条的内容执行，F、Y、B 等表示舱位代码。

2）航空公司通过发宣传手册的形式发布航班时刻信息

例如，
航班时刻表

班期	离站	到达	航班号	机型	经停	等级	注
Days	Dep.	Arr.	FLIGHT	A/C	STOPS	CLASS	R

（1）BEIJING 北京 TO 至
（2）SHANGHAI 上海

1234567	0835	1020	CA1501	767	1	FY	--
1.3.4.7	1815	2000	MU5104	ABF	-	Y	OR737
(3)	(4)	(5)	(6) (7)	(8)	(9)	(10)	(11)

说明：
（1）出发城市　DEPARTURE CITY
（2）到达城市　ARRIVAL CITY
（3）日期　DAYS1234567 即星期一、二、三、四、五、六、日

(4) 离站时间　DEPARTURE TIME
(5) 到达时间　ARRIVAL TIME
(6) 航空公司代码
(7) 航班号　FLIGHT NUMBER
(8) 机型　A/C

　　747　波音 Boeing747PASSENGER
　　733　波音 Boeing737-300
　　735　波音 Boeing737-500
　　737　波音 Boeing737-700
　　777　波音 Boeing777
　　757　波音 Boeing757
　　767　波音 Boeing767
　　M82　麦克唐奈·道格拉斯（MCDONNELL DOUGLAMD）MD-82
　　M11　麦克唐奈·道格拉斯（MCDONNELL DOUGLAMD）MD-11
　　M90　麦克唐奈·道格拉斯（MCDONNELL DOUGLAMD）MD-90
　　ABF　空中客车 A300-600　AIR BUS A300-600
　　310　空中客车 A310　AIR BUS A310
　　YN7　运7　Y-7
　　MET　美多　METRO-23
　　ATR　雅泰72　ATR72-210A
　　CRJ　庞巴迪　CRJ200
　　EM4　新舟60
　　DON　多尼尔　DORNIER
　　S76　直升机 S76C＋
　　JET　JETSTREAM　喷气机

(9) 中途经停站数　STOPS
(10) 舱位等级　CLASS（F 表示头等舱，C 表示公务舱，Y 表示经济舱）
(11) 注　R（OR737 即或者737）

第二章　民用航空运输发展概况

第一节　国际民用航空业的发展

在广阔无垠的蓝天上自由地飞翔，是人类自古以来的梦想。人类的飞天梦想集中反映在中外古代飞行神话中。在中国，有广为流传的美丽神话，如嫦娥奔月、仙女下凡、牛郎织女；有乘龙跨凤的萧史、弄玉；有天宫中的玉皇大帝、脚蹬风火轮的哪吒及乘云驾雾的众神仙；有一个筋斗十万八千里的齐天大圣孙悟空；还有闻名世界的敦煌飞天等，都是中国古代人类升空飞翔愿望的生动体现。

在外国，古代飞行神话主要集中在古希腊、埃及、印度及阿拉伯地区。在古希腊神话中，会飞的神有很多，如太阳神阿波罗、爱神丘比特等，都长着一双翅膀；阿拉伯飞毯的神话更是家喻户晓。

一、航空业的萌芽

人类真正飞上天开始于1783年法国的蒙特哥尔菲（Montgolfier）兄弟制造的热气球载人升空，随后德国人又用气球运送邮件和乘客，这可以说是民用航空的开始。1852年在法国出现了飞艇，出现了人可操纵的有动力的飞行器。整个19世纪是气球、飞艇这些轻于空气的航空器主宰航空的时代，它们首先用于民用，但很快就被用于战争，而军事用途又促进了航空技术的发展。轻于空气的飞行器体积大、速度慢，操纵也不方便，在军事上易受攻击，因而它们的出现不论在民用还是军用领域中都不代表真正航空时代的到来。

航空事业的真正开拓是在飞机这种重于空气的航空器出现以后。重于空气的飞行器的设想出现得比轻于空气的飞行器还要早，但直到19世纪，法兰西科学院还在争论是否可能制造出重于空气的飞行器的问题。与此同时，英国科学家凯利（G. Cayley）和德国科学家李林达尔（O. Lilienthal）对滑翔机作了大量的研究和实践，李林达尔为此付出了他的生命，他们和其他一些科学家的研究在空气动力的理论上、飞机的构造和操纵的实践上为飞机的出现奠定了基础。

1903年12月17日，美国的莱特兄弟发明飞机。在此后不到10年的时间内，试图使飞机应用于航空运输的努力就已经开始了。

1910年11月7日，美国飞行员菲利普·帕马利（Philip Parmalee）受莫尔豪斯貂皮公司的委托，驾驶莱特B型双翼机，将一批丝织品从代顿（Dayton）运往哥伦布（Columbus），这可以算做第一次飞机货运。

1911年2月22日（一说20日），英国皇家海军中校温德姆（Walter G. Windham）请法国飞行员亨利·佩凯（Henry Pequet）驾机，把一批信件从印度的阿拉哈巴德市（Allahabad）带往奈尼章克申（Naini Junction）。每封信附加航空邮费约合2.5便士，这便是首次邮政飞行。

1914年1月1日，美国著名长途飞行员托尼·贾纳斯（Tony Jannus）驾驶"伯努瓦"（Benoist）号水上飞机，载一名乘客，完成了从圣彼得堡（St. Petersburg）到坦帕（Tampa）的第一次航班飞行。航线全长31公里，航行时间约20分钟。这就是第一次客运航班。

1909年，法国人布莱里奥（Louis Bleriot）成功地飞过了英吉利海峡，开创了历史上第一次国际飞行。在随后的10年中，飞机很快找到了军事用途，1914年至1918年的第一次世界大战，极大地推动了航空技术的发展，这一阶段飞机几乎没有用于非军事用途。

1919年初，德国首先开始了国内的民航运输，同年8月，英国和法国开通了定期的空中服务，民用航空的历史正式揭开了。

从1919年到1939年的20年，是民用航空初创并发展的年代，民用航空迅速从欧洲发展到北美，然后普及到亚、非、拉美各洲，迅速扩展到全球各地，中国也在1920年开始建立了第一条航线。1933年，美国人林白（C. A. Lindberg）横越大西洋的飞行成功，把航空运输由洲内飞行扩展到了洲际飞行。这个年代最具代表性的民航客机是美国的DC-3。

1939年，第二次世界大战的开始，中断了民航发展的正常进程。战争对航空的推动力远比民航获取商业利润的推动力大，在六年的战争中航空技术取得了飞跃式的发展。

二、民用航空的大发展时期

从1945年第二次世界大战结束到1958年，民用航空经历了恢复和大发展的时期。这一时期内民用航空的发展主要体现在以下几个方面：

第一，国际航空业迅速发展。1944年在美国芝加哥，54个国家签署了《国际航空运输公约》，史称《芝加哥公约》，这个公约成为现在世界国际航空法的基础。

第二，机场和航路网等基础设施大量兴建，使民用航空由过去的点线结构向面上发展，逐步形成了一个全球范围的航空网。

第三，直升机进入了民航服务，成为民航的又一种主要航空器，开辟了民航的新领域。

第四，喷气式民用飞机的研制进入了实用阶段，为民航第二个阶段的发展准备了条件。从 1956 年开始，喷气式民用飞机投入使用，开始了民用航空的一个新阶段。英国作为喷气式飞机的先驱国在战后就致力于民用喷气式飞机的研发。1650 年，世界上第一架涡轮螺旋桨喷气客机——英国的"子爵号"——投入使用。1952 年，英国德·哈维兰飞机制造公司研制的、装配 4 涡轮喷气发动机的"彗星号"客机在航线上开始使用。在随后的两年内，"彗星号"连续三次空中解体，使喷气式飞机在民航的应用受到了挫折，但喷气式民用飞机的优越性已经显示出来。在接受了"彗星号"失败的教训后，人们终于判断出导致"彗星号"失事的原因是"疲劳断裂"，并找出了解决的方法。1956 年，前苏联的图 104 投入航线；1958 年，美国的波音 707 和 DC-8 进入航线，喷气航空的新时代开始了。作为喷气式飞机的代表机种，波音 707 的速度达到每小时 900～1000 公里，航程可达 12000 公里，乘客 158 人。从此民用航空由一个国家或一个地区的少量人使用的运输手段，变成一个全球性的大众化的运输行业，极大地促进了全球交通运输的发展，也使航空运输成为国际运输和国内运输的重要方式之一。

三、民用航空的全球化、大众化时期

喷气式飞机进入民航，使远程、大众化和廉价的航空运输成为可能，在巨大的需求和利润驱使下，航空公司积极开拓市场，参加国际竞争。在发达国家出现了大量航空公司，并最后形成了数十个大型航空公司。发展中国家也把参与国际航空市场竞争作为国家尊严和地位的象征，全力支持国家航空公司的发展，使民航事业一片繁荣。由于喷气式飞机的尺寸、重量、噪音等带来的问题，旧的机场已不适合航空运输的发展，于是航空公司开始不断地改造旧机场，兴建新机场，满足不断增大的客货流。对于航行管理系统来说，从航行管制、航路开辟、航行情报等，都要适应喷气时代的速度和容量的要求，因而整个系统都进行着改造和更新。总之，1958 年开始的民用喷气时代是民航发展的一个新阶段，它标志着民航进入了全球的大众化运输的新时代。

从 20 世纪 70 年代之后，民航继续朝着大型化和高速度的方向发展。1970 年，波音 747 宽体客机投入航线是大型化的一个重要标志，而 1976 年英、法合制的超音速客机"协和号"的投入使用则是民航提高速度在经济上和环境问题上不太成功的一次尝试。美国于 1978 年放松对航空公司的管制，这对航空运输的管理起到了重要的作用。由于航空运输涉及国家安全和旅客安全，因而在 1978 年以前，各个国家对于航空公司的经营实行严格的控制，主要是对票价和市场准入的控制，很多国家不允许私人企业经营航空公司，只有国营的航空公司，有的甚至把航空企业作为国家机构或军队的一部分。随着航空运输的迅速发展，人们终于认识到，尽管航空运输业有它特殊的安全需要，并且技术密集，风险较大，但仍然可以通过一系列的安全法规使之按市场经济的法则展开竞争，这样可以促使航空运输企业合理地配置资源，降低成本，促进企业的发展。放松管制的趋势扩展到了西欧、日本等地区，使民航市场迅速全球化。在放松管制初期出现中、小航空公司由于规模效益低、缺乏竞争力而倒闭或被大公司兼并。然而，在世界范围内，各大航空公司为了争取更大的市场份额，扩展自身的航线网络，分别通过代码共享等途径组成各种战略性联盟来增强自身的竞争力。时至今日，民航已经发展

成为一个巨大的国际性行业,对世界经济或一个国家的经济发展有着举足轻重的影响,各国政府和企业都对民航进行了大量的投资,把它作为一个有巨大潜力的行业来开拓发展。

四、民用航空全球性战略联盟

随着经济全球化的发展,各国航空公司之间的竞争日益激烈,单个航空公司不仅越来越难以开辟市场,甚至也难以保住原来的地盘。因此航空公司联盟成了当今世界航空运输发展的一种重要形式。事实上,世界航空公司之间的业务联盟并不是一种新现象。早在1993年,美国西北航空公司就与荷兰皇家航空公司结成了世界航空界首个全球性联盟。此后,美国联合航空公司同德国汉莎航空公司,美国德尔塔公司同瑞士、西班牙、奥地利三国航空公司,美国大陆航空公司同意大利航空公司等都曾先后结成业务联盟。1997年5月14日,德国汉莎航空公司、美国联合航空公司、瑞典斯堪的纳维亚航空公司、加拿大航空公司和泰国国际航空公司的董事长们又在德国的法兰克福机场签署协议,组成了当时世界上最大的航空公司联盟,从而使大规模的跨国联盟成为世界航空界业务联盟的新趋势。1998年3月9日,德国汉莎航空公司又与亚洲最大的航空公司发表联合声明,宣布结成德日战略航空联盟,将德、日航线建成连接欧洲大陆与东亚之间最重要的空中交通线。1998年5月16日,德国汉莎航空公司宣布,新西兰航空公司和澳大利亚安捷航空公司将于1999年起加入于"明星联盟",从而使"明星联盟"的成员增加到七家航空公司。"寰宇一家"正是在这样一种大背景下产生的。

航空公司联盟对于重新确定航空公司的市场定位,通过结成航空公司间的业务联盟,各航空公司至少可以促使旅客更多地选择结盟伙伴而不是竞争对手的航班,从而达到削弱竞争对手的目的;与此同时,它还可能通过利用结盟伙伴的服务设施和技术支持来削减成本,以增加利润。由于各国航空市场高度一体化,客观上要求各航空公司在技术支持、航班服务、旅客转机以及机票出售等方面向旅客提供一体化的标准化规范服务,要求各航空公司在业务标准等方面统一起来,从而形成一个世界航空市场上统一的技术标准和服务标准。在航空市场上存在着多家航空公司并且市场无限细分的情况下,要做到这一点是非常困难的。从这个意义上来说,相对于迅速扩大的全球航空市场而言,现有的航空公司规模是比较小的,因而航空公司之间的业务联盟至少可以在一定程度上解决这个问题。英国航空公司的总裁即宣称:"我们的顾客要求各航空公司一起努力提供世界范围内的服务标准。寰宇一家将做到这一点。"

随着国际航空运输朝经营区域集团化和自由化的方向发展,各国政府对运营权以及航空公司外资所有权的管制将逐步放松,航空公司将倾向于选择一体化的组织形式以有效提供完整航空客运产品,实现网络经济性,因此未来国际航空公司联盟的数量将逐步趋于减少。航空公司联盟最初的成因很大程度上是由于国际航空运输中各国法律和管制政策的结果。国际法规定领空权属于相应国家的主权范围,两国间的航空运输由双边航空协定来约定。传统上在双边航空协定的框架下,两国间的航空运输业务主要由两国的航空公司来承担,因此双边航空协定体制就排除了出现真正的全球航空公司的可能性,航空公司只能通过联盟的方式向旅客提供全球到达的服务。伴随未来国际航空运输自由化的进程，包括双边航空服务协定和航空公司所有权法律在内的国际航空运输管理体制将发生改变，这将对航空公司联盟产生重要影响。如果国际航空运输实现自由化，则航空公司将能够通过并购等方式扩充自己的航线网络。从某种程度上来说，航空公司联盟的形成可以被视为当前国际航空运输管制体制下必然的结果。管制政策和法律上的限制阻止外国航空公司拥有本国航空公司的完全产权，因此航空公司联盟成为航空公司进入外国航空市场的唯一途径。然而，联盟带来的利益将能够被并购所完全和更加有效地实现，因此未来如果各国管制政策和法律上的限制被取消的话，则许多航空公司联盟将成为通往航空公司间并购的一种过渡形式。目前世界上一些地区已经出现了由不同国家共同组建的航空公司，如 SAS 是由北欧三个国家组建的航空公司，Air Afrique 是由西部非洲 12 个国家组建的航空公司。世界上有些国家已经开始放松对国际航空运输的严格管制，航空公司之间开始出现跨国并购的现象。例如，新西兰已经积极地在国内和国际航空运输市场推行自由化的政策，它放松了本国航空公司外资所有权的限制，并与许多发达国家达成了自由的双边航空协定。新西兰还与澳大利亚建立起一个共同航空市场，相互向对方国家的航空公司开放其国内航空市场。

　　尽管国际航空运输市场正逐步朝自由化的方向发展，但若干全球性的航空公司战略联盟将继续生存下来，并逐步趋于稳定。即使将来国际航空运输市场实现了完全的自由化，但全球性的航空公司战略联盟仍将继续存在。因为企业方式相对于联盟方式而言，一方面由于规模不经济的影响，当航空公司通过一体化的企业方式在全球范围扩大其航线网络时，其生产成本将上升；另一方面，根据修正后的"威廉姆森启发式模型"可知，当航空公司的企业规模越来越大时，其内部组织成本上升的幅度将大于外部交易成本的节约，因此将带来治理成本的提高。旅客从需求的角度倾向于选择航线覆盖面大的航空公司。在竞争激烈的航空运输市场，为了吸引更多的旅客，航空公司需要在世界范围内向旅客提供更多目的地的选择。由于航空公司联盟中联盟的伙伴航空公司将它们的航线网络连接在一起，因此能够较好地满足旅客"无缝隙"服务的需求，向旅客提供更多的完整航空客运产品。未来有限数量的全球航线网络将由分布在每个洲的骨干航空公司所形成的战略联盟来提供。基于全球航空公司联盟的网络经济性考虑，从长远来说国际航空公司将按分工划分为骨干干线航空公司和支线辅助航空公司，各洲的骨干航空公司承担的本洲内长距离交通的比例将增大，而辅助航空公司主要是为全球航线网络中的枢纽机场集散客源。最终旅客出于便利性的考虑，选择全球航空公司联盟的比例将继续增长，从而使全球航空公司联盟的市场份额继续提高。即使是在完全自由化的航空运输市场，航空公司之间仍有必要达成联盟协议。2000 年 5 月美国凤凰城共同航空区研讨会的多数与会代表认为，在共同航空区的环境下航空公司联盟将不会消失，因为在相当长的时期内，世界上任何一家航空公司都不可能做到将本公司的航线通向全球各个城市。即使各国采用更加自由化的双边服务协定，国际航空服务贸易仍存在其他方面的障碍，其中最大的障碍将是比较拥挤的枢纽机场的起降时间的获得。航空公司通过联盟可以间接获得这种稀缺资源，从而有效扩大自己的航线网络。近年来星空联盟、寰宇一家、翼之盟和天合联盟等联盟集团发展迅速，市场占有率逐年扩大。这些全球性航空联盟还利用参股、代码共享、特许经营等方式，将合作扩大到支线及地区航空公司，使航空运输业的竞争由航空公司之间扩大到联盟之间。未来非联盟的航空公司将积极地加入现有的全球性航空公司联盟之中。尽管这些航空公司目前在一个高度保护的航空运输市场中运营，但随着未来保护程度的显著减少，这些地区的航空公司将积极寻求加入主要的全球性航空联盟，以提高在航空市场的竞争力。

展望未来，民航作为一个整体系统在结构上和运营上要继续适应全球一体化的要求，不断地改进和发展，继续降低价格，保证旅客的舒适安全，拓展更丰富的特色服务，减少各种限制，保护环境，民航将迎来一个更繁荣昌盛的阶段。

第二节 中国民用航空业的发展

一、中国民航的发展概况

中国历史上第一个飞行家和飞机设计师是冯如，他生于1883年12月15日，广东恩平县人，两岁时因生活所迫，随亲戚赴美国旧金山谋生。当莱特兄弟发明飞机后不久，冯如就坚定了要依靠中国人的力量来制造飞机的决心并得到当地华侨的赞赏。1907年旧金山以东的奥克兰成立飞机制造厂，1909年正式成立广东飞行器公司，冯如任总工程师。公司于当年便投入制造飞机，并于9月21日在奥克兰的派德蒙特试飞成功。这次试飞的消息由《旧金山观察者报》作了头版报导。1910年10月至12月，冯如在奥克兰进行飞行表演大获成功，并受到孙中山先生和旅美华侨的赞许，同时获得美国国际航空学会颁发的甲等飞行员证书。1911年2月，冯如谢绝美国多方聘任，带助手及两架飞机回到中国。辛亥革命后，冯如被广东革命军政府委任为飞行队长。1912年8月25日，冯如驾驶的飞机在广州燕塘飞行表演中失事，他的遗体被安葬在黄花岗，墓地立碑纪念，尊其为"中国始创飞行大家"，冯如被追授为陆军少将。

1910年，清朝军谘府向法国买进一架"法曼"双翼机，并在南苑的毅军操场内开辟了飞机场，同时设立飞机修理厂。这是我国拥有的第一架飞机和首座机场。辛亥革命后，窃取了大总统宝座的袁世凯采纳法国顾问的建议，于1913年在北京南苑创建了我国第一所正规的航空学校，花费30万银元买进10架法国"高德隆"双翼教练机。学校前后四期培养的100多名飞行员，在我国航空史上起了重要作用，有些人成为后来民航飞行的骨干。

1919年3月，北洋政府交通部成立了筹建航空事宜处（1921年改为航空署，隶属军政部），先后购买美国小型飞机8架，并招聘外籍飞行员，开辟了京沪航线上的北京至天津、北京至济南段。

中国比较正规的民用航空运输是从1929年开始的。当年5月1日中国航空公司成立，后又出现了中美合资经营的中国航空公司（简称中航）、中德合资经营的欧亚航空公司（简称欧亚，欧亚航空公司于 1942 年改组成中央航空公司，简称央航）以及西南航空公司。抗日战争时期，中国的民航事业受到摧残。但中航和欧亚在抗战后期得到了发展，特别是参加"驼峰空运"，为中国的抗日战争胜利作出了重要贡献。

1949 年 11 月 2 日，中国民用航空局成立，揭开了我国民航事业发展的新篇章。从这一天开始，新中国民航业迎着共和国的朝阳起飞，从无到有，由小到大，由弱到强，经历了不平凡的发展历程。特别是十一届三中全会以来，我国民航事业无论在航空运输、通用航空、机群更新、机场建设、航线布局、航行保障、飞行安全、人才培训等方面都持续快速发展，取得了举世瞩目的成就。民航事业的发展与国家的经济发展，与党中央、国务院的直接领导和支持密不可分，是几代民航干部职工励精图治、团结奋斗的结果，为祖国蓝天事业书写了壮丽的篇章。

二、新中国民航的发展阶段

中国民航发展至今主要历经了四个阶段。

1. 第一阶段是 1949 年至 1978 年

1949 年 11 月 2 日，中共中央政治局会议决定，在人民革命军事委员会下设民用航空局，受空军指导。11 月 9 日，中国航空公司、中央航空公司总经理刘敬宜、陈卓林率两公司在香港的员工光荣起义，并率领 12 架飞机回到北京、天津，为新中国民航建设提供了一定的物质和技术力量。1950 年，新中国民航初创时，仅有 30 多架小型飞机，年旅客运输量仅 1 万人，运输总周转量仅 157 万吨公里。

1958 年 2 月 27 日，国务院决定，中国民用航空局自当日起划归交通部领导。1958 年 3 月 19 日，全国人大常委会第 95 次会议批准中国民用航空局改为交通部的部属局。

1960 年 11 月 17 日，国务院编制委员会讨论通过，决定将中国民用航空局改称"交通部民用航空总局"，为部属一级管理全国民用航空事业的综合性总局，负责经营管理运输航空和专业航空，直接领导地区民用航空管理局的工作。

1962 年 4 月 13 日，第二届全国人民代表大会常务委员会第 53 次会议决定，民航局名称改为"中国民用航空总局"。

1962 年 4 月 15 日，中央决定将民用航空总局由交通部属改为国务院直属局，其业务工作、党政工作、干部人事工作等均直归空军负责管理。这一时期，民航由于领导体制几经改变，航空运输发展受政治、经济影响较大。1978 年，航空旅客运输量仅为 231 万人，运输总周转量 3 亿吨公里。

2. 第二阶段是 1978 年至 1987 年

1978 年 10 月 9 日，邓小平同志指示民航要用经济观点管理。1980 年 2 月 14 日，邓小平同志指出："民航一定要企业化。"同年 3 月 5 日，中国政府决定民航脱离军队建制，把中国民航局从隶属于空军改为国务院直属机构，实行企业化管理。这期间中国民航局是政企合一，既是主管民航事务的政府部门，又是以"中国民航（CAAC）"名义直接经营航空运输、通用航空业务的全国性企业，下设民航只有 140 架运输飞机，且多数是 20 世纪 50 年代或 40 年代生产制造的苏式伊尔 14、里二型飞机，载客量仅 20 多人或 40 人，载客量 100 人以上的中大型飞机只有 17 架；机场只有 79 个。1980 年，我国民航全年旅客运输量仅 343 万人；全年运输总周转量 4.29 亿吨公里，居新加坡、印度、菲律宾、印尼等国之后，列世界民航第 35 位。

3. 第三阶段是 1987 年至 2002 年

1987 年，中国政府决定对民航业进行以航空公司与机场分设为特征的体制改革。主要内容是将原民航北京、上海、广州、西安、成都、沈阳六个地区管理局的航空运输和通用航空相关业务、资产和人员分离出来，组建了六个国家骨干航空公司，实行自主经营、自负盈亏、平等竞争。这六个国家骨干航空公司是：中国国际航空公司、中国东方航空公司、中国南方航空公司、中国西南航空公司、中国西北航空公司、中国北方航空公司。此外，以经营通用航空业务为主并兼营航空运输业务的中国通用航空公司也于 1989 年 7 月成立。

在组建骨干航空公司的同时，在原民航北京管理局、上海管理局、广州管理局、成都管理局、西安管理局和沈阳管理局所在地的机场部分基础上，组建了民航华北、华东、中南、西南、西北和东北六个地区管理局以及北京首都机场、上海虹桥机场、广州白云机场、成都双流机场、西安西关机场（现已迁至咸阳，改为西安咸阳机场）和沈阳桃仙机场。六个地区管理局既是管理地区民航事务的政府部门，又是企业，领导管理各民航省（区、市）局和机场。

航空运输服务保障系统也按专业化分工的要求进行了相应的改革。1990 年，在原民航各级供油部门的基础上组建了专门从事航空油料供应保障业务的中国航空油料总公司，该公司通过设在各机场的分支机构为航空公司提供油料供应。属于这类性质的单位还有从事航空器材（飞机、发动机等）进出口业务的中国航空器材公司；从事全国计算机订票销售系统管理与开发的计算机信息中心；为各航空公司提供航空运输国际结算服务的航空结算中心以及飞机维修公司、航空食品公司等。

1993 年 4 月 19 日，中国民用航空局改称中国民用航空总局，属国务院直属机构。同年 12 月 20 日，中国民用航空总局的机构规格由副部级调整为正部级。

20 多年中，我国民航运输总周转量、旅客运输量和货物运输量年均增长分别达 18%、16% 和 16%，高出世界平均水平两倍多。2002 年，民航行业完成运输总周转量 165 亿吨公里、旅客运输量 8594 万人、货邮运输量 202 万吨，国际排位进一步上升，成为令人瞩目的民航大国。

4. 第四阶段是 2002 年至今

2002 年 3 月，中国政府决定对中国民航业再次进行重组。主要内容有如下。

首先是航空公司与服务保障企业的联合重组。民航总局直属的航空公司及服务保障企业合并后，于 2002 年 10 月 11 日正式挂牌成立，组成六大集团公司，分别是：中国航空集团公司、东方航空集团公司、南方航空集团公司、中国民航信息集团公司、中国航空油料集团公司、中国航空器材进出口集团公司。成立后的集团公司与民航总局脱钩，交由中央管理。

其次是民航政府监管机构改革。民航总局下属七个地区管理局（华北地区管理局、东北地区管理局、华东地区管理局、中南地区管理局、西南地区管理局、西北地区管理局、新疆管理局）和26个省级安全监督管理办公室（天津、河北、山西、内蒙古、大连、吉林、黑龙江、江苏、浙江、安徽、福建、江西、山东、青岛、河南、湖北、湖南、海南、广西、深圳、重庆、贵州、云南、甘肃、青海、宁夏），对民航事务实施监管。

最后是机场实行属地管理。按照政企分开、属地管理的原则，对90个机场进行了属地化管理改革，民航总局直接管理的机场下放所在省（区、市）管理，相关资产、负债和人员一并划转；民航总局与地方政府联合管理的民用机场和军民合用机场，属民航总局管理的资产、负债及相关人员一并划转所在省（区、市）管理。首都机场、西藏自治区区内的民用机场继续由民航总局管理。2004年7月8日，随着甘肃机场移交地方，机场属地化管理改革全面完成，也标志着民航体制改革全面完成。

2004年10月2日，在国际民航组织第三十五届大会上，中国以高票数当选该组织一类理事国。

根据十一届全国人大一次会议通过的国务院机构改革方案，2008年3月23日，新组建的交通运输部正式挂牌。新组建的交通运输部整合了原交通部、原中国民用航空总局的职责以及原建设部的指导城市客运职责。同时，组建中国民用航空局，由交通运输部管理。为加强邮政与交通运输统筹管理，国家邮政局改由交通运输部管理。

"十一五"期间我国民航发展具有难得的机遇，具备许多有利条件。和平、发展和合作成为当今时代的潮流，世界政治力量对比有利于保持国际环境的总体稳定。经济全球化深入发展，市场不断扩大，生产要素流动和产业转移加快，世界经济稳定增长，为航空运输发展奠定良好基础。伴随着经济全球化，世界民航呈现航空运输自由化和航空企业联盟化趋势。新一代航空运输系统建设在航空发达国家启动。亚太地区将是航空运输增长最快的地区。"十一五"时期，我国社会政治环境稳定，国民经济将以年均7.5%的速度平稳较快增长，城乡居民消费结构快速升级，产业结构加快调整，城镇化步伐加快，对外贸易和旅游业持续快速增长，对我国航空运输提出更高要求。国家西部大开发、东北老工业基地振兴、中部崛起、东中西互动、全方位发展战略的实施，交通运输将发挥更大作用。祖国统一大业和两岸"三通"不断推进，上海世博会和广州亚运会等重大国际活动的举办，将对航空运输产生旺盛的需求。国家经济社会发展和人民生活水平提高也将会促进通用航空的快速发展和结构优化。

新中国民航60年的发展历程证明：发展是硬道理。不断深化改革，扩大开放，是加快民航发展的必由之路。当前，民航全行业正在认真贯彻落实党的十七大精神，认真研究如何从加强执政能力建设、提高驾驭社会主义市场经济条件下民航快速健康发展的能力入手，以民航"十一五"规划和2020年展望为契机，为实现从民航大国到民航强国的历史性跨越而努力奋斗！

第三章　民用航空运输法律法规

第一节　国际民航公约

1783年法国的蒙特哥尔菲兄弟热气球升空后，1784年巴黎市政府就发布了一个放飞法令，这可以算作航空法的开始。但真正的国际航空法的开始应从1919年《巴黎公约》签订开始，此后1929年在华沙由航空法专家国际技术委员会制定的《统一国际航空运输某些规则的公约》（统称《华沙公约》），规定了运输凭证和承运责任的一整套国际统一规则，成为国际上绝大多数国家承认的国际规则，为后来国际航空运输发展奠定了基础。1944年芝加哥会议上制定的《国际民用航空公约》（统称《芝加哥公约》）是国际民航界公认的"宪章"，是现行航空法的基本文件，它取代了以前和它相抵触的各种航空公约。《芝加哥公约》规定了民用航空的范围和实行措施、国际民航组织等基本内容，但不包括华沙公约所涉及的运输责任问题，因而这两个公约是并行的。由于战后航空运输业的巨大发展，《华沙公约》有很多地方已经不适应形势的发展，从1948年到1975年召集了多次国际会议来修订《华沙公约》，制定了多个协议，由于没有得到主要当事国的一致同意，这些协议被称为"议定书"只在有限范围内适用，其中有较大影响的有《海牙议定书》（1955年）和《蒙特利尔议定书》（1975年）。从20世纪50年代起，机上犯罪开始出现，为了制止这种犯罪，在1963年制定了《关于航空器上犯罪和其他某些行为的公约》，被称为《东京公约》。但这个公约由于批准国家数目少而未能生效。在20世纪60年代末，恐怖主义冲击全球，劫机事件接连发生，1970年海牙《制止非法劫持航空器公约》和1971年蒙特利尔《制止危害民航安全非法行为公约》这几个公约奠定了民航飞机上处理不法行为的法律基础。

国际航空法一般分类为：第一类以《芝加哥公约》为主，称为"航空公法"。第二类是处理在国际航空中承运人和乘客及货主之间的责任的法规，称为"航空私法"，以《华沙条约》为核心，包括其后的对该条约修改的各项议定书。第三类是处理航空器上的犯罪行为的法规，称为"航空刑法"，以《东京条约》及随后的《海牙公约》和《蒙特利尔公约》为代表。

一、《芝加哥公约》

1944 年 54 个国家在美国芝加哥签署了《国际民用航空公约》，即《芝加哥公约》，这个公约成为现在世界航空法的基础，《国际民用航空公约》共有 4 部分，22 章，96 条。公约条款规定了缔约国的权利和义务，同时也要求缔约国采用国际标准。根据公约的规定在 1947 年成立了国际民航组织。从此在世界范围内有了统一的民用航空管理和协调机构，各国也随后建立起相应的民航主管当局，代表政府参加这一国际组织，民航从此成为有统一规章制度的世界范围的行业。

1. ICAO 的地区活动

1）9 个地区

非洲、加勒比、欧洲（地中海）、中东、北大西洋、太平洋、南美/南大西洋、东南亚、北美。

2）7 个地区办公室

巴黎、内罗毕、墨西哥、利马、达卡、开罗、曼谷。

3）3 个地区民航大会

（1）欧洲民航大会：成立于 1956 年，共有 38 个成员国。

（2）非洲民航委员会：成立于 1969 年，现有 39 个成员国。

（3）拉丁美洲民航委员会：成立于 1973 年，现有 20 个成员国。

2.《国际民用航空公约》的 18 个附件（SARPS）

标准：统一应用的规范（必须采纳）
建议措施：统一应用的规范（建议采纳）
附件 1《人员执照的颁发》
附件 2《空中规则》
附件 3《国际航空气象服务》
附件 4《航图》
附件 5《空中和地面运行中所使用的计量单位》
附件 6《航空器的运行》
附件 7《航空器国籍和登记标志》
附件 8《航空器适航性》
附件 9《简化手续》
附件 10《航空电信》
附件 11《空中交通服务》
附件 12《搜索与救援》
附件 13《航空器失事调查》
附件 14《机场》

附件 15《航行情报服务》
附件 16《环境保护》
附件 17《防止对国际民用航空进行非法干扰行为的安全保卫》
附件 18《危险品的安全航空运输》

3. 主权

各缔约国承认每一国家对其领土之上的空域完全的和排他的主权。

4. 航空器的国籍

航空器具有登记的国家的国籍。

5. 航空器的应备文件

- 航空器登记证；
- 航空器适航证；
- 每一机组成员的适当的执照；
- 航空器航行记录簿；
- 航空器无线电台执照，如该航空器装有无线电设备；
- 列有乘客姓名及登机地与目的地的清单，如该航空器载有乘客；
- 货物舱单和详细的申报单，如该航空器载有货物。

6. 适航证

凡从事国际航行的每一航空器，应备有该航空器登记国颁发或核准的适航证。

7. 人员执照

1）从事国际航行的每一航空器驾驶员及飞行机组其他成员，应备有该航空器登记国颁发或核准的合格证书和执照。

2）就在本国领土上空飞行而言，各缔约国对其他任何国民持有的由另一缔约国颁发的合格证书和执照，保留拒绝承认的权利。

8. 搜寻和救援信号

1）ICAO 地对空目视信号；
2）信号（附件 14《机场》），至少需长 2.5 米（8 英尺），并需尽可能使之醒目。
3）国际通用的 S 求救信号：用手电筒三短三长三短。

9. 五种空中自由或业务权

第一种：飞越一国领土而不降停的自由或权利；
第二种：在一国领土上作非业务性降停的自由或权利（指为了加添燃料、机械、气象等原因的降停而不上下客、货、邮）；

第三种：在一国领土内卸下来自航空器所属国的客、货、邮的自由权利；

第四种：在一国领土内装上前往航空器所属国的客、货、邮的自由或权利；

第五种：在一国领土内装上或卸下前往或来自任何其他国家的客、货、邮的自由或权利。

二、《华沙公约》

1. 华沙体系

标题：统一国际航空运输某些规则的公约
签订日期：1929 年 10 月 12 日
生效日期：1933 年 2 月 13 日
签订地点：华沙
我国加入时间：1958 年 7 月 20 日
生效时间：1958 年 10 月 18 日

《华沙公约》是一个统一的国际航空运输规则，它规定了国际航空运输的定义；统一了运输凭证、运输条件、运输责任和赔偿诉讼等有关国际运输中各项主要问题的具体规定。

2. 《华沙公约》所称的国际运输

指根据当事人所订立的合同，无论运输有无间断或者有无转运，出发地点和目的地点是在两个缔约国的领土内，或者在一个缔约国领土内，而在另一个缔约国、甚至非缔约国的主权、宗主权、委任统治权或权利管辖下的领土内有一个约定的经停地点的任何运输。在同一缔约国的主权、宗主权、委任统治权或权利管辖下的领土间的运输，如果没有这种约定的经停地点，对本公约而言，不被认为是国际运输。

3. 运输凭证

1）《华沙公约》将运输凭证分为：客票、行李票、航空货运单。
2）客票。在乘客运输中，承运人必须出具客票，客票上应当载明：
  ·出票地点和日期；
  ·出发地点和目的地点；
  ·约定的经停地点；
  ·承运人的名称和地址；
  ·声明运输责任。
3）客票如不符合规定或遗失，不影响合同的存在和有效。
4）行李票。在行李运输中，除乘客自行保管的小件个人用品外，承运人必须出具行李票。行李票应当一式两份，一份交乘客，一份归承运人。行李票上应当载明：

·出票地点和日期；
·出发地点和目的地点；
·承运人的名称和地址；
·客票的号码；
·将行李交给行李票持有人的声明；
·行李件数和重量；
·声明价值的金额；
·声明运输应受本公约规定的责任制度约束。

5）行李票缺损，不符合规定或遗失，不影响合同的存在和有效。但是承运人接受行李而不出具行李票的，或行李票上未载有4、6、8条的，承运人无权援用本公约关于免除或者限制承运人责任的规定。

6）航空货运单

（1）航空货运单上应载明：

·货运单的填写地点和日期；
·出发地点和日期；
·约定的经停地点；
·托运人的名称和地址；
·第一承运人的名称和地址；
·收货人的名称和地址；
·货物的性质；
·包装件数，货物的重量、包装方式、数量、体积或尺寸、特殊标志和号码；
·货物和包装外表状况；
·运费金额；
·货物的价值；
·声明价值的金额；
·航空货运单的份数；
·随同航空货运单交给承运人的单据；
·运输期限和经过路线的说明；
·声明运输责任的规定，如果承运人接受货物而没有填写航空货运单或航空货运单上未载有相关款项，承运人无权援用本公约关于免责或者限制承运人责任的规定。

（2）承运人承认货物已经遗失，或者货物在应当到达之日起7日后仍未到达的，收货人有权向承运人行使运输合同所赋予的权利。

（3）行李和货物发生损失的，收件人应当在发现损失后立即向承运人提出异议。

（4）如果是行李，至迟应当在行李收到后3日内提出；

（5）如果是货物，至迟应当在货物收到后7日内提出；

（6）如果有延误，至迟应当在行李或货物交付收件人自行处理之日起14天内提出异议；

（7）任何异议均应在规定期间内提出；

（8）除承运人有欺诈行为外，未在规定期间内提出异议的，则不能向承运人提出诉讼。

7）《华沙公约》对承运人的责任限额

（1）在乘客运输中，承运人对每一位乘客的责任为 125000 金法郎。

（2）在交运行李和货物运输中，承运人对行李或货物的责任为每公斤 250 金法郎。

（3）乘客自己照管的物品，承运人对每位乘客的责任限额为 5000 金法郎。

8）有关赔偿的诉讼

（1）应当由原告选择，在一个缔约国的领土内，向承运人住所地或其主营业所在地或签订合同的机构所在地法院提出，或者向目的地点的法院提起。

（2）有关赔偿的诉讼，应当在航空器到达目的地点之日起，或者应当到达之日起，或从运输停止之日起两年内提出，否则丧失索赔的权利。

三、《海牙议定书》

分类：华沙体系

标题：修改 1929 年 10 月 12 日在华沙签订的《统一国际航空运输某些规则的公约》的议定书

签订日期：1955 年 9 月 28 日

生效时间：1963 年 8 月 1 日

签订地点：海牙

我国加入时间：1975 年 8 月 20 日

生效时间：1975 年 11 月 18 日

1. 《海牙议定书》所称的国际运输

指根据当事人所订立的合同，无论运输有无间断或者有无转运，出发地点和目的地点是在两个缔约国的领土内，或者在一个缔约国领土内而在另一缔约国、甚至非缔约国的领土内有一个约定的经停地点的任何运输。在一个缔约国领土内两个地点之间的运输，如果没有这种约定的经停地点，对本公约而言，不被认为是国际运输。

2. 《海牙议定书》对华沙公约做了 5 个方面的修改

1）在适用范围上作了修改；

2）对国际航空定义删去了主权、宗主权、委任统治权等字样；

3）简化了客票和行李票；

4）对免责条款作了修改；

5）延长了乘客或托运人、收货人的索赔期限，把货物的索赔期限由 7 天延长到 14 天，对行李的索赔期限由 3 天延长到 7 天，由于延误引起的损害的索赔期限由原来的 14 天延长到 21 天。

3. 《海牙议定书》对承运人的责任限额

在乘客运输中，承运人对每一位乘客的责任以 25 万金法郎为限。

在交运行李和货物运输中，承运人对行李或货物的责任以每公斤 250 金法郎为限。

乘客自己照管的物品，承运人对每位乘客的责任限额以 5000 金法郎为限。

四、《蒙特利尔议定书》

美国民用航空委员会于 1966 年 5 月 13 日以第 E-23680 号令批准的该委员会第 18900 号协议。

按照运输合同的约定，若其始发地点、目的地点或约定的经停地点有一个在美利坚合众国，则对每一乘客死亡、受伤或其他身体损害所确定的责任限额为 75000 美元（包括法律费用）或 58000 美元（不包括法律费用）。对每一位乘客限制为不超过 75000 美元，且此种被限制的责任不取决于承运人有否过失。

[注] SDR：SPECIALDRAWINGRIGHT，特别提款权；金法郎与 SDR 折算，1 金法郎 = 0.0666SDR（1975—）；金法郎与美元折算，按每盎司黄金 = 42.X 美元，系 1973 年 2 月美国公布的官方比价。

蒙特利尔附加议定书

蒙特利尔第一号附加议定书：于 1975 年 9 月 25 日在蒙特利尔签订。它只是将《华沙公约》中关于责任赔偿限额的法郎数改为以特别提款权（SDR）来表示，对责任限额没有改动。

蒙特利尔第二号附加议定书：于 1975 年 9 月 25 日在蒙特利尔签订。它对乘客的最大责任限额由 25 万法郎改为 16600 特别提款权，对行李和货物每公斤由 250 法郎改为 17 特别提款权，对乘客自理物品由 5000 法郎改为 332 特别提款权。

蒙特利尔第三号附加议定书：于 1975 年 9 月 25 日在蒙特利尔签订。是修改在海牙和危地马拉修改过的《华沙公约》，和第一、第二号一样，主要将责任限额的货币单位法郎改用特别提款权（SDR）来表示。

蒙特利尔第四号附加议定书：于 1975 年 9 月 25 日在蒙特利尔签订。是对 1955 年在海牙修改的《华沙公约》的修改，修改只限于邮运和货运。

自 1981 年 1 月 1 日起，特别提款权由 16 种货币的一揽子改为 5 种货币一揽子，这 5 种货币以及其各占的比重为：美元 42%，西德马克 19%，英镑 13%，法国法郎 13%，日元 13%。

五、《1999 年蒙特利尔公约》

2003 年 11 月 4 日，国际民航组织对国际航空运输规则和承运人责任制度作出重大修改的《统一国际航空运输某些规则的公约》（简称《1999 年蒙特利尔公约》）正式生效了。

乘客伤亡责任：第一梯度是对于不超过 10 万特别提款权（约为 12 万美元）的损害赔偿，不论承运人有无过错，都应当承担责任。第二梯度是如果索赔人提出的索赔额超过 10 万特别提款权的，而承运人又不能证明自己没有过错或者证明伤亡是由于第三人的过错造成的，承运人就应当承担责任。

新公约对于延误造成的损失，承运人对每名乘客的责任是 4150 特别提款权（约 5000 美元），行李是每名乘客 1000 特别提款权（约 1200 美元），不按重量。

在乘客运输中，放大了传统运输凭证——客票的表现形式，新公约规定承运人只要出具一个包含出发地点、目的地点和约定的经停地点两项内容的书面材料即可，而不需要一定采取传统意义的格式规范的客票形式。同样，对于"行李票"和"航空货运单"也进行了类似的规定，引入"行李识别标签"和"货物收据"的内容，有利于航空承运人采用新技术，提高运输效率。删去了"乘客的人身伤亡完全是由于因乘客本人的健康原因造成的，承运人不承担责任"的规定，理由是乘客处于承运人掌管之下，且限于航空器内的特殊情况，难以获得良好的救治，如果承运人不承担责任，对乘客非常不公平。当然，如果乘客明知或者应当知道自己的健康状况不适宜乘坐航空器旅行的，则可能构成"过失或不当作为、不作为"，承运人可以根据其过错程度，相应全部或部分免除责任。

新公约在原有四个法院管辖权（即承运人住所所在地法院、承运人主要营业地法院、订立合同的承运人机构所在地法院、目的地点法院）的基础上，增加了专适用于乘客伤亡的第五管辖权，即乘客住所所在地法院。

六、《国际民用航空安全保卫公约》

1. 《关于在航空器内犯罪和犯有某些其他行为的公约》

签订日期：1963 年 9 月 14 日
生效日期：1969 年 12 月 4 日
签订地点：东京
我国加入时间：1978 年 11 月 14 日
生效时间：1979 年 2 月 12 日

1）《东京公约》适用范围

违反刑法的犯罪；

可能或确已危害航空器或其所载人员或财产的安全，或者危害航空器内的正常秩序和纪律的行为，不论此种行为是否构成犯罪。

2）航空器机长的权利

航空器从装载完毕、机舱外部各门均已关闭起，直至打开机舱门以便卸载时止被认为是在飞行中。

机长有正当理由对在航空器内犯罪和从事某些其他行为的人采取必要的合理措施，包括看管措施。

3）航空器登记国有权对在该航空器内的犯罪和某些其他行为行使管辖权

2. 《关于制止非法劫持航空器的公约》

签订日期：1970年12月16日
生效日期：1971年10月14日
签订地点：海牙
我国加入时间：1980年9月10日
生效时间：1980年10月10日

1）凡在飞行中的航空器内的任何人用暴力或暴力威胁，或用任何此类未遂行为，实施此类行为或任何此类行为的人的共犯即构成刑事犯罪。
2）缔约各国应采取必要的措施，对犯罪实施管辖权。
3）缔约各国应采取一切适当措施，以恢复或维护合法机长对航空器的控制。
4）缔约各国应对机组和乘客尽快继续旅行提供方便。

3. 《关于制止危害民用航空安全的非法行为的公约》

签订日期：1971年9月23日
生效日期：1973年1月26日
签订地点：蒙特利尔
我国加入时间：1980年9月10日
生效时间：1980年10月10日

1）《蒙特利尔公约》适用于航空器的实际或预定起飞地点或者降落地点是在该航空器登记国领土以外，或者犯罪是在该航空器登记国以外的一国领土内发生的。
2）非法行为：对飞行中的航空器内的人实施暴力行为，如该行为足以危及该航空器的安全；破坏使用中的航空器，或者对该航空器造成损坏使其不能飞行或足以危及其飞行安全；不论采用何种方法，在使用中的航空器内放置或使他人放置一种装置或物质，该种装置或物质具有破坏该航空器、或者对其造成使其不能飞行或足以危及其飞行安全的特性；破坏或损坏航空设施或扰乱其工作，若任何此种行为足以危及飞行中的航空器的安全；传送他明知是虚假的情报，由此危及飞行中的航空器的安全。

七、欧盟261条例

欧洲联盟理事会和欧洲议会于2004年2月11日在斯特拉斯堡（Strasbourg）通过了261/2004条例，建立了关于航班拒载、取消或长时间延误时对乘客赔偿和提供帮助的新的共同规则，自2005年2月17日起生效，取代了此前的1991年295/91条例。新规则加强了在超售情况下对乘客的保护，为乘客在航班取消和延误时设立了新的权利。

1. 条例的适用对象及范围

第一，条例适用于三类乘客，即因航班超售而被拒载的乘客、航班被取消的乘客以及航班延误的乘客。第二，这些乘客是从位于成员国境内的机场出发的乘客，或从一个位于第三国的机场出发前往成员国境内的机场的乘客，如果该航班的运营承运人是欧共体承运人。除非乘客在第三国获得了好处或得到了赔偿并给予了帮助。第三，除航班取消的乘客外，拒载和延误的乘客还应满足下列条件：在有关的航班上确认了座位并开始办理登机手续，并且应该按承运人、旅行社或授权的旅行代理人的规定、事先指定的时间和书面形式（包括电子形式）办理登机手续，或者，如果没有指明时间，不迟于承运人公布的飞机离站时间之前45分钟；或被承运人、旅行社从他们原已确认座位的航班转到另一航班，而不管什么原因。

总之，在条例的适用对象上，条例并不考虑乘客的国籍，也较少地考虑承运人的国籍，而完全是从出发地点或前往地点两方面考虑。同时，条例明确规定，条例不适用于免费运输或以优惠票价运输的乘客，而这种优惠，不管以直接的方式还是间接的方式，都是不能被公众所享受的。但是，条例适用于持有由承运人或旅行社根据其常乘客计划或其他商业计划出具客票的乘客。

2. 对被强行拒载的乘客承运人应承担的义务

一是赔偿，二是退票或变更航程，三是免费的食宿、交通和通讯。

赔偿标准

根据乘客是否变更航程以及变更航程后到达目的地的时间划分为两个档次。条例第7条第1款规定，乘客获得的赔偿额等于：

1）航程在1500公里及1500公里以内的所有航班为250欧元；

2）航程超过1500公里的所有在欧盟境内的航班，以及航程在1500公里和3500公里之间的所有其他航班为400欧元；

3）除上述1）和2）之外的所有航班为600欧元，这是没有变更航程的情况下运营承运人承担的赔偿额。

如果乘客变更航程搭乘下一航班到达目的地，该到达时间不超过原预定航班到达的时间：（1）2小时，就航程在1500公里或1500公里以内的航班；或（2）3小时，航程在1500公里以上的所有在欧共体境内的航班以及航程在1500公里和3500公里之间的所有其他航班；或（3）4小时，除上述（1）和（2）之外的所有航班。在上述情况下，对于第7条第1款规定的赔偿数额，运营承运人可以减半支付。

3. 航班取消后运营承运人的义务

一是退票或变更航程，二是免费的食宿、交通和通讯，三是赔偿。

1）退票。因为航班取消有始发地取消和经停地取消之别。在始发地取消，应全额退还。

2）票款。在经停地取消，一般来说，应退还未使用部分航程的票款。而且如果航班取消使乘客的最初旅行计划没有任何意义的话，还要退还已使用部分的票款，并且在必要时，要给乘客提供在最早的时间返回原出发地点的航班。

3)赔偿。以下两种情形例外:

(1) 提前通知或/和变更航程。如果在条例规定的时间内通知了乘客并给乘客变更了航程,则运营承运人不承担赔偿责任。

(2) 特殊事件。条例第5条第3款规定,如果运营承运人证明航班取消是由于不可避免的特殊事件所引起,即使采取了所有合理要求的措施也不可避免,则运营承运人不承担第7条规定的支付赔偿金的义务。

4. 有关延误的规定

1) 延误的定义

条例将延误分为三种情形:(1) 航程为1500公里或1500公里以下的航班,延误2小时或2小时以上;或(2) 所有欧共体境内的航程在1500公里以上、延误时间为3小时或3小时以上的航班,以及航程在1500公里和3500公里之间的所有其他航班;或(3) 除上述(1) 和(2) 之外的,比预定离站时间延误4小时或4小时以上的所有航班。

2) 运营承运人的义务

免费的食宿、交通和通讯,以及退票。但退票有一个限制条件,即至少是在延误了5小时的情况下。在延误的情形下,是否给予乘客赔偿,条例没有提及。

第二节 中国民航法律法规

一、《中华人民共和国民用航空法》简介

1995年10月30日,中华人民共和国第八届全国人民代表大会常务委员会第十六次会议通过了《中华人民共和国民用航空法》(以下简称《民航法》)。《民航法》共分16章214条,内容涉及民用航空适航管理、航空人员、民用机场、空中航行、公共航空运输、通用航空、法律责任等16个方面。《民航法》自1996年3月1日起施行。

《民航法》是我国第一部规范民用航空活动的法律,是我国民航发展历史的重要里程碑,是新时期促进民航事业发展的加速器,也是国家法制建设取得的一项重要成果。《民航法》的实施,对维护国家的领空主权和民用航空权利,保障民用航空活动安全,保护民用航空活动当事人各方面的合法权益,促进民用航空事业的发展,起到了十分重要的作用。

根据航空运输工具速度快、技术要求高的特点,《民航法》突出和强化了安全管理的内容。民航安全的保障,取决于航空器的适航能力、飞行员和其他航空人员的素质和技术条件,机场、地面设备和空中交通管制等各种因素的相互配合。《民航法》用了5章篇幅来规范安全管理,主要是航空器适航管理制度、民用航空人员执照制度、民用机

场使用和管理制度、民用航空企业许可证制度、飞行管理和飞行保障制度等,大部分是强制性条款。对公共航空运输和通用航空也专门作了规定。同时,为严厉惩治劫机和其他危害飞行安全的行为,作了依法追究刑事责任的规定。上述法律规定,对保障飞行安全具有重大的意义。

《民航法》规范了民用航空业行政管理,同时注重了民航法律规范的建立和完善。民用航空行政管理和民商关系涉及很复杂的法律内容。《民航法》对保护航空承运人和旅客、货物托运人、地面第三人等与民用航空活动有关的各方当事人的合法权益,应该履行的义务及违反义务应承担的责任,都有明确规定。

《民航法》根据民航活动国际性强的特点,妥善处理与有关国际公约的关系,使我国的民用航空法律制度与国际通行的法律接轨。

民航法比较现实地解决了民用航空与军用航空之间的关系。《民航法》第7章规定:国家对空域实行统一管理;划分空域应当兼顾民用航空和国防安全的需要以及公众的利益,使空域得到合理、充分、有效的利用;在一个划定的空域内,由一个空中交通管理单位负责该空域内的航空器的空中交通管制;空域管理的具体办法由国务院、中央军委制定。

《民航法》以法律形式进一步肯定和明确了民航工作的总体要求。民航法第95条规定:公共航空运输应当以保证飞行安全和航班正常,提供良好服务为准则,采取有效措施,提高运输服务质量;公共航空运输企业应当教育和要求本企业职工严格履行职责,以文明礼貌、热情周到的服务态度,认真作好旅客和货物运输的各项服务工作。民航工作总体内涵,通过立法充分体现出来。

二、《中国民用航空旅客、行李国内运输规则》简介

1996年2月28日,中国民用航空总局发布《中国民用航空旅客、行李国内运输规则》(中国民用航空总局第49号令,以下简称《客规》),自1996年3月1日起施行。2004年7月12日,中国民用航空总局发布《关于修订〈中国民用航空旅客、行李国内运输规则〉的决定》(中国民用航空总局第124号令),自2004年8月12日起实施。

此规则适用于根据旅客运输合同,其出发地、约定经停地和目的地均在中华人民共和国境内的航空运输;适用于以民用航空器运送旅客、行李而收取报酬的国内航空运输及经承运人同意而办理的免费国内航空运输。其宗旨是为了加强对旅客、行李国内航空运输的管理,保护承运人和旅客的合法权益,维护正常的航空运输秩序。

《客规》由13章63条组成。其内容立足宏观管理的高度,兼顾旅客和承运人的权利和义务;所立条款结合国内运输的具体条件,强调国内航空运输活动当事人,旅客与承运人应遵守规则,对规范旅客、行李国内运输活动,调整航空运输活动中承运人与旅客的相互关系,保护其合法权益,促进国内航空运输活动正常、有序的开展有着重要作用。

《客规》着重明确：

第一章　总则
除阐明制定规则的依据和规则的适用外，增写了一条"定义"，列出 28 个有关名词的定义，使公众能准确地了解《客规》中相应名词的含义。

第二章　定座
强调定座的效力。已经定妥的座位，旅客应在承运人规定或预先约定的时限内购买客票，承运人对所定座位在规定或预先约定的时限内应予以保留，承运人应按旅客已经定妥的航班和舱位等级提供座位。

第三章　客票
填写国际、国内联程客票及在境外购买的国内客票的使用规定条款，并明确由于承运人的原因，造成旅客未能在客票有效期内旅行，其客票有效期将延长到承运人能够安排旅客乘机为止。

第四章　票价
明确运价表中公布的票价，适用于直达航班的运输。如旅客要求经停或转乘其他航班时，应按实际航段分段相加计算票价。

第五章　购票
强调售票场所应设置班期时刻表、航线图、航空运价表和旅客须知等必备资料，并明确承运人或其销售代理人应根据旅客的要求，出售联程、来回程票。

第六章　客票变更
依据目前国内航空公司均为自主经营、独立核算的企业的现实，旅客要求改变承运人或遇有航班取消、提前、延误、航程改变或不能提供原定座位时有关签转规定的条款。

第七章　退票
规定了旅客自愿退票、非自愿退票的处理方法。

第八章　客票遗失
明确了定期客票遗失的处理方法和不定期客票遗失办理退款的时间。

第九章　团体旅客
阐明"团体旅客"为统一组织的人数在 10 人以上（含 10 人），航程、乘机日期和航班相同的旅客。

第十章　乘机
为保证航班飞行正常，明确承运人可以适应机型的不同，规定停止办理乘机手续的时间及告知旅客的方式，并且修订了旅客误机的处理方法。

第十一章　行李运输
根据近年来国际、国内联程旅客在行李运输过程中出现的问题，填写了有关构成国际运输国内航段旅客免费行李额及行李赔偿按适用的国际运输规则办理的规定。
根据旅客携带宠物和外交信袋逐渐增多的情况，填写了小动物和外交信袋运输的条款。

本章还对旅客办理托运行李声明价值的标准；托运行李的赔偿额；自理行李和随身携带物品最高赔偿限额和承运人延误旅客行李时，付给旅客适当的临时生活用品补偿费均重新作出明确规定。

第十二章　旅客服务

明确了承运人应提供良好服务，工作人员应经过培训持证上岗，及航班延误或取消后为旅客提供服务所适用的规定。

《中国民用航空旅客、行李国内运输规则》就旅客运输的各有关事项作出具体明确的规定，即对航空运输现场操作提供了依据；又向社会公众公布了航空运输应遵循的规则，有利于在良好的社会环境下使航空运输服务质量上一个新的台阶。

三、《中国民用航空货物国内运输规则》简介

为了加强航空货物运输的管理，维护正常的航空运输秩序，根据《中华人民共和国民用航空法》的规定，1996年2月29日中国民用航空总局颁布了《中国民用航空货物国内运输规则》，该规则于1996年3月1日起生效实施。

本规则适用于出发地、约定的经停地和目的地均在中华人民共和国境内的民用航空货物运输。规则共分八章，下面分别作简要介绍。

第一章　总则

规定了规则中"承运人"、"代理人"、"托运人"、"收货人""托运书"、"航空货运单"等用语的含义。

第二章　货物托运

规定了托运货物的有效凭证件，货物托运书的填写及基本内容，货物的包装，货物重量计算方法。

第三章　货物承运

对货物收运、运送、交付、运送变更的原则、程序作了规定。对货运单的基本内容、货物运输费用作了详细说明。

第四章　特种货物运输

特种货物运输，除应当符合普通货物运输的规定外，应当同时遵守相应的特殊要求。

第五章　航空邮件及航空快递运输

航空邮件的托运和承运双方要相互协作、密切配合，按公布的航班计划和邮件路单安全、迅速、准确地组织运输。航空快递企业应当安全、快速、准确、优质地为货主提供服务，并按规定收取相应的服务费。发生违约行为时应当承担相应的经济责任。

第六章　货物包机、包舱运输

包用飞机，承运人按包机双方协议收取费用。申请包舱或包集装板（箱）的合同签订及双方应当承担的职责和义务参照包机的有关条款办理。

第七章　货物不正常运输的赔偿处理

由于承运人的原因造成货物丢失、短缺、变质、污染、损坏，应按照规定赔偿。

第八章　附　则

本规则自 1996 年 3 月 1 日起施行。中国民用航空局 1985 年制定发布的《中国民用航空局货物国内运输规则》同时废止。

四、《中国民用航空旅客、行李国际运输规则》简介

为了加强对旅客、行李国际航空运输的管理，保护承运人和旅客的合法权益，维护正常的国际航空运输秩序，根据《中华人民共和国民用航空法》，1997 年 12 月 8 日，中国民用航空总局颁布了《中国民用航空旅客、行李国际运输规则》（中国民用航空总局令第 70 号令），该规则自 1998 年 4 月 1 日起施行。

该规则共分十三章，下面分别作简要介绍。

第一章　总则

规定了本规则的适用范围和规则中 16 个名词的含义。

第二章　客票

对客票应包括的内容、客票的填开及有效期的计算作了规定。

第三章　票价和费用

票价只适用于从出发地机场至目的地机场的航空运输，不包括机场与机场或者机场与市区之间的地面运输。旅客购票后，已收取的票款不是适用票价的，应当由旅客支付差额或者由承运人退还差额。政府或者其他有关当局或者机场经营人，因向旅客提供服务设施按规定征收的税款或者收取的费用，均不包括在适用票价之内。该项税款或者费用，应当由旅客支付。

第四章　定座

承运人应当按照旅客已定妥座位的航班和座位等级提供座位。旅客未按照承运人规定使用已定妥的座位，也未通知承运人的，承运人可以取消旅客所有已经定妥的续程和回程座位，并可向未使用已定妥座位的旅客收取服务费。旅客更改或者取消定座，应当在承运人规定的时限内提出。票价附有条件的，旅客更改或者取消定座，应当符合该条件的规定。

第五章　乘机

旅客应当在航班始发前充足的时间内到达承运人的乘机登记处，以便办妥所有政府规定的手续和乘机手续。对承运人因安全原因可以拒绝运输旅客及其行李的九种情形作了规定。

第六章　行李

规定了旅客的计重行李、计件行李、非托运行李的运输方式、条件。五类物品不得作为行李运输。逾重行李费率和计算办法，按承运人规定办理。小动物、导盲犬、助听犬的运输条件、方式。

第七章　班期时刻和航班取消及变更

强调承运人应当采取一切必要的措施，按照公布的在旅行之日有效的航班时刻，合理地运送旅客及其行李，并按"客票及行李票"上的合同条件办理。同时，对承运人可以不经事先通知，取消、中断、变更、延期或者推迟航班飞行的情形作了规定。

第八章　改变航程和更改客票

对自愿改变航程、非自愿改变航程的内涵及处理方式作了明确。

第九章　退票

规定了旅客自愿退票、非自愿退票的处理方法。

第十章　航空器上的行为

明确了旅客不得在航空器上使用的设备。

第十一章　行政手续

规定了旅客出入境应当出具的证件，旅客被拒绝过境或者入境的处理方法。

第十二章　承运人的运输条件、规定等的制定和修改

承运人应当按规定制定和修改其运输条件、运输规定、票价和费用。任何修改不适用于修改前已经开始的运输。

第十三章　附则

本规则自1998年4月1日起施行。1984年10月1日中国民用航空局发布的《中国民航旅客、行李国际运输规则》同时废止。

五、《中国民用航空货物国际运输规则》简介

1978年以前，我国民航实行政企合一体制。当时国际航线少，货运量不大，民航总局仅制定了一些国际货运业务规章制度，对货物国际航空运输的管理没有形成规章下发执行。1978年以后，特别是进入20世纪80年代以来，随着国际航线的增多，货物国际航空运输发展较快，货运量每年增长，民航总局在政企合一体制下制定的一些货运业务规章制度已不适应货物国际航空运输发展的需要。为了适应货物国际航空运输的变化，民航总局运输司根据民航法的规定，参照货物国际航空运输的普遍做法，并结合我国货物国际航空运输的实际情况，从1995年开始起草了《中国民用航空货物国际运输规则》（以下简称《国际货规》）。《国际货规》自2000年8月1日起施行。

该《国际货规》共九章，四十九条。它们分别为：第一章总则，第二章货物托运，第三章货运收运，第四章运价、运费和其他费用，第五章运输货物，第六章货物交付，第七章特种货物运输，第八章承运人的运输条件、规定等的制定和修改，第九章附则。

《国际货规》第一章总则中第二条明确规定，适用于依照中华人民共和国法律设立的公共航空运输企业使用民用航空器运送货物而收取报酬的或者办理的免费国际航空运

输。

  为了使承运人、托运人和收货人更准确地了解新货规中的有关名词的含义，在第一章"总则"中增写一条规则中的用语含义，列出了 7 个用语含义。

  《国际货规》第二章中除阐明货运单应当由托运人填写外，同时明确了承运人根据托运人的请求填写货运单的，在没有相反证据的情况下，应当视为代托运人填写，进一步明确了承运人和托运人之间填制货运单的责任。

  20 世纪 70 年代末，中国民航不接收"运费到付"的货物运输。但是，随着我国航空运输业务走上国际市场，目前我国经营国际航线的航空运输企业早已开始办理此项业务。这也是符合实际情况的需要，故该《国际货规》有关条款中明确了办理运费到付应符合货物目的地点国家的法律和规定，以及有关航空联运承运人的规定。

  随着国际竞争的日益激烈，为了提高运输服务质量，减少运输中货物由于人为的原因造成的损坏，该《国际货规》中明确要求承运人建立监装、监卸制度，并按其规定装卸货物。同时，为了体现航空运输的快速特点，也明确了承运人应当在考虑托运人利益的情况下，用合理的时间完成运输，包括使用其他交通工具运输货物。

  《国际货规》中增加了第四章运价、运费和其他费用的条款，明确承运人应当公布运价。该项运价和运费只适用于机场至机场的航空运输，不包括承运人提供与航空运输有关的其他附属服务所收取的费用。

  《国际货规》中对货物的处置权的行使，在托运人和收货人之间有一个明确的划分。

  针对特种货物运输中出现的问题，为了保证该类货物运输的质量和飞行安全，在该《国际货规》第四十五条、四十六条中明确规定托运人托运特种货物和承运人在收运特种货物时，除应当符合普通货物运输规定外，还应当符合特种货物运输规定。同时，进一步明确了特种货物运输中承运人和托运人的责任。

第四章　民用航空运输组织

第一节　国际民用航空组织

一、国际民航组织（ICAO）

国际民航组织（ICAO，International Civil Aviation Organization）是协调各国有关民航经济和法律义务，并制定各种民航技术标准和航行规则的国际组织。

图 4.1　国际民航组织的标志

1. ICAO 的成立

第二次世界大战后，为解决战后民用航空发展中的国际性问题，1944 年 11 月 1 日至 12 月 7 日在美国芝加哥召开了有 52 个国家参加的国际民航会议，签订了《国际民用航空公约》（简称《芝加哥公约》），并按国际民用航空临时协定设立了"临时国际民航组织"。1947 年 4 月 4 日公约生效，"国际民航组织"正式成立，总部设在蒙特利尔（Montreal）。同年 5 月成为联合国的一个专门机构。1990 年，已有 161 个缔约国。

2. ICAO 的宗旨和目的

ICAO 的宗旨是保障《国际民用航空公约》的实施，开发国际航行原则和技术，促进国际航空运输的规划和发展。

根据《芝加哥公约》第四十四条规定，ICAO 的宗旨和目的主要有以下几点：
1) 保证全世界国际民用航空安全地、有效地和有秩序地发展；
2) 鼓励发展用于世界和平目的的航空器设计技术和驾驶技能；
3) 鼓励发展用于国际民用航空的航路、机场和航行设施；
4) 发展安全、正常、有效和经济的民用航空运输，满足世界人民的要求；
5) 防止不合理的竞争，避免经济浪费；
6) 充分尊重缔约国的权利，保证享有公平经营国际航空运输业务的机会；
7) 避免各缔约国之间的歧视；
8) 促进国际航空飞行安全；
9) 促进国际民用航空运输业的全面发展。

IACO 的作用是制定和监督执行有关航空运输飞行安全和维护国际航空运输市场秩序的标准，促进发展与和平利用航空技术，以保证飞行安全，在尊重主权的基础上公平发展。

3. ICAO 的管理机构和地区办事处

ICAO 的最高权力机构是"大会"（Assembly），3 年一次大会是 ICAO 的最高权力机构，每 3 年至少召开一次。理事会是向大会负责的常设机构，由 33 个理事国组成，由每届大会选举产生。理事会的主席由理事会选举产生，任期 3 年。理事会每年召开 3 次会议，下设航空技术、航空运输、法律、联营导航设备、财务和防止非法干扰国际民航等 6 个委员会。

ICAO 的日常办事机构，设有航空技术局、航空运输局、法律局、技术援助局、行政服务局和对外关系办公室，这些机构统一在秘书长领导下工作。此外，还有 7 个地区办事处：西非和中非区（达喀尔 DKR），欧洲区（巴黎 PAR），亚洲太平洋区（曼谷 BKK），中东区（开罗 CAI），东非和南非区（内罗毕 NBO），北美、中美和加勒比区（墨西哥城 MEX），南美区（利马 LIM）。

4. ICAO 的活动

该组织的主要活动是：通过制定《国际民用航空公约》的 18 项技术业务附件和多种技术文件以及召开各种技术会议，逐步统一国际民航的技术业务标准和管理国际航路的工作制度。通过双边通航协定的登记、运力运价等方针政策的研讨、机场联检手续的简化、统计的汇编等方法以促进国际航空运输的发展；通过派遣专家、顾问，建立训练中心，举办训练班及其他形式，以执行联合国开发计划署向缔约国提供的技术援助；管理公海上的联营导航设备；研究国际航空法，组织拟订和修改涉及国际民航活动的各种公约。根据缔约国的建议和议事规则，通过大会、理事会、地区会议以及特别会议讨论和决定涉及国际航空安全和发展的各种重要问题。

5. 我国参加 ICAO 的情况

中国是 ICAO 的创始国之一。1944 年 12 月 9 日，当时的中国政府在《芝加哥公约》上签字，并于 1946 年 2 月 20 日批准该公约，并于 1947 年当选为第二类理事国。但是 1949 年，中国在该组织的合法权利被剥夺。1971 年，中国恢复在联合国的合法席位后，也恢复了在 ICAO 的合法权利。同年 11 月 19 日，国际民航组织第 74 届理事会通过决议，承认中华人民共和国政府为中国唯一合法的政府，驱逐了台湾国民党集团的代表。1974 年 2 月我国决定承认《国际民用航空公约》和有关修正协议书，并自该日起参加该组织的活动，并于 1974 年 9 月在该组织第 21 届大会上再次当选为第二类理事国，并在蒙特利尔设有常驻该组织理事会的中国代表处。

2004 年 10 月 2 日，在 ICAO 的第 35 届大会上，选举中国为该组织第一类理事国。在当天举行的理事会第一类和第二类成员国的选举中，159 个有投票权的缔约国代表参加了投票。中国以 150 票当选第一类理事国。

二、国际航空运输协会（IATA）

国际航空运输协会简称国际航协（IATA，International Aviation Transport Association）是世界上航空公司之间最大的非政府、非盈利性的一个国际性民间组织，是国际航空公司的行业协会，是全世界最有影响力的航空运输组织。

图 4.2　国际航空运输协会的标志

1. IATA 的成立

IATA 于 1945 年 4 月由 30 多家航空公司在古巴哈瓦那创立，在加拿大通过国会特别法案组成法人组织，总部设在加拿大魁北克省会蒙特利尔市，执行总部在瑞士日内瓦，在纽约、巴黎、新加坡、曼谷、内罗毕、北京设有分支机构或办事处。在瑞士的日内瓦还设有清算所。

作为航空业的象征，IATA 的使命是为整个航空运输行业服务，为航空运输业提供包括运价和班机时刻的协调、多边联运、财务及联运结算、代理人计划和其他各种与航空运输有关的专业技术服务。IATA 所制定的各项客、货运输规则已在世界航空运输中被普遍使用，大到运送旅客行李和货物的集装箱的标准和尺寸，小到旅客手中的机票和登机牌的印制标准，无不体现着 IATA 的标准。

2. IATA 的宗旨、任务与作用

IATA 的宗旨是"为了世界人民的利益，促进安全、正常而经济的航空运输"，"对于直接或间接从事国际航空运输工作的各空运企业提供合作的途径"，"与国际民航组织以及其他国际组织通力合作"，也即：
1）让全世界在有安全、有规律之航空运输中受益；
2）增进航空贸易发展；
3）提供航空服务合作管道。

IATA 的任务与作用是制定国际航空客货运输价格、运载规则和运输手续，协助航空运输企业间的财务结算，执行 ICAO 所制定的国际标准和程序。

3. IATA 的管理机构和地区办事处

协会的最高权力机构为全体会议，每年一次，常设机构是"执行委员会"，另有 4 个常务委员会分管法律、业务、财务和技术。下属部门包括运输部、律法部、技术部、政府和行业事务部、行业自动化和财务服务部、公共关系部，同时 IATA 内部设置 5 个业务局，分别负责会员联络、航空培训、行业结算、航行与基础设施和人事行政事务。目前有雇员 1700 多名，最高行政官员是理事长。

其中与航空客运息息相关的运输部主要有以下职能：
1）提供协调，讨论运价的会议组织；
2）为出版者和 IATA 成员提供运价资料的主要信息渠道；
3）检查、考核世界范围航空公司客货物及代理人的服务；
4）协调旅客货物及其代理人的培训计划；
5）组织代理人销售报告及中心开账工作（BSP）；
6）讨论各航空公司的航班安排问题（每年两次，计划部门）；
7）在邮件运输方面，为航空运输业争取利益（万国统一联盟）；
8）提高各公司对行业竞争的反欺诈意识。

IATA 在安曼、圣地亚哥、新加坡、华盛顿设立了 4 个地区办事处。

4. IATA 会员

凡 ICAO 成员国的任一经营定期航班的空运企业，经其政府许可都可成为该协会的会员。IATA 会员分为正式会员和准会员，其中正式会员是指经营国际定期客运航班的航空公司，准会员是指只经营国内定期客运航班的航空公司。

IATA 现有会员航空公司 282 家，遍布 130 个国家和地区。在全世界定期国际航空运输业务中，IATA 会员航空公司承担了 98% 的业务量。IATA 在全世界 70 多个国家和地区设立 100 多个办事处，包括我国的北京、上海、广州、香港和台北的办事处。

为加强该协会与各个政府部门、地区行业协会和航空公司协会间的沟通，了解各国航空运输发展政策，IATA 还设置了北美、南美、欧洲、非洲、中东、南亚和太平洋、北亚 7 大地区办事处，负责各地区的政府与行业事务。

协会会员所属国必须是有资格参加 ICAO 的国家。

目前，中国大陆共有 13 家航空公司成为国际航协会员公司，各航空公司加入时间如下。

1993 年：中国国际航空公司、中国东方航空公司和中国南方航空公司；
1996 年：中国北方航空公司、中国西北航空公司和中国西南航空公司；
1998 年：厦门航空公司、中国新疆航空公司、中国云南航空公司和上海航空公司；
2000 年：海南航空公司；
2001 年：山东航空公司；
2002 年：深圳航空公司。

5. IATA 的活动

1）行业协会活动（Trade Association Activities）

以程序性会议（Procedures Conference）形式进行，所有会员航空公司必须参加。主要讨论国际性客运和货运的价格与代理、客货运输专用票据格式、行李规定运价、订座程序等问题。

2）运价协调活动（Tariff Coordination Activities）

通过运价协调会议（Tariff Coordination Conference）方式进行，会员航空公司可以选择参加。主要讨论客票价格、货运费率与运价、代理人佣金率等问题。

以上两类活动一般通过 IATA 的运输会议进行，会议的结构图如图 4.3 所示。

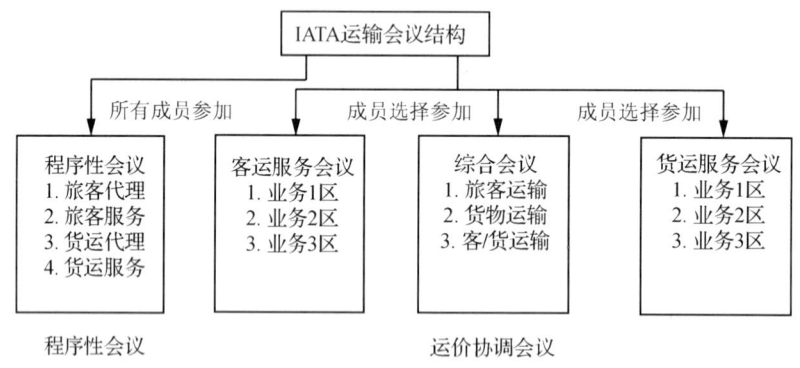

图 4.3　IATA 运输会议结构

虽然国际航协从组织形式上是一个航空企业的行业联盟，属非官方性质组织，但是由于世界上大多数国家的航空公司是国家所有，即使非国有的航空公司也受到所属国政府的强力参预或控制，因此航协实际上是一个半官方组织。它制定运价的活动，也必须在各国政府授权下进行，它的清算所对全世界联运票价的结算是一项有助于世界空运发展的公益事业，因而国际航协发挥着通过航空运输企业来协调和沟通政府间政策、解决实际运作困难的重要作用。

三、世界联合旅游代理协会（UFTAA）

世界联合旅游代理协会（UFTAA，Universal Federation Of Travel Agents Association）

该协会成立于 1966 年，由国家旅游代理协会、旅游公司组成，代表 114 个国家旅游协会，遍布于 121 个国家，是全世界旅游行业中最具代表性的团体，是一个民间机构。参加该组织的成员为各国旅行社协会，总部在摩纳哥，组织机构分为三级：大会、理事会和执行委员会。

UFTAA 通过与其他国际组织进行沟通、交流，针对入境与出境旅游提出意见与建议。这些组织包括国际航空运输协会、国际餐饮协会、国际商业组织等。目前，UFTAA 与 IATA 已成为国际公认的旅游专业鉴定机构。

UFTAA 致力于教育与培训，以提高旅游代理机构的专业水平，加强旅游代理机构在 21 世纪的竞争能力。

UFTAA 的宗旨是加强各国旅行社协会间的联系，作为全球旅行业专业水准的最高代表，保障旅行业在经济和社会领域中的发展，使旅行业在社会经济中占有相应的位置。

四、国际航空电信协会（SITA）

1949 年 12 月 23 日，荷兰、法国、英国、瑞士、萨伯那等 11 家欧洲航空公司代表在布鲁塞尔成立了国际航空电信协会，将成员航空公司的通信设备相互连接并共同使用，其英文缩写为 S1TA。四十多年来，随着成员不断增加和航空运输业务对通信需求的增长，SITA 已成为一个国际化的航空电信机构，经营着世界上最大的专用电信网络。

除全球通信网络以外，S1TA 还建立并运行着两个数据处理中心。一个是位于美国亚特兰大的旅客信息处理中心，主要提供自动订座、离港控制、行李查询、旅客订座和旅游信息；另一个是设在伦敦的数据处理中心，主要提供货运、飞行计划处理和行政事务处理业务。

中国民航于 1980 年 5 月加入 S1TA。中国民航通信网络与 SITA 相连通，逐渐实现了国内各航空公司、机场航空运输部门与外国航空公司和 S1TA 亚特兰大自动订座系统连通，实现大部分城市订座自动化。中国民航还部分地使用了 SITA 伦敦飞行计划自动处理系统，在商定的航线采用自动处理的飞行计划。

目前，我国有三家航空公司加入了 SITA 成为其会员，他们是中国国际航空公司、中国东方航空公司和中国南方航空公司。

五、航空联盟

1. 星空联盟（Star Alliance）

星空联盟，官方企业标语为"星空联盟，地球连结的方式"（Star Alliance, the way the Earth connects™），是一个正式成立于1997年5月14日的国际性航空联盟，初期是由5家分属不同国家的大型国际性航空公司结盟，借由共享软硬件资源与航线网等方式，强化联盟各成员竞争力。今日的星空联盟成员数已发展到19个之多，除了是迄今为止历史最悠久、规模最大的航空公司联盟外，它的成立也掀起20世纪末期一股航空联盟热潮，其他对手航空竞相召集伙伴成立联盟团队，以期能与星空联盟抗衡。

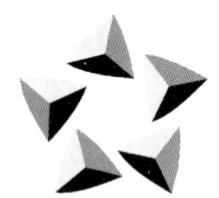

图4.4　星空联盟的标志

星空联盟（或所有航空联盟）的概念，源自更早以前就存在于民用航空业界的代码共享（Code Sharing）与延远航线代理制度。在星空联盟正式成立之前，其最早期的几个成员（包括一些非创始会员、但后来加入的航空公司）相互之间就已存在有代码共享制度，或甚至共同执行行销活动，但合作方式较分散杂乱。1997年，由联合航空公司（United Airlines）与汉莎航空公司（Lufthansa，又常称为德航）这两家分别来自美洲与欧洲的民航巨擘为主干，再加上加拿大航空公司（Air Canada，当时仍译称为加拿大枫叶航空公司）、北欧航空公司（SAS）与泰国国际航空公司（Thai Airways International）等既有合作伙伴，5家航空公司宣布星空联盟正式成立。这也掀起国际民航业的合纵热潮。星空联盟的企业识别标志是一个由5个三角形图样组合而成的五角星，象征创立联盟的5个初始会员。

合作方式：星空联盟主要的合作方式包括扩大代码共享规模、常旅客计划（Frequent Flyer Program, FFP）的点数分享、航线分布网的串连与飞行时间表的协调、在各地机场的服务柜台与贵宾室共享与共同执行形象提升活动等。相对于航空公司之间的复杂合作方式，对于一般的搭机旅客来说，要使用星空联盟的服务则比较简单，他/她只需申办18家成员航空公司提供的15个独立常旅客计划中的任何一个（重复申办不同公司的FFP并没有累加作用），就可以将搭乘不同航空公司班机的里程累积在同一个FFP里。除此之外，原本是跨公司的转机延远航段也被视为是同一家公司内部航线的衔接，因此在票价上较有机会享有更多优惠。

联盟成员：星空联盟目前有两种不同等级的会员，除19个标准会员航空公司外，另有"区域性会员航空公司"（Regional Member Airlines）的等级，该等级成员主要是一些小型或地区性航空公司，以扩充联盟的航线网络涵盖范围。加入星空联盟的区域性会员航空名单的要求门槛较低，但前提是新成员必须与联盟内任一正式会员有密切合作关系且使用该航空公司之 FFP 为本身的 FFP。

正式会员：加拿大航空公司（Air Canada）、联合航空公司（United Airlines）、全美航空公司（US Airways）、中国国际航空公司（Air China）、全日空公司（ANA）、韩亚航空公司（Asiana）、上海航空公司（Shanghai Airlines）、新加坡航空公司（Singapore Airlines）、泰国航空公司（Thai Airways International）、土耳其航空公司（Turkish Airlines）、奥地利航空公司（Austria Airlines）、维也纳航空公司（Laudair）、奥地利飞箭航空公司（Austrian arrows，由提洛列昂航空公司（Tyrolean Airways）代操作）、英伦航空公司（British Midland International，BMI）、波兰航空公司（LOT Polish Airlines）、德国汉莎航空公司（Lufthansa）、瑞士国际航空公司（Swiss International Air-Lines，隶属德国汉莎航空集团）、北欧航空公司（Scandinavian Airlines，SAS）、西班牙航空公司（Spanair，隶属北欧航空集团）、葡萄牙航空公司（TAP Portugal）、南非航空公司（South African Airways）、新西兰航空公司（Air New Zealand）。

区域会员：亚德里亚航空公司（Adria Airways）、蓝天航空公司（Blue1，隶属北欧航空集团）、克罗地亚航空公司（Croatia Airlines）。

2. 天合联盟（SkyTeam Alliance）

天合联盟是航空公司所形成的国际航空服务网络。2000 年 6 月 22 日由法国航空公司、达美航空公司、墨西哥国际航空公司和大韩航空公司联合成立"天合联盟"。2004 年 9 月与"飞翼联盟"（也译为航翼联盟）合并后，荷兰皇家航空公司、美国西北航空公司以及美国大陆航空公司亦成为其会员。

图 4.5 天合联盟的标志

天合联盟的口号：我们更关注您；
天合联盟不存在如下"It's not my problem"的词汇；
天合联盟最爱说的是："No problem。"

2000 年 6 月 22 日，美国达美航空公司、法国航空公司、大韩航空公司和墨西哥国际航空公司宣布共同组建"天合联盟"（SkyTeam Alliancee，又译"空中联队"）。2001 年，意大利航空公司和捷克航空公司加入天合联盟。随着美国大陆航空公司、美国西北航空公司、荷兰皇家航空公司以及俄罗斯航空公司的加入,天合联盟成为全球民航业第二大航空公司联盟。中国南方航空公司于 2007 年 11 月 15 日加入了天合联盟,成为首家加入国际航空联盟的中国内地航空公司。截至 2008 年,天合联盟航线网络航班通往共约 160 多个国家的 840 余个城市。

合作方式:通过联盟内所有航空公司的航班信息、座位信息和价格信息,帮旅客预订机票和座位,把中转旅客通过联盟航空公司的国内航线送到对方国家的各个城市。

联盟的发展得益于其给旅客及联盟成员带来的日益明显的利益。联盟通过其伙伴关系向旅客提供了更多的实惠,包括各成员间常旅客计划合作,共享机场贵宾室,提供更多的目的点、更便捷的航班安排、联程订座和登记手续、更顺利的中转连接,实现全球旅客服务支援和"无缝隙"服务。对于其成员来讲,全球联盟则以低成本扩展航线网络、扩大市场份额、增加客源和收入而带来了更多的商机,并且可以在法律允许的条件下实行联合销售、联合采购,降低成本,充分利用信息技术协调发展。天合联盟的"环游世界"套票、"畅游欧洲"套票、"畅游美洲"套票、"畅游亚洲"套票等优惠机票可为旅客节省更多购票支出。

联盟成员:法国航空公司(Air France)、荷兰皇家航空公司(KLM)、意大利航空公司(Alitalia-Linee Aeree Italiane)、捷克航空公司(Czech Airlines)、俄罗斯航空公司(Aeroflot-Russian Airlines,俄语:Аэрофлот — Российские авиалинии)、达美航空公司(Delta Airlines,也译为"三角洲航空")、美国西北航空公司(Northwest Airlines)、美国大陆航空公司(Continental Airlines)、墨西哥国际航空公司(Aeromexico)、大韩航空公司(Korean Air)、中国南方航空公司(China Southern)。

伙伴成员:欧洲航空公司(Air Europe,由法国航空公司赞助)、巴拿马航空(Copa Airlines,美国大陆航空公司持有部分股份并赞助)、肯尼亚航空公司(Kenya Airways,由荷兰皇家航空公司赞助)

3. 寰宇一家(One World)

寰宇一家是 1999 年 2 月 1 日正式成立的国际性航空公司联盟。由 5 家分属不同国家的大型国际航空公司发起结盟,其成员航空公司及其附属航空公司亦在航班时间、票务、代码共享(共挂班号、班号共享)、乘客转机、飞行常客计划、机场贵宾室以及降低支出等多方面进行合作。

图 4.6 寰宇一家的标志

建立联盟前,这五家创始成员公司就已经有着密切的联系。结盟进一步发展了相互间的联系,结盟后的新措施包括:成员航空公司的乘客提供票位安排服务;成员航空公司的"经常性乘客"的"里程优惠"可在成员之间互换通用;选择机场候机室等等。

1998年9月,美国航空公司、英国航空公司、原加拿大航空公司(Canadian Airlines,现已被Air Canada收购)、国泰航空公司及澳洲航空公司(澳大利亚康达斯)宣布有意合组航空联盟。"寰宇一家"航空联盟于1999年2月1日起正式运作,各成员开始提供一系列的优惠措施。结盟使五家航空公司获益明显,尤其是香港国泰航空公司在很大程度上补足了其他盟友在远东市场的份额。

1999年,芬兰航空公司、西班牙国家航空公司加入。2000年,爱尔兰航空公司、智利国家航空公司加入。创始成员之一的加拿大航空公司却因长时间的财务困难,而被加拿大枫叶航空(Air Canada,星空联盟成员)并购而退出。2003年9月,瑞士国际航空公司加入寰宇一家;并同时与英国航空公司的常旅客计划合并。2004年瑞士国际航空公司退出寰宇一家(2005年3月,德国汉莎航空并购瑞士国际航空,后者随其加入星空联盟)。2007年匈牙利航空公司、约旦皇家航空公司、日本航空公司加入成为正式会员。港龙航空公司在国泰航空公司完成对其的全面收购后在2007年正式加入。爱尔兰航空公司因转型为廉价航空公司于2007年退出寰宇一家,仍维持与美国航空公司、英国航空公司、澳洲航空公司及国泰航空公司的紧密关系。

寰宇一家各成员航空公司已于2005年4月完成电子机票互通安排的程序,亦是全球首个在成员航空公司之间实现电子机票互通安排的航空联盟。截至2008年,寰宇一家飞行航线网涵盖共约150个国家700多个目的地。

寰宇一家联盟合作伙伴为旅客提供超过任何独立航空公司网络的优惠。寰宇一家联盟航空公司的会员,其奖励及特权均可在寰宇一家联盟航空公司中享用。当旅客以有效票价乘坐任何寰宇一家联盟航空公司的有效航班时,将为自己的积分计划赢取里程奖励计划,旅客可以在全球联盟成员目的地实施兑换里程。会员航空公司的常旅客计划有各自不同的名称,寰宇一家相应创造了不同级别——翡翠级、蓝宝石级和红宝石级,确保旅客获得其会员级别相应的特权。任何寰宇一家会员航空公司可为乘坐其航班的寰宇一家联盟航空公司旅客提供任意一间会员航空公司的贵宾候机厅,提供旅客在寰宇一家会员航空公司之间顺利转机的服务。寰宇一家成员航空公司航班将迁往同一航站楼或就近航站楼,以配合基地的运作,方便转机联系。为旅客提供所有会员航空公司之间国际联运电子客票服务,有助于旅客通过航线网络采取任何承运航空公司的组合形式。

正式成员(连其附属成员):美国航空公司(American Airlines)、英国航空公司(British Airways)、国泰航空公司(Cathay Pacific)、芬兰航空公司(Finnair)、西班牙国家航空公司(Iberia Airlines of Spain)、日本航空公司(Japan Airlines)、智利国家航空公司(LAN Airlines,原称LAN Chile)、匈牙利航空公司(Malév)、澳洲航空公司(Qantas)、约旦皇家航空公司(Royal Jordanian Airlines)。

第二节　中国民用航空管理机构

一、中国民用航空局的职能

中国民用航空局（简称民航局）是国务院民用航空主管部门，对全国民用航空活动实施统一监督管理，根据法律规定和国务院决定，在本部门的权限内，发布有关民用航空活动的规定、决定。

民航局的职能是：（一）研究并提出民航事业发展的方针、政策和战略；拟订民航法律、法规草案，经批准后监督执行；推进和指导民航行业体制改革和企业改革工作。（二）编制民航行业中长期发展规划；对行业实施宏观管理；负责全行业综合统计和信息化工作。（三）制定保障民用航空安全的方针政策和规章制度，监督管理民航行业的飞行安全和地面安全；制定航空器飞行事故和事故征候标准，按规定调查处理航空器飞行事故。（四）制定民用航空飞行标准及管理规章制度，对民用航空器运营人实施运行合格审定和持续监督检查，负责民用航空飞行人员、飞行签派人员的资格管理；审批机场飞行程序和运行最低标准；管理民用航空卫生工作。（五）制定民用航空器适航管理标准和规章制度，负责民用航空器型号合格审定、生产许可审定、适航审查、国籍登记、维修许可审定和维修人员资格管理并持续监督检查。（六）制定民用航空空中交通管理标准和规章制度，编制民用航空空域规划，负责民航航路的建设和管理，对民用航空器实施空中交通管理，负责空中交通管制人员的资格管理；管理民航导航通信、航行情报和航空气象工作。（七）制定民用机场建设和安全运行标准及规章制度，监督管理机场建设和安全运行；审批机场总体规划，对民用机场实行使用许可管理；实施对民用机场飞行区适用性、环境保护和土地使用的行业管理。（八）制定民航安全保卫管理标准和规章，管理民航空防安全；监督检查防范和处置劫机、炸机预案，指导和处理非法干扰民航安全的重大事件；管理和指导机场安检、治安及消防救援工作。（九）制定航空运输、通用航空政策和规章制度，管理航空运输和通用航空市场；对民航企业实行经营许可管理；组织协调重要运输任务。（十）研究并提出民航行业价格政策及经济调节办法，监测民航待业经济效益，管理有关预算资金；审核、报批企业购买和租赁民用飞机的申请；研究并提出民航行业劳动工资政策，管理和指导直属单位劳动工资工作。（十一）领导民航地区、自治区、直辖市管理局和管理民航直属院校等事业单位；按规定范围管理干部；组织和指导培训教育工作。（十二）代表国家处理涉外民航事务，负责对外航空谈判、签约并监督实施，维护国家航空权益；参加国际民航组织活动及涉民航事务的政府间国际组织和多边活动；处理涉香港特别行政区及澳门、台湾地区民航事务。（十三）负责民航党群工作和思想政治工作。（十四）承办国务院交办的其他事项。

二、中国民用航空局的组织机构

民航局内设机构有：办公厅、航空安全办公室、政策法规司、规划发展财务司、人事科教司、国际合作司、运输司、飞行标准司、航空器适航审定司、机场司、离退休干部局、公安局、党委办公室（机关党委）、纪委（监察部派驻监察局）、全国民航工会。

民航局直属单位和机构有：民航华北地区管理局下辖民航天津、河北、山西、内蒙古安全监督管理办公室；民航东北地区管理局下辖民航大连、吉林、黑龙江安全监督管理办公室；民航华东地区管理局下辖民航江苏、浙江、安徽、福建、江西、山东安全监督管理办公室，青岛安全监督管理办事处；民航中南地区管理局下辖民航河南、湖北、湖南、海南、广西、深圳安全监督管理办公室；民航西南地区管理局下辖民航西藏自治区管理局，民航重庆、贵州、云南安全监督管理办公室；民航西北地区管理局下辖民航甘肃、青海、宁夏安全监督管理办公室；新疆地区管理局；中国民航大学；中国民航飞行学院；中国民航管理干部学院；中国民用航空局空中交通管理局；中国民用航空局航空安全技术中心；中国民航报社出版社；民航总医院；中国民用航空局国际合作服务中心；中国民用航空局清算中心；民航专业工程质量监督总站；中国民用航空局机关服务局；中国民用航空局外航服务中心；中国民用航空局培训中心；中国民用航空局航空医学中心；首都机场集团。

三、中国航空运输协会（CATA）

2004年，民航总局党委根据党中央、国务院关于发展协会等社会中介组织的一系列方针政策，结合民航体制改革后的实际情况，出台了《关于深化民用航空行业协会改革的指导意见》，决定将原中国民用航空协会分立为中国航空运输协会和中国机场协会等各专业协会。经过各个发起单位一年多的精心筹备，中国航空运输协会（China Air Transport Association，缩写，CATA）于2005年9月26日正式成立。

中国航空运输协会的成立对于民航局进一步转变政府职能，加强政府、企业与消费者之间的沟通与协调，以及航空运输企业的行业自律，将产生积极作用和深远的意义。

成立中国航空运输协会，让社会中介组织参与民航管理，这对于宣传党和国家关于民航发展的方针政策，研究和反馈社会各界对政府行业管理的期望和要求，构架政府和企业、旅客的桥梁和纽带作用，是十分必要的。中国航空运输协会是顺应民航改革和发展，是顺应社会各界对提升民航服务的期望和要求而成立的。

中国航空运输协会作为一个行业性的民间群众团体组织，将在民航局的指导下，充分发挥行业中介组织的作用，承担起宣传贯彻党的方针政策和国家的法律规章，动员组织企业贯彻执行党和国家的方针政策、法律、法规和规章职责。承担起调查研究，听取行业、企业和社会各界的声音，向政府主管部门反映行业的愿望和要求的职能。同时，还要组织开展行业自律管理，制定行规行约，建立行业自律约束机制，维护企业公平竞争，协调发展，维护消费者利益，实现国家、企业、消费者三者利益兼顾，共同发展。

1. 中国航空运输协会的发起单位

中国航空运输协会由9家单位发起，它们分别是：中国航空集团公司、中国东方航空集团公司、中国南方航空集团公司、海南航空股份有限公司、上海航空股份有限公司、中国民用航空学院、厦门航空有限公司、深圳航空有限责任公司、四川航空股份有限公司。

2. 中国航空运输协会的性质、基本宗旨、工作方针、精神及目标任务

1）中国航空运输协会的性质

中国航空运输协会是依据我国有关法律规定，以民用航空公司为主体，由企、事业法人和社团法人自愿参加结成的、行业性的、不以盈利为目的、经中华人民共和国民政部核准登记注册的全国性社团法人。

2）中国航空运输协会的基本宗旨

遵守宪法、法律法规和国家的方针政策。按照社会主义市场经济体制要求，努力为航空运输企业服务，为会员单位服务，为旅客和货主服务，维护行业和航空运输企业的合法权益，促进中国民航事业健康、快速、持续地发展。

3）中国航空运输协会的工作方针

以党和国家的民航政策为指导，以服务为主线，以会员单位为工作重点，积极、主动、扎实、有效地为会员单位服务，促进提高经济效益，努力创造公平竞争、互利互惠、共同发展的健康和谐的航空运输环境。

4）中国航空运输协会倡导的精神

诚信服务、创新进取。

5）中国航空运输协会的目标任务

围绕国家改革发展大局，围绕企业经营的热点、难点，围绕维护会员单位合法权益，积极推进各项工作，坚定地走自立、自主、自律、自我发展的道路，以服务为本，把协会建设成中国航空运输企业之家、会员之家，以创新为源，把协会办成高效率、有信誉，具有国际影响的先进社团组织。

3. 中国航空运输协会会徽及其释义

中国航空运输协会是依据我国有关法律规定，以民用航空公司为主体，由企、事业法人和社团法人自愿参加结成的、行业性的、不以盈利为目的、经中华人民共和国民政部核准登记注册的全国性社团法人。

图 4.7 中国航空运输协会会徽

环绕的橄榄叶——国际化的象征，代表着和平与祥和，其枝繁叶茂预示着中国航空运输协会的不断发展壮大。

中间的地球形象——象征中国民航飞向世界,是协会成员业务范围的体现。

飞机——协会特点的展现,向上起飞的飞机代表着中国航空运输协会向上发展、腾飞的愿望。

蓝色的圆环——寓意协会为政府与企业以及会员单位之间搭建平台,成为连接各方的纽带。

9颗星——华夏民族自古就有以九为大、以九为多之传承。在这里寓意中国航空运输协会将不断发展壮大,谱写璀璨篇章。

整个标志形象鲜明,特点突出,大气、美观,充分体现协会遵守宪法、法律法规和国家的方针政策,按照社会主义市场经济体制要求,努力为航空运输企业服务,为旅客和货主服务,维护行业和航空运输企业的合法权益,为会员单位之间及会员单位与政府部门之间的沟通,发挥桥梁和纽带作用的宗旨。

标志颜色以代表天空的蓝色为基本色。

4. 中国航空运输协会组织机构图

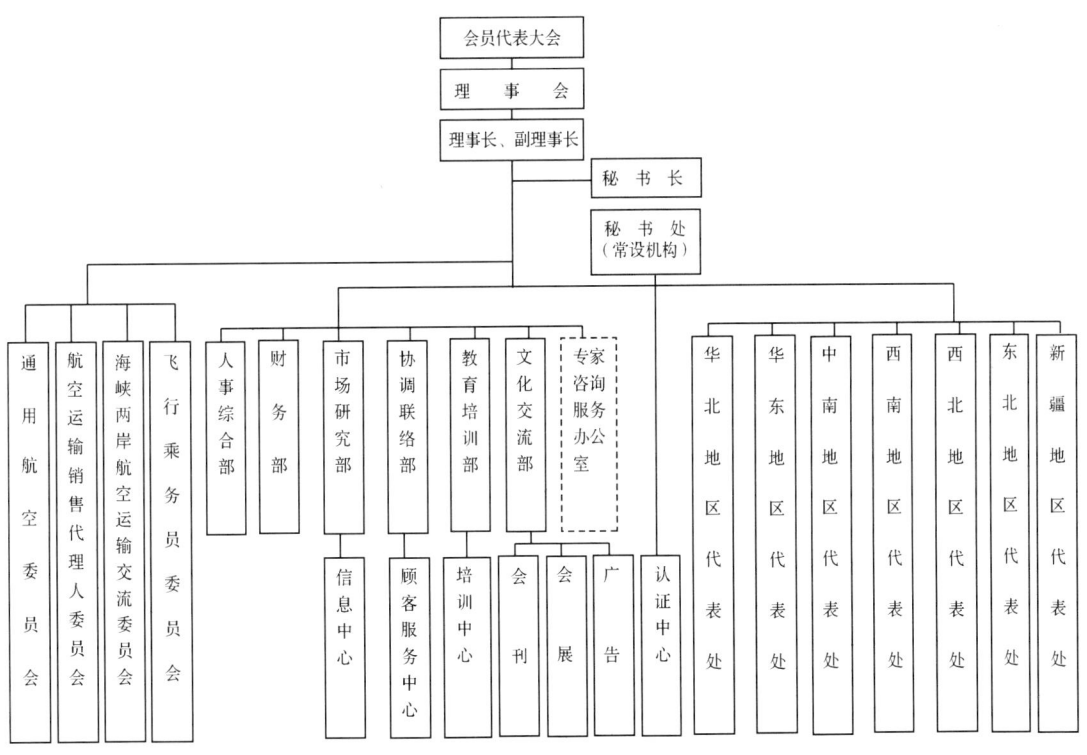

图 4.8 中国航空运输协会组织机构图

四、中国民航信息网络股份有限公司

中国民航信息网络股份有限公司（简称"中国航信"）是中国民航信息集团旗下的重点企业，是中国航空旅游业信息科技解决方案的主导供应商。公司致力于开发领先的产品及服务，以满足航空公司、机场、非航空旅游产品和服务供应商、分销代理人、机构客户、民航旅客及货运商等所有行业参与者，进行电子交易及管理与旅游相关信息的需求。

图 4.9 中国航信的标志

公司的核心业务集中在电子旅游分销（ETD）、机场旅客处理（APP）、数据网络、航空货运（ACS）及基于互联网的旅游平台等5个重要领域。机场旅客处理系统在国内外129个机场使用。公司目前所拥有的数据网络现有83个节点，用户终端数约32000台。国内的服务网络已覆盖各主要城市以及港澳地区，网络接入服务延伸到约300个城市，并通过SITA连接到全球50余个城市。向中国大陆所有航空公司、120余家机场和5000余家旅行社、宾馆等代理机构，提供实时数据传输和交换服务。

2001年1月1日，公司与SITA合资的天信达信息技术有限公司开始运营，引进并开发了适合航空公司、空港货站、货运代理商、物流服务提供商等航空物流企业的一系列创新技术产品。目前，天信达为国内10家航空公司、15家机场提供货运系统服务。

公司结合互联网技术，利用核心的电子旅游分销、机场旅客处理、数据网络和航空货运等业务系统资源，开发出了基于互联网的旅游平台，提供在线电子客票、机场座位预订、酒店客房预订和租车，以及天气预报、短信息、目的地接机时刻等服务，并向航空公司、分销代理人提供网站托管解决方案和在线订座引擎服务。

根据集团公司发展战略，公司下一步的发展目标是加速实现从平台运营商到综合产品服务提供商的根本性转变。争取在亚洲航空旅游市场处于领先地位，成为世界级的航空旅游信息综合产品服务商。

第五章　民用航空运输企业

第一节　航空运输企业概述

一、公共航空运输企业

公共航空运输企业是指以营利为目的，使用民用航空器运送旅客、行李、货物或者邮件的企业法人。为了便于理解，本书使用了承运人和航空运输企业的提法，均指公共航空运输企业。

1. 公共航空运输企业必须具备的条件

有符合国家规定的适应保证飞行安全要求的民用航空器；有必须的依法取得执照的航空人员；有不少于国务院规定的最低限额的注册资本；法律、法规所规定的其他条件。

2. 组织形式和组织机构

公共航空运输企业的组织形式和组织机构适用《公司法》的规定。

公司是依据《公司法》的规定设立，全部资本由股东共同出资，并以股份形式构成的，以营利为目的的企业法人。《公司法》规定的公司的组织形式主要有两种，其一为有限责任公司；其二为股份有限公司。

有限责任公司是指单独投资者或者两个以上股东共同出资，投资者或者股东以其出资额为限对公司承担责任，公司以其全部资产对公司的债务承担责任的企业法人。有限责任公司的组织机构包括：权力机构，即股东会；经营决策和业务执行机构，即董事会；经理机构，负责公司日常经营管理工作；监督机构，即监事会。

股份有限公司是指全部资本分为等额股份，以发行股票的方式筹集，股东以其所认购的股份对公司承担有限责任，公司以其全部资产对公司债务承担责任的企业法人。股份有限公司的组织机构包括：权力机构，即股东大会；经营决策和业务执行机构，即董事会；经理机构，负责公司日常经营管理工作；监督机构，即监事会。

3. 生产经营活动准则

公共航空运输企业从事生产经营活动，应当以保证飞行安全和航班正常，提供良好的服务为准则。

1）为了保证飞行安全，公共航空运输企业应当依照国务院制定的公共航空运输安全保卫规定，制定安全保卫方案，并报民用航空局备案。公共航空运输企业不得运输拒绝接受安全检查的旅客，不得违反国家规定运输未经安全检查的行李。公共航空运输企业必须按照民用航空局的规定，对承运的货物进行安全检查或者采取其他保证安全的措施。

2）顾客提出运输需求的目的，是为了实现其在生产和生活中的其他需求，运输是一个不可缺少的环节。因此，顾客对于运输的根本要求就是准时，只有航班正常才能实现准时。保证航班正常是公共航空运输企业的工作重点和难点。保证航班正常，通常有这样一些办法：建立航线枢纽、实现计算机网络管理、加强机务维修工作、提高应急处理能力等。

3）近年来，民航运输服务工作质量有了很大提高，对优质服务工作重要性的认识普遍增强；服务场所的设备、设施明显改善；服务工作进一步规范化、标准化。但是，在运输服务工作中仍然存在服务意识、服务手段等方面的问题。所以，公共航空运输企业应当进一步加强思想教育，要求各级人员严格履行职责，并进一步采用先进手段，采取有效措施，提高运输服务工作质量，做好旅客和货物运输的各项服务工作。

4. 营业收费和运价管理

1）公共航空运输企业的营业收费项目，直接关系到航空运输合同当事人各方的利益。《民用航空法》规定，公共航空运输企业的营业收费项目应当由民用航空局确定。

2）国内航空运输的运价管理办法，由民用航空局会同国务院物价主管部门制定，报国务院批准执行。

3）国际航空运输运价的制定，按照我国与外国政府签订的协定、协议的规定执行。没有上述协定、协议的，参照国际航空运输市场价格制定运价，报民用航空局批准后执行。

二、航线经营许可的申请和审批

公共航空运输企业申请经营定期航班运输的航线，暂停、终止经营航线，应当报经民用航空局批准。

1. 国内航线经营许可的申请和审批

1）公共航空运输企业申请国内航线经营许可，应当具备下列条件：符合经营许可证中载明的经营范围；符合国内航空运输的运价管理规定；符合航班正常、优质服务的有关规定；符合运输市场需求；具备相应的航路或者航线、机场条件及相关的保障能力；按照规定交纳民航基础设施建设基金。

2）公共航空运输企业申请国内航线经营许可，最迟在拟开航 60 日前向民用航空局提出申请，并应当向民用航空局报送下列文件：公共航空运输企业经营许可证复印件；国内航线经营许可申请书，内容包括航线经营计划、预计经营时间、市场可行性研究报告。

3）民用航空局在收到国内航线经营许可申请之日起的 20 日内，作出批准或者不批准的决定。国内航线经营许可申请经批准后，民用航空局向公共航空运输企业颁发国内航线经营许可证。国内航线经营许可证的有效期为三年。

4）公共航空运输企业要求暂停、终止其国内航线经营许可证中载明的航线，应当于 60 日前向民用航空局提出申请，民用航空局在收到申请之日起的 20 日内，作出批准或者不批准的决定。

2. 国际航线经营许可的申请和审批

1）申请经营某一国际航线经营许可的公共航空运输企业，应当向民用航空局提交书面申请，并同时提交下列资料：公共航空运输企业经营许可证；最近三年内的经营情况及证明材料；与经营该国际航线相适应的民用航空器及其附属设施的资料；与经营该国际航线相适应的飞行人员、维修人员、飞行签派人员、商务运输人员和主要管理人员的证件或者证明文件，以及必要的资料；增加资产的有效证明；投保飞机机身险、机身战争险和法定责任险的保险证明文件；可行性研究报告；经营该国际航线的业务计划、拟飞行航路和班期时刻表，以及始发站、经停站、目的站国际机场和备降国际机场的资料；其他必要的资料。

2）民用航空局在收到国际航线经营许可申请之日起三个月内举行论证会，对申请进行评估，在收到申请之日起六个月内或者论证会后三个月内对申请作出决定。国际航线经营许可证不得转让、买卖和交换。

3）公共航空运输企业取得国际航线经营许可证后，应当按照航线经营许可证规定的条件和日期开航，开航日期一般应在国际航线经营许可证颁发之日起一年内实施。公共航空运输企业由于自身原因不能按期开航的，可以向民用航空总局申请延期，延期最多不超过三个月。经过批准，三个月内仍不能开航的，其相应的国际航线经营许可证即行失效。

开航前，公共航空运输企业应当按照民用航空局的有关规定，提交国际航线经停各站的由民用航空局批准的维修许可证和维修协议。

经营国际航线的公共航空运输企业，应当遵守我国政府与外国政府签订的航空运输协定、协议和我国的有关法律、法规。

4）公共航空运输企业暂停某一国际航线的经营，应当向民用航空局提出申请，经批准后，方可暂停经营该国际航线。暂停期限不得超过 6 个月。委托方由于自身原因超过批准的暂停期限，其相应的国际航线经营许可证即行失效。

公共航空运输企业可以向民用航空局申请终止某一国际航线的经营。该申请应当在终止经营之日六个月前提出。没有经过民用航空局批准，公共航空运输企业不得终止该国际航线的经营。遇有特殊情况，民用航空局可以暂停或者终止公共航空运输企业经营某一国际航线。

三、航班管理

1. 国内定期航班管理

公共航空运输企业申请经营的航班，应当是公共航空运输企业国内航线经营许可证中所载明航线上的航班。

1）申请航班经营时，应当向民用航空局报送下列文件：

——航班经营申请书。内容包括航线、航班号、机型、班期，以及航班计划安排表、航班计划对比表、使用军民合用机场申请表。

——服务保障协议。包括地面服务代理协议、不正常航班服务代理协议、飞行签派代理协议、机务维修协议、航油供应协议，以及其他必要的服务协议。

2）某条航线上的客运航班航季正班平均客座利用率达到75%（含）以上时，可以申请增加该航线上的班次。增加班次时，优先由有该航线经营许可并正在运营的公共航空运输企业经营。该公共航空运输企业不具备增加班次条件时，其他公共航空运输企业可以申请经营该航线上的航班。航班不能满足运输市场需求或者有特殊需要时，公共航空运输企业可以在其所经营的航线上申请加班。

2. 国际定期航班管理

1）公共航空运输企业申请国际定期航班经营范围的，必须具备以下条件：

经营定期旅客、行李、货物和邮件的国内航空运输，年旅客运输量达到150万人次或者1.5亿吨公里；具有良好的飞行安全记录；具有与经营国际航班相适应的民用航空器及其附属设施；具有与经营国际航班相适应的专业人员和主要管理人员；具有相应的经营国际航班的管理制度以及有关手册；增加必要的资产，足以承担国际航班经营中的民事责任；亏损的公共航空运输企业不能申请经营国际航班；民用航空局规定的其他条件。

2）公共航空运输企业申请经营定期国际航班时，必须提供上述资料，经民用航空局按照有关规定审查批准后，变更公共航空运输企业经营许可证的经营范围。公共航空运输企业持变更后的企业经营许可证到原注册机关变更登记后，即可以申请某一国际航线的经营许可。

3. 航班计划

航班计划每年度分为夏秋季和冬春季。夏秋季航班计划是指自当年三月份最后一个星期日至十月份最后一个星期六期间的航班安排；冬春季航班计划是指自当年十月份最后一个星期日至次年三月份最后一个星期六期间的航班安排。

申请夏秋季或者冬春季航班计划,应当于该航班计划执行的 120 日前向民用航空局提出申请。航班计划经民用航空局批准后,公共航空运输企业应当按照批准的航班计划经营。公共航空运输企业取消或者变更航班计划的,应当向民用航空局提出申请。没有经过批准,不得取消或者变更航班计划。

4. 不定期航班运输

公共航空运输企业从事不定期航班运输,应当经民用航空局批准,并且不得影响航班运输的正常经营,申请和批准程序由民用航空局制定。

从事不定期航班运输,必须遵守民用航空局制定的运输规则。从事不定期航班运输的空勤人员和民用航空器,必须符合民用航空局规定的条件或者技术标准。

第二节 国际民航运输企业

一、世界主要航空公司

1. 美国航空公司

美国航空公司（American Airlines,常被译为美利坚航空公司,通常简称美航）,隶属 AMR 公司。美国航空成立于 1930 年,总部位于得克萨斯州的沃斯堡,紧邻达拉斯-沃斯堡国际机场。枢纽机场:达拉斯—沃斯堡国际机场、芝加哥奥黑尔国际机场、迈阿密国际机场、圣路易兰伯特国际机场、圣胡安国际机场。

图 5.1　美国航空公司的标志

美国航空公司的历史可追溯到 1926 年 4 月 15 日罗伯逊航空公司开辟从芝加哥至圣路易斯运送邮件的航班。该公司是美国第二家合同制空运邮件服务的公司。美国航空公司是由一个大约 82 家小航空公司组合并通过一系列整合和改革发展而来的。1929 年,Aviation Corporation 成立并开始兼并小型航空企业,包括 Robertson 在内。1930 年,Aviation Corporation 的子公司并入 American Airways,最终在 1934 年更名成为美国航空公司。当时公司的总部位于伊利诺斯州的芝加哥。

早期美国航空公司与道格拉斯飞机公司合作开发了 DC-3 飞机，美国航空公司在 1936 年将 DC-3 投入飞行。美航称这种飞机为"旗舰"（Flagships），并成立了"海军将官俱乐部"（Admirals Club），这是早期的贵宾俱乐部，后来成为世界上首个航空公司贵宾室（位于拉瓜迪亚机场）。1939 年 6 月 10 日，美国航空公司在纽约证券交易所上市。在第二次世界大战期间，美国航空的半数飞机与机组人员都转向为军方工作。

到 1949 年时，美国航空成为了美国唯一拥有完整增压客舱客机机型的航空公司。1957 年，世界上第一个培训空客服务员的专门机构——美国航空空乘服务学院在达拉斯-沃斯堡成立。1959 年末和 1960 年初，美国航空与美国国际商用机器公司（IBM）联手推出了 SABR（半自动业务研究平台），成为当时仅次于美国政府 SAGE 系统的最大的实时数据处理系统。

1970 年美国航空与 Trans Caribbean Airways 合并开通了加勒比地区航线，并在 1975 年从泛美航空公司收购了其他加勒比海地区航线。1977 年美国航空引入了其历史上最负盛名的 Super Saver，提供航班折扣价。1979 年，美国航空将总部从纽约迁至德克萨斯州的达拉斯-沃斯堡。1981 年美国航空引入奖励飞行常旅客的市场策略 AAdvantage 旅行奖励计划。

1982 年美国航空建立一个新的控股公司——AMR，成为美国航空的母公司，同年美国航空开始拓展欧洲航线。1983 年成立子公司 AMR Services，1984 年美国航空引进区域性航空公司网络系统。

1999 年，美国航空并购 Reno Ai 和美鹰航空（American Eagel Airlines，常被译为美国老鹰航空，美国之鹰），收购 Business Express 公司。美鹰航空是美国航空的营运伙伴，也是美国航空的关系企业。1999 年，美国航空与英国航空公司、原加拿大航空公司、国泰航空公司及澳洲航空公司共同组成以旅客为导向的全球航空联盟——寰宇一家。2001 年，由美国航空公司的母公司 AMR 购买环球航空公司，美国航空完成并购环球航空公司，成为当时世界上最大的航空公司。

2008 年由于油价飙升，AMR 公司宣布将出售或者分拆美鹰航空。美鹰航空也是 AMR 公司（美国航空的母公司）下属的航空公司，美国之鹰是地区性支线航空公司，基地也设于德州沃斯堡，其航线网络通达美国、加拿大、墨西哥及加勒比海地区，通航城市达到 160 余个。

美国航空通航城市达 170 多个。航线遍及整个美国，还有飞往加拿大、拉丁美洲、西欧和亚洲的航班。2006 年，美国航空获得批准开辟首条前往中国的航线——每日往返于芝加哥和上海的直达航班。根据 2006 年的统计，以总乘客量计算以及收入—乘客—公里合计计算，美国航空公司是世界第一大航空公司。随着 2008 年 4 月美国达美航空公司和美国西北航空公司宣布合并后，美国航空公司被其超越。

2. 法国航空公司

法国航空公司（Air France，通常简称法航），是一家法国的国际航空公司，总部位于巴黎夏尔·戴高乐国际机场。法国航空公司成立于1933年。枢纽机场：巴黎戴高乐国际机场、巴黎奥利国际机场。

图5.2 法国航空公司的标志

法航是法国国营航空公司，隶属法国航空—荷兰皇家航空集团（Air France-KLM Group）。法国航空公司在2004年5月收购荷兰皇家航空公司，并因此组成了法国航空—荷兰皇家航空集团。Air France-KLM Group 在法国的法律之下成立，而总部则设于巴黎戴高乐国际机场。Air France-KLM Group 法国航空—荷兰皇家航空集团是欧洲最大的航空公司和世界上最大的航空公司之一。

1933年10月7日法国航空公司成立。第二次世界大战中毁灭殆尽。第二次世界大战结束后的1948年6月16日，根据国民议会的法令成立新的法国航空公司，法国政府拥有70%的股权，成为法国国营航空公司。1983年法国航空公司名列世界第四大客运航空公司，也是世界第二大货运航空公司。1999年2月22日法国航空公司的股票正式上市。2000年6月22日法国航空公司与达美航空、墨西哥航空及大韩航空共同成立航空联盟——天合联盟。2004年法国航空收购荷兰皇家航空，组成法国航空—荷兰皇家航空集团并对两家航空公司完全控股，法航与荷航维持双品牌的独立经营。法国航空公司是全球两家曾拥有协和式超音速客机的航空公司之一（另一家是英国航空公司）。

法航采用大众策略，成本为先，集中于客运和货运。法航的销售策略是致力于完善现有的运营网络，服务于大众乘客。依靠严格的成本控制来保证盈利。

法国航空公司面对航空业的不景气和油价的攀升，通过更新飞机、降低油耗、开展石油期货交易，减轻了高油价的冲击。利用航空枢纽港，法航为自己及其合作伙伴的班机提供快捷中转，以吸引更多乘客；根据客流变化，适时调整航班，使其载客量实现均匀化；根据不同航程的乘客的不同需求，提供相应的服务。法航的远程航班在机舱服务方面使乘客更加舒适，在中程航班上则采用低成本经营模式，以价格吸引客源。

法国航空公司被Skytrax评为2007年度四星级航空公司。企业品牌在世界品牌实验室（World Brand Lab）编制的2006年度《世界品牌500强》排行榜中名列第267位。

1947年法航为首家试航巴黎至中国上海航线的欧洲航空公司。1947年3月法航进行第一次巴黎至上海的客运飞行，使用DC-4型飞机。1966年6月中、法两国政府在巴黎签署涵盖两国间航空运输的协议。1966年7月法航与中国民航签署双边销售协议。1966年9月法航的巴黎—上海航线恢复运营，使用波音707客机。

3. 英国航空公司

英国航空公司（British Airways，又称不列颠航空，简称英航），总部设在英国伦敦希思罗机场（Heathrow Airport），以伦敦希思罗机场作为枢纽基地。英国航空公司的历史可追溯到1924年成立的帝国航空公司（Imperial Airways），是英国历史最悠久的航空公司。英国航空公司是全球最大的国际航空客运航空公司之一，全球七大货运航空公司之一。

图5.3　英国航空公司的标志

英国航空上市公司、英国假日有限公司和英国航空旅行社有限公司等几个下属公司共同创立了英国航空集团。

1924年，英国航空的前身——帝国航空成立，负责营运英国以东的航线，其后设立不少分公司，包括英国海外航空（BOAC，1936年创立）和英国欧洲航空（BEA，1946年创立）等。1974年，英国海外航空和英国欧洲航空及其关联的公司合并，组成了英国航空，于1974年4月成立，是英国国营航空公司。1976年，英国航空引进了当时世界上最快的民航客机——协和式客机，是全球两家曾拥有协和式超音速客机的航空公司之一（另一个拥有协和式的航空公司是法国航空公司）。英国航空公司自1987年开始进行了私有化。1999年，英国航空公司与美国航空公司、原加拿大航空公司、国泰航空公司及澳洲航空公司组成"寰宇一家"航空联盟。2008年，由英国航空独自拥有的伦敦希思罗国际机场的五号客运大楼正式启用。

英国航空公司是欧洲乃至世界上最知名的航空公司之一，也是世界上历史最悠久的航空公司之一。英航的两个主要枢纽机场在英国伦敦的希思罗机场（世界上最大的机场之一）和盖特维克机场。英航总部设在伦敦希思罗机场附近，有一个令人神往的名字——在水一方（Waterside）。

英国航空公司通过英航、英国地中海航空（British Mediterranean Airways）、南非商务航空（Comair）、洛根航空（Loganair）、丹麦太阳航空（Sun Air）提供全球航线网络。英国航空公司飞行网络遍布世界各地130多个国家、200多个目的地。英国航空获选为2006年度全球最佳航空公司，被Skytrax评为2007年度四星级航空公司。

英国航空公司的前身——帝国航空公司在中国的业务历史可以追溯到在1936年开通了到香港的第一个航班。1980年，英航开通了伦敦到北京的航班。2004年9月，除客机服务之外，英航还开通了到上海的英航全球货运服务（BAWC）。2005年6月1日，上海继香港和北京之后，成为英航在中国通航的第三个城市。2004年以前，英航到中国的航班一直被限制为伦敦和北京之间的每周6次航班。2004年2月，英国和中国政府签了谅解备忘录，大幅增加了两国之间的航班班次。目前，英国的客机航班可以飞往北京、上海和其他四个特定的中国城市。就香港的航权问题，中英签署了单独的航空服务协议。2005年1月，中英之间的ADS（Approved Destination Status）协议签署，英国成为中国政府官方核准的公民出境旅游目的地国。2006年3月，中英之间的航权增长到每周31个客机航班和7个货机航班。英国航空公司在中国地区的北京、上海、香港的机场拥有专用柜台。

4. 新加坡航空公司

新加坡航空公司（英语：Singapore Airlines，马来语：Syarikat Penerbangan Singapura；通常简称新航）是一家新加坡的国有航空公司。成立于1947年（前身是马来亚航空）。新加坡航空以新加坡樟宜机场为基地，主要经营国际航线。

图5.4　新加坡航空公司的标志

成立50多年以来，新加坡航空公司赢得了"创新市场领先者"的荣誉，同时可提供优质服务和高质量产品。新加坡航空品牌在航空界中已广为人知，尤其是在安全、服务素质和革新风格方面。新加坡航空公司一直被誉为最舒适和最安全的航空公司之一。

新加坡航空公司还有一些与航空有关的子公司，包括胜安航空和新加坡航空货运，前者主要负责区域性航班和载客量较低的航班，后者负责新加坡航空的货运业务。另外新航还有其他航空公司的股权，例如拥有维珍航空和廉价航空公司——欣丰虎航。

新加坡航空公司的历史可以追溯到1947年成立的马来亚航空公司。1947年4月2日执行首个非定期航班，由当时属英国殖民地的新加坡至吉隆坡。5月1日开始定期航班服务，开通新加坡至吉隆坡、怡保和槟城之间商业航班。在20世纪50年代，马来亚航空继续扩展其业务，包括引入DC-3、DC-4、维克斯子爵式、彗星型等客机。

1963年马来亚、新加坡、沙巴和沙捞越组成了马来亚联邦，这使马来亚航空更名为马来西亚航空，同时马来西亚航空亦接管了婆罗洲航空。1966年新加坡宣布独立，又使马来西亚航空更名为马来亚—新加坡航空（MSA）。马来亚—新加坡航空在接下来的数年急速扩张，并订购了首架波音707、波音737客机。1968年，为空中小姐设计的"芭堤"制服亮相。1972年，新加坡与马来西亚的政府间合作破裂，使马来亚—新加坡航空一分为二，拆分为马来西亚航空公司和新加坡航空公司，自此两家公司各自发展。拆分后，新加坡航空保有了10架原马来西亚—新加坡航空的波音707和737，以及其国际航线。其空中服务员全部为女性并被称为"新加坡女孩"（Singapore Girl），制服亦没有变更。20世纪70年代，新航急速扩张其业务，包括在亚洲和印度次大陆开拓更多新航点，并购入波音747壮大其机队规模。为提供更完善的地面服务，新航成立了附属公司——新加坡机场航站服务公司（简称SATS），20世纪80年代，新航开拓了更多北美洲和欧洲航线。新航是首批购入波音747-400的航空公司之一，新航首架波音747-400在1989年投入服务，后来又订购了波音777和A340。1989年新航附属提供区域性服务的Tradewinds成为新加坡第二个航空公司，就是后更名为SilkAir的胜安航空。到20世纪90年代，新航开拓了南非的航线。2004年，新加坡航空用当时续航力最远的空中客车A340-500客机开通了由新加坡出发前往洛杉矶和纽约的航班，是新航首个前往美国的不停站航班，前往纽约（纽瓦克机场）的航班航程达到16600公里（飞行时间需18小时），创下当时全球最长不停站商业飞行的航线纪录。2008年新航5架A340-500被改装为全商务舱服务该两条航线。2000年，新航宣布订购25架空中客车公司的A380，当中10架为确认订单，15架为意向订单，总值（当时）86亿美元。新航是全球首个营运A380大型客机的航空公司。新航首架A380在2007年10月25日正式投入服务，由新加坡出发前往悉尼（载455名乘客）。2006年新航宣布订购波音787，此外新航还订购了A330、A350用于扩充其机队。

新加坡航空以樟宜国际机场为基地，由于新加坡是一个城市国家，所以主要经营国际航线。新加坡航空公司的核心竞争力在于"低成本高效益的卓越服务"。旗下拥有超过20个附属公司，业务范围涵盖整个航空相关事业，从航空货运到空厨，从行李托运作业到引擎维修等。新加坡航空公司及其子公司新加坡航空货运公司和区域航空——胜安航空公司一起，客、货运航线网络覆盖北美、欧洲、澳大利亚、东南亚、东亚、西亚和非洲，其航线网络遍及40余个国家的100余个目的地。在东南亚、东亚和南亚拥有较强的航线网络，并占据"袋鼠航线"的一部分市场。除此之外，新加坡航空的业务还有跨太平洋航班，包括以A340-500来营运的全球最长的新加坡—纽约直航航班。

新航被称为最安全的航空公司的主要原因之一是其机队拥有最年轻的飞机群，飞机的平均机龄为5~6年，不仅节省燃油，而且减少了维修费用。新航亦是亚洲首家、全球第三家通过IOSA（运行安全审计，IATA Operations Safety Audit）的航空公司。

卓越的客户服务是新加坡航空公司成功的要素之一。新加坡航空非常强调创造出一种独特的顾客体验。优秀的机舱服务奠定了其在业内客户服务方面的良好声誉。新加坡航空的乘务员形象几乎就是新加坡航空的品牌形象。

新加坡航空公司行业领先的创新举措包括于20世纪70年代在经济舱内首次提供免费的耳机、用餐选择和免费饮料，以及在20世纪90年代首次提供基于人造卫星的客舱内电话。2001年首先向所有乘客开通全球舱内电子邮件系统。2006年底，新加坡航空公司展现了下一代座舱产品，包括业内最宽的头等舱和商务舱座位（具有十分平坦的床位）、增强的KrisWorld机上娱乐系统（具有1000多种娱乐选择和全面的办公应用套件）。

新加坡航空公司通过"新加坡女孩"计划提供给其客户无微不至的关怀和服务，赢得了许多航空行业和旅游业的大奖，包括被Skytrax评为2004年度最佳航空公司；2007年被评为五星级航空公司（全世界只有六家航空公司获此殊荣）及年度最佳航空公司。新加坡航空是《财富》杂志评选的"全球最受赞赏的公司"之一。在20年间19

次获得 Conde Nast Traveller 杂志颁发的"最佳国际航空公司"奖。

新加坡航空公司是全球唯一设有专为解决航机餐点设计及质量问题的顾问团的航空公司。新航国际烹饪顾问团（International Culinary Panel，ICP）于 1998 年成立，新航在航班上为旅客提供由其国际美食烹调团队通过各种烹饪方法设计烹制而成的各种美食。ICP 成员为全球各地知名主厨，拥有来自法国、印度、美国、日本、中国香港、英国、澳洲等地的国际级主厨。另外，新航的头等及商务客舱旅客，可以在出发前 24 小时，享用"Book the Cook"服务，从指定餐单内的菜式（由 ICP 主厨主理）中挑选美食，菜式与航机内的正常餐单一起来满足不同品味的乘客。

5. 德国汉莎航空公司

德国汉莎航空股份公司（德文：Deutsche Lufthansa，缩写：Lufthansa）其德文原意是指"空中的汉莎"，通常简称为汉莎航空，"汉莎"源自 13 至 15 世纪北德地区强大的商业联盟汉莎同盟。总部在德国科隆。德国汉莎航空的客运和货运服务的经营中心位于法兰克福。汉莎航空是德国最大的航空公司，也是德国的国家航空公司（Flag Carrier）。

图 5.5　德国汉莎航空公司的标志

德国汉莎航空股份公司母公司是德国汉莎航空集团（Lufthansa）。瑞士国际航空公司（Swiss International Air Lines）亦隶属德国汉莎航空集团。

汉莎航空的历史可追溯自 1926 年。当时 Deutsher Aero Lloyd 与 Junkers Luftverkehr AG 两家航空公司正式合并，于 1926 年在德国柏林正式成立 Deutsche Luft Hansa AG。1933 年，Deutsche Luft Hansa AG 正式改名 Lufthansa。汉莎航空的历史与德意志第三帝国的建立和 1945 年的覆灭息息相关。随着 1945 年第二次世界大战的结束，德国战败，汉莎随即于同年停航，汉莎航空的历史也随之告一段落。包括汉莎航空在内的数间德国企业都被盟军视为德国纳粹党的帮凶，因此希望让后人淡化其以往的历史。1950 年代，汉莎航空重建。最开始的名字是"航空股份公司"（Aktiengesellschaft für Luftverkehrsbedarf，缩写为 Luft AG），1955 年 4 月 1 日恢复使用"德国汉莎航空股份公司"的名称。此后，汉莎航空公司的客运、货运业务得到迅速的发展。德国汉莎航空公司已经成为世界上著名的国际航空公司之一。以目前的德国汉莎航空官方立场，公司创建于 1955 年，而不是 1926 年，因而汉莎航空于 2005 年 4 月 1 日庆祝其创建 50 周年。

汉莎航空公司是德意志联邦共和国最大的国际航空公司。质量和创新、安全和可靠永远都是汉莎航空公司的特色。汉莎航空的核心业务是经营定期的国内及国际客运和货运航班。汉莎航空已发展成为全球航空业领导者和成功的航空集团。汉莎航空拥有六个战略服务领域，包括客运、地勤、飞机维修（飞机维护、修理和大修（MRO））、航空餐食、旅游和IT服务。在全球拥有海外子公司及附属机构。航线遍及全球六大洲。汉莎航班服务全球190余个目的地，其中包括亚太地区20多个门户城市。

德国汉莎航空与在中国的合作可以追溯到20世纪20年代，1926年7月24日，两架容克G24S型飞机由柏林飞往北京。1930年2月21日，德国汉莎航空公司与中国政府达成协议，建立中德合资的欧亚航空公司。1980年，汉莎航空公司重新开通了中国航线。汉莎航空公司是中国市场上最大的欧洲航空公司之一，拥有中、欧航线上最频繁的直飞航班，是在华业务面最广的外国航空公司。中国国际航空公司与德国汉莎航空合作成立了飞机检验和维修方面的航空技术合资企业——北京飞机维修工程有限公司。与中国合作的汉莎航空技术深圳公司2001年开始运作。汉莎航空食品公司在北京、上海、西安等城市展开业务合作。北京燕莎中心集宾馆、办公楼及其他配套设施于一体，成为中德友好合作的典范。汉莎航空在中国香港、北京、上海、广州、成都、西安、南京、杭州、厦门、大连和沈阳等地均有航班起降。

6. 全日空航空公司

全日本空输株式会社（All Nippon Airways Co., Ltd.），通常简称全日空（全日本空输、ANA）。全日空是一家日本的航空公司，于1952年12月27日成立，总部位于日本东京。全日空的母公司是"全日本空输"集团。全日空是亚洲最大的航空公司之一。

图5.6　全日空航空公司的标志

全日空的历史可追溯到于1952年12月27日成立的私营日本直升机公司以及另一家区域航空公司。最初的名称为"日本直升机公司"（航班号NH为日本直升机Nippon Helicopter的简称）。1953年开始经营直升机业务，同年，获得授权经营定期客运服务，开始客运及货运服务。1955年引进道格拉斯DC-3型飞机投入服务。1957年，日本直升机公司正式更名为"全日本空输"（All Nippon Airways，简称ANA）。1957年12月，全日空收购日本远东航空。全日空业务发展迅速，开发了日本主要城市之间的全面航线网络。全日空于1961年在东京证券交易所和大阪证券交易所上市。1963年全日空和富士航空公司合并。20世纪60年代，全日空机队开始引入喷气式客机——波音727、波音737等。全日空1971年开通东京—香港航线，开展国际包机航班服务。1973年全日空引入洛克希德L-1011客机，L-1011为全日空引入的首款宽体客机。全日空原先倾向购买麦道公司的DC-10型客机，但最后决定引入洛克希德的L-1011。事后有人揭发洛克希德公司为推销其飞机行贿当时日本首相田中角荣等高官，从而迫使全日空订购洛克希德L-1011客机。该事件最后导致了田中角荣及几名全日空高层被拘捕。这是1976年发生于日本的丑闻——洛克希德事件。1978年全日空股票在法兰克福股票交易所挂牌上市。1978年全日空机队引进波音747。

全日空亦于1983年引入了波音767。在日本政府决定允许加大竞争以扩大日本的海外旅游市场后，全日空于1986年3月3日首航东京至关岛的客运航线，开展定期国际航线服务，全日空进入了一个新纪元。20世纪80年代全日空开辟了大量的国际航线。90年代全日空持续把业务扩张至亚洲、北美、欧洲等地。1991年全日空股票在伦敦股票交易所挂牌上市。1995年全日空机队引进波音777，空中客车客机也开始加入全日空机队，如A320。全日空在2004年宣布订购50架全新波音787客机，并于2008年交付使用。全日空的盈利亦于2004年首次超越另一家日本大型航空公司日本航空公司。

全日空主要业务包括定期航空运输业务；非定期航空运输业务；采购、销售、出租和保养飞机及飞机零件业务；航空运输地面支援业务。全日空航线网络的优势在日本国内和亚洲地区。它在日本主要城市之间拥有全面航线网络，其国际航线延伸到亚洲、北美、欧洲等地。全日空开办的国际航线通达40余个目的地。全日空在日本国内占有较大的市场份额，每天有800多个航班，接近日本国内市场的50%。1999年全日空加入于1997年成立的星空联盟。

全日空以其专业的服务而闻名，致力于为商务旅行者提供最好的飞行服务。全日空在1996年成为最早为头等舱乘客提供180度完全平放座位的航空公司之一。2002年，全日空在New Style CLUB ANA中引入"舒适的睡眠者"座椅，这是为长途飞行的高级商务舱和高级经济舱乘客提供的全新座椅。全日空提出企业理念和目标，致力于其在品质和服务方面的再提高。全日空被Air Transport World评为2007年度航空公司，被Skytrax评为2007年度四星级航空公司。

全日空第二任社长冈崎嘉平太先生倾力推动恢复中国同日本邦交正常化为中、日两国所熟知。全日空在1972年8月承运至上海的包机航班，同年9月，承运日本首相访华随行记者团到北京的包机航班。全日空是继日本航空公司（JAL）于1987年首次开通中日两国间定期航线后的又一家日本航空公司。2002年，全日空开始提供大连、青岛、天津与东京之间的定期全货机航线服务。全日空与中国国际航空公司、上海航空公司于2004年开始运营代码共享航班。截至2008年，在中日之间已开通包括香港在内的17条航线，每周运行126个航班。

二、世界主要机场

1. 纽约主要机场

纽约市的空中交通非常发达，是美国唯一一个拥有三个大机场的城市。通过这些机场，旅客可飞往全国和世界各地。每年通过纽约市机场飞往各地的旅客超过7500万，其中国内旅客5200万、国外旅客2300万。许多国际航空公司都有班机直飞纽约。国际航线降落的机场除了肯尼迪机场外，还有纽瓦克机场和拉瓜迪亚机场。

1）肯尼迪国际机场

肯尼迪国际机场（John F. Kennedy International Airport，JFK）是世界上最著名的民用机场之一，被称为城市中的城市。位于纽约昆斯区（皇后区）牙买加湾之滨，距离纽约市 27 公里。她由美国达美航空公司、美国西北航空公司、美国航空公司、美国大陆航空公司、美国环球航空公司五大航空公司和英国航空公司及其他国际航空公司的一共 7 个候机厅组成。各候机厅之间有公路相连，形成一个长达 8 公里的环。他是美国西北航空公司和美国大陆航空公司的总部，机场由纽约与新泽西港口管理局运营，管理局同时还管理拉瓜迪亚机场、纽瓦克国际机场等大纽约都会区的机场。

机场于 1942 年始建，1948 年 7 月 1 日首次有商业航班，并于 7 月 31 日正式命名为"纽约国际机场"。1963 年 11 月 22 日美国总统约翰·肯尼迪遇刺身亡，12 月 24 日机场改名为"约翰·菲茨杰拉德·肯尼迪国际机场"以纪念这位先总统；随后，机场的国际航空运输协会机场代码更新为 JFK。

1998 年开始建设的轻轨机场捷运系统（AirTrain JFK），于 2003 年 12 月 17 日开通使用，与纽约地铁及长岛铁路相连。

2）拉瓜迪亚机场

拉瓜迪亚机场（La guardia Airport，LGA）位于曼哈顿以东 13 公里，长岛北部的皇后区，规模较小，主要起降国内航线的飞机，以国内商务旅行的乘客为主。从北京飞往纽约的西北航空公司的航班起降均在拉瓜迪亚机场。拉瓜迪亚机场国际旅客在三大机场中的比例为 5.8%。

3）纽瓦克机场

纽瓦克机场（Newark Airport）位于新泽西州，距离曼哈顿西南方 26 公里，是纽约的第二大国际机场。该机场分为 A、B、C 三个区，国际航班都降落在 B 区，其他两区为国内航班使用。纽瓦克机场近年来开拓业务，从肯尼迪机场拉走不少业务。现在其接送的国际旅客在三个机场中的比例增加到了 17.5%。

2. 东京主要机场

1）成田机场

成田国际机场（Narita International Airport），简称成田机场，位于日本关东地区距东京市区 68 公里之遥的千叶县成田市，是日本最大的国际航空港。年客流量居日本第二位（第一位是羽田机场），货运吞吐量居日本第一、国际第三。成田机场是日本航空、全日空、美国联合航空公司、美国西北航空公司的亚洲枢纽港。根据日本机场分类法，成田机场与羽田机场、大阪国际机场、关西国际机场和中部国际机场统一划分为一类机场。

成田国际机场原名新东京国际机场，2004 年起，为了和东京国际机场（羽田机场）区别而更名为成田机场。尽管成田机场的客源主要来自东京市，但它与东京市中心相距遥远，即使乘坐最快的火车从机场到市中心也要花上一个小时。如今，成田国际机场主要运作国际航线；东京国际机场（羽田机场）距离东京市中心比较近，主要负责国内航线和少量的国际航线。

需要说明的是，成田国际机场虽然位于东京都以外的千叶县成田市境内，但是机场的所有权属于东京。这和我国的西安国际机场位于咸阳市境内一个道理。

成田机场的建设和扩张引发了日本政府与民间的大规模冲突，其影响力不亚于越南战争对于美国的影响力。1962 年，日本政府开始计划建设新东京国际机场，以分担日益饱和的东京羽田机场的客流量。然而，二战后东京市的迅速重建使得用地严重短缺，政府只得考虑将新机场建在郊区的千叶县。起初，机场选址在富里市，后移至三里冢和芝山市东北 5 公里处。1966 年，机场建设方案公之于众。随着 20 世纪 60 年代东京学生大规模示威序幕的拉开，日本的社会民主运动也蓬勃发展。机场建设方案的提出，不仅激怒了世代居住在当地的农民，更有许多日本新左翼人士以新机场实际上是美国为了对抗苏联而在日本建立的又一个空军基地为由，强烈反对新机场建设。60 年代末期，当地农民联合学生和左翼政党成立了"三里冢—芝山联合空港反对同盟"，通过法律手段、群众示威、甚至暴力行动来抵制政府新机场修建计划。在当时，有偿征收土地制度还未广泛实行。政府还是采取传统的办法，只是强制住户迁移到其他地区，而不进行必要的补偿。在成田机场的建设问题上，强制迁移政策并未有效执行，一些顽固的住户甚至看到如果有人妥协迁移的话，便烧掉他们的新房屋。根据 1966 年提出的机场建设计划，机场预计于 1971 年完工。然而，愈演愈烈的冲突完全拖延了进度，以至于当 1971 年即将来临时，机场的建设土地都尚未圈定出来。最终，日本政府在 1971 年开始了强硬手段推进搬迁进度。冲突中，1000 多名市民和警察受伤，291 名农民被捕。冲突和抗议并未阻止机场的建设。1972 年，由株式会社竹中工务店承建的一号航站楼竣工。可是，政府与社团民众之间持续进行斗争，民众更有甚者，长期占领在将要修建第一条跑道的土地上，致使跑道始终无法按时完成。终于在 1978 年，第一条跑道完工并预计在 3 月 30 日正式开放运行。然而，3 月 26 日，一群激进分子携带燃烧瓶驾车冲入机场控制塔台并进行了肆意破坏，砸毁大量设备。机场不得不推迟到 5 月 20 日重新开放。虽然机场已经开始营运。但政府依然高度紧张，担心会有突发事件发生。机场周围遍布着金属栅栏，警察全副武装地在瞭望塔上巡逻。旅客在进入候机大厅前其行李都要经过严格的安全检查，以防止恐怖活动。根据计划，新东京国际机场将修建 3 条跑道，东北/西南方向修建两条 4000 米长的平行跑道，第三条跑道与前两条平行跑道相交，计划长度 2500 米。可是等到 1978 年机场开放时，只有两条平行跑道中的一条完工并投入使用。另外两条跑道的完工在当时的情况下看来可以说是遥遥无期了。计划中提到的另一项关于修建东京市与机场之间的成田新干线也因为土地问题而搁浅。1986 年，成田机场二期跑道工程开工，将在第一跑道以北修建第二跑道。为了防止修建一号跑道过程中的阻挠事件再次发生，政府承诺不再征用土地并付给机场周围的住户噪音污染补偿费，利用这笔费用，住户可以通过改善房屋的隔音结构来最大程度减低噪音污染。2002 年 4 月，第二号跑道终于赶在日本—韩国世界杯足球赛开幕前完工。不过，第二号跑道长度仅有 2018 米，比原定的 4000 米缩短了将近一半，无法起降像波音 747 这样庞大的宽体客机。随着二期跑道的建设，机场二号航站楼也于 1992 年竣工。

　　成田机场的车站离航站楼距离比较远，乘客得步行很长一段距离，或者乘公交车到达航站楼。这种状况一直持续到 20 世纪 80 年代末，时任日本运输大臣的石原慎太郎（今东京都知事）要求两家铁路公司 JR 东日本和京成电铁将它们各自的铁路延伸到成田机场航站楼，并开通地下车站来承接客流。1991 年，通往一号航站楼的直达列车开通，老车站也从此更名为东成田站。

2）羽田机场

羽田机场（Haneda Airport 或 Tokyo International Airport），是一个位于日本东京都大田区，以国内航线为主的机场，在日本机场的分级中属于"第一种空港"。其国际航空运输协会代码是 HND，而国际民航组织代码是 RJTT。机场于 1931 年 8 月 25 日启用，是全日本最大规模的机场，第二位是位于千叶县的成田国际机场。旅客流量亦在世界数一数二。根据统计，羽田机场于 2004 年度共有约 28.5 万班航班起降，而 2003 年统计，旅客则约 6288 万人次（平均每天 17.23 万人次）。至于货运量方面，2003 年全年货运量约 72.3 万吨，居日本第 3 位。（第 1 位是成田机场，而第 2 位是位于大阪府的关西国际机场。）羽田机场共有三条跑道：A 跑道（16R/34L、3000×60m），B 跑道（04/22、2500×60m、侧风时使用），C 跑道（16L/34R、3000×60m）。

目前在机场起降的航班大多都以国内航线为主，国际航班则在成田国际机场起降，但亦有例外情况。以日本天皇皇后为首的皇族、以内阁总理大臣为首的阁僚所乘坐的行政专机、政府机构专机及特别机等的起降，以及国宾与一部分的贵宾外游、到访等的专用机、特别机的起降，全部都在羽田机场进行（但一般从外国来的宾客则使用成田机场较多，因为羽田机场较为靠近市中心，而且亦基于警备上的考虑）。为此，羽田机场设有一些 VIP 的专用设施。如 VIP 机专用的停机坪（V1 及 V2 停机坪）和贵宾室（与一般的客运大楼分开）等。

羽田机场是日本少数可以作 24 小时航班起降的机场之一。其他同样可作 24 小时起降的机场包括关西国际机场、中部国际机场、新千岁机场、新北九州岛机场及那霸机场。现在于深夜起降的航班，大多是国际包机及一些货运航班（如由大和运输属下的"超速宅急便"等速递公司所使用的航班）。

现在机场的管理及运用主要是由国土交通省属下的东京航空局东京机场事务所负责。而各个旅客大楼的管理及运用则由日本机场建设株式会社负责。日本机场建设只是一间客运大楼的设施管理及运用公司，与成田国际机场株式会社、中部国际机场株式会社及关西国际机场株式会社等的不一样，那些公司会同样管理及运用整个机场的设置及设施，是政府指定的特殊公司。羽田机场在二次世界大战前的国际航线主要由日本航空输送及"满洲航空"负责营运，战后依然是东京唯一的国际空港，负责由世界各国飞来的国际线。但自 1978 年新东京国际机场（即现今的成田国际机场）启用后，现在基本只为国内航线专用机场。

从 2003 年 11 月 30 日开始，开通了往返韩国首尔（金浦国际机场）之间的定期包机，分别由日本航空、全日空、大韩航空及韩亚航空营运。2007 年 9 月 29 日，开通至中国上海虹桥机场的定期包机航班，分别由日本航空、全日空、上海航空以及中国东方航空运行，每日往返各一班。2008 年起，日本航空开始营运来往中国香港国际机场的包机航班。

3. 伦敦希思罗机场

伦敦希思罗机场（London Heathrow Airport）是全英国最繁忙的机场，位于伦敦西部的 Hillingdon 自治市。

希思罗机场的客流量在全球众多机场中排行第三，仅次于美国的亚特兰大机场及芝加哥机场。由于机场开出众多的跨境航班，因此以跨境的客流量计算，希思罗机场的客流量是最高的。截至2004年，希思罗机场是全欧洲最繁忙的机场，比巴黎戴高乐机场及法兰克福国际机场的客流量还要高出31.5%，但航班数目则比该两个机场的总和少三分之一。

伦敦希思罗机场是英国最大的机场，也是世界上最繁忙的机场之一。作为世界航空业内枢纽，希思罗机场吸引了约90多家世界知名航空公司将其作为运营基地。截止到2005年9月1日，希思罗机场共有4个候机楼（5号候机楼于2008年3月投入使用），运营的航班飞往世界各地90多个国家180多个目的地。旅游航空旺季时，英航每天进出希思罗机场的航班达550架次。

4. 法兰克福国际机场

法兰克福国际机场（英语：Frankfort International Airport；德语：Rhein-Main-Flughafen 或 Flughafen Frankfurt am Main），位于德国美因河畔法兰克福。它是德国最大的机场和欧洲第二或第三大机场，是全球各国际航班重要的集散中心。直到2005年底，机场的南部一直都是自1947年以来美国重要的空运基地——莱茵-美因空军基地。

法兰克福国际机场是德国的国家航空公司——德国汉莎航空公司的一个基地。由于法兰克福的容量有限，因此汉莎航空公司将业务分别放在法兰克福和慕尼黑的慕尼黑国际机场。

法兰克福国际机场比伦敦的希思罗国际机场提供更多的飞行目的地，但按乘客流量来算，法兰克福国际机场在欧洲位列第三位，排在伦敦的希思罗国际机场和巴黎的夏尔·戴高乐国际机场之后。2004年法兰克福国际机场客运量为51098271人次，希思罗机场为67344054人次，夏尔·戴高乐机场为51260363人次。法兰克福机场以477475架次的起降量位列欧洲第二，排名在夏尔·戴高乐国际机场（525660架次）和伦敦希思罗国际机场（475999架次）之间。

法兰克福机场有两座航站楼，由走廊连接，也可以使用旅客运送工具和巴士。

5. 戴高乐国际机场

夏尔·戴高乐国际机场（Aéroport international Charles de Gaulle）也被称为鲁瓦西机场（Roissy Airport），坐落于巴黎，是欧洲主要的航空中心，也是法国主要的国际机场。它是以法国将军、前总统夏尔·戴高乐（1890—1970）的名字命名的，位于巴黎东北25公里处的鲁瓦西。

2004年，夏尔·戴高乐机场以51260363人的旅客流量位列欧洲第二大机场之位，高于法兰克福国际机场（51098271 人），仅次于伦敦希思罗机场（67344054 人）。按飞机起降量来计算，夏尔·戴高乐机场以 525660 架次位列欧洲第一，超过法兰克福国际机场（477475 架次）和希思罗机场（475999 架次）。按货运量来计算，2004 年的夏尔·戴高乐机场同样以 1876900 吨位列欧洲第一，超过法兰克福（1838894 吨）和希思罗（1412033 吨）。

CDG 与区域铁路 RER 系统以及高速铁路 TGV 系统相连，每小时可提供三或四班列车前往巴黎市区。

夏尔·戴高乐国际机场有 3 个航站楼。2 号航站楼专为法国航空公司建造，但现在也同样供其他航空公司使用，3 号航站楼主要接待包租飞机。

这个所谓的 2 号航站楼其实不是一个航站楼，而是指 6 个截然不同的大厅，这些大厅用 A～F 分别命名。在其他机场，例如肯尼迪国际机场和洛杉矶国际机场，这些大厅就可以称为航站楼了，因此夏尔·戴高乐国际机场确切地说一共有 8 个航站楼。当乘客在夏尔·戴高乐国际机场时，一定要弄清楚飞机在这 8 个航站楼中的哪一个起飞降落，因为它们之间的距离非常远。这 8 个航站楼在机票上清晰地标注着：1、2A、2B、2C、2D、2E、2F、3。

2 号航站楼的 6 个大厅是机场中最新的部分，下面建有 RER 和 TGV 的车站。乘客可以通过通道和电动扶梯直接搭乘开往巴黎和法国及国外其他城市的火车。

1 号航站楼的 RER 车站实际上离航站楼很远，必需搭乘免费豪华巴士才能到达。豪华巴士也连接着 1、2、3 号航站楼。

2006 年 VAL 运输系统启用，连接起所有的 8 个航站楼

6. 仁川国际机场

仁川国际机场（Incheon International Airport）是韩国最大的民用机场，亦是亚洲最大的机场之一。仁川国际机场是大韩航空及韩亚航空的主要枢纽机场，2001 年初正式启用，代替旧有金浦机场的国际航线地位。金浦机场现主要供国内航班使用，除飞往东京羽田机场的航班。仁川国际机场是国际客运及货运的航空枢纽，在亚洲最繁忙的国际机场中居第 6 位。据瑞士日内瓦国际机场协会（ACI）2006 年和 2007 年的调查，仁川国际机场连续两年获得"全球服务最佳机场"第一名。

仁川国际机场坐落在韩国著名的海滨度假城市仁川西部的永宗岛上。距离首尔市 52 公里，离仁川海岸 15 公里。周围无噪音源影响，自然条件优越，绿化率 30% 以上，环境优美舒适，加上其整体设计、规划和工程都本着环保的宗旨，亦被誉为"绿色机场"。机场在永宗岛和龙游岛之间，是在将满潮水深 1 米的大海围堵后填成的地面上建成的。一期工程共开发 1390 万平方米的地基，建成新跑道 2 条，旅客候机大厅 1 栋，货运大厅、管制塔、综合运营中心等建筑 120 座。至 2020 年工程全部竣工时，仁川国际机场将拥有 4 条跑道、面积 87 万平方米的旅客候机大厅和 81 万平方米的货运大厅。一期开航后，机场年处理能力达 17 万架次，出入境游客达 2700 万人次，货物处理能力年均 170 万吨。另外，为了方便游客，在旅客候机大厅辟出 3.6 万平方米为商业区，设

有免税店、健身房、桑拿中心、录像室、游戏室、商务中心、时装专销店及餐厅等服务设施。

第三节　中国主要航空运输企业

一、中国内地主要航空公司

1. 中国国际航空集团公司

中国国际航空股份有限公司，简称国航。
英文名称：Air China Limited
英文简称：Air China
总部：北京市
主运营基地：北京首都国际机场、成都双流国际机场
第二枢纽：重庆江北国际机场、杭州萧山国际机场、呼和浩特白塔国际机场、天津滨海国际机场、上海浦东国际机场
飞行常客计划/里程奖励计划：国航知音卡
IATA 代码：CA

图 5.7　中国国际航空股份有限公司的标志

中国国际航空股份有限公司 2004 年在北京正式成立。是中国航空集团公司控股的航空运输主业公司。国航与中国东方航空股份有限公司和中国南方航空股份有限公司合称中国三大航空公司。

国航目前是中国唯一悬挂中华人民共和国国旗、承担中国国家领导人出国访问的专机任务，并承担外国元首和政府首脑在国内的专、包机任务的国家航空公司，是中国最大的国有航空运输企业，也是中国民航安全水平高、综合规模最大、拥有最新最好机队的航空公司。

2007 年度国航入选了世界品牌 500 强，为中国民航唯一入选公司；2007 年国航被世界品牌实验室评为中国 500 最具价值品牌；被美国评级机构标准普尔评为中国上市公

司百强；国航品牌被英国《金融时报》和美国麦肯锡管理咨询公司联合评定为中国十大国际品牌之一。

中国国际航空股份有限公司的前身中国国际航空公司成立于1988年。中国国际航空公司的前身——民航北京管理局飞行总队于1955年1月1日正式成立。1988年民航北京管理局分设，成立中国国际航空公司。

根据国务院批准通过的《民航体制改革方案》，2002年10月28日，中国国际航空公司联合中国航空总公司和中国西南航空公司，成立了中国航空集团公司，并以联合三方的航空运输资源为基础，组建新的中国国际航空公司。2004年9月30日，经国务院国有资产监督管理委员会批准，作为中国航空集团公司控股的航空运输主业公司，中国国际航空股份有限公司（以下简称国航）在北京正式成立，继续保留原中国国际航空公司的名称，并使用中国国际航空公司的标志。2004年12月国航股份进行首次境外发售股票，2004年12月15日，中国国际航空股份有限公司在香港（股票代码0753）和伦敦（交易代码AIRC）成功上市。2006年8月18日中国国际航空股份有限公司成为中国第一家在香港（中国国航，0753.HK）、伦敦（伦敦LSE：AIRC）、中国内地（上海证券交易所股票代码601111）三地上市的航空公司。

国航的企业标识由一只艺术化的凤凰和邓小平先生书写的"中国国际航空公司"以及英文"AIR CHINA"构成。凤凰是中华民族古代传说中的神鸟，也是中华民族自古以来所崇拜的吉祥鸟。据《山海经》中记述：凤凰出于东方君子国，飞跃巍峨的昆仑山，翱翔于四海之外，飞到哪里就给哪里带来吉祥和安宁。国航航徽标志是凤凰，同时又是英文"VIP"（尊贵客人）的艺术变形，颜色为中国传统的大红，具有吉祥、圆满、祥和、幸福的寓意，正是希望这神圣的生灵及其有关她的美丽传说带给朋友们吉祥和幸福。代表国航视每一位乘客及货主为上宾看待。

国航主要经营国际、国内定期和不定期航空客、货、邮和行李运输；国内、国际公务飞行业务；飞机执管业务，航空器维修；航空公司间的代理业务；与主营业务有关的地面服务和航空快递（信件和信件性质的物品除外）；机上免税品等。

国航总部设在北京，辖有西南、浙江、重庆、内蒙古、天津等分公司和上海基地、华南基地，以及工程技术分公司、公务机分公司，控股北京飞机维修工程有限公司（AMECO）、中国国际货运航空有限公司、北京航空食品公司。国航还参股深圳航空公司、国泰航空公司等企业，是山东航空公司的最大股东，控股澳门航空有限公司。国航继续经略北京枢纽的同时，又着力强化成都为中心的西南、上海为中心的华东、广州为中心的华南等区域枢纽。

国航与国内外航空公司进行了内容广泛的合作，已经和德国汉莎航空、美国联合航空、港龙航空公司、全日空航空公司等19家航空公司实行了代码共享，与84家外航签订了SPA合作协议，与上海航空公司等国内航空公司实行了代码共享合作。国航以国内航线对国际航线形成有效连接，国内支撑国际、国际辐射国内的航线网络布局，可以为旅客提供方便的直飞及转机服务。国航先后投巨资对波音747、空中客车A340等宽体远程飞机头等舱、公务舱座椅等硬件和软件服务设施陆续进行改造，改造后的新头等舱、公务舱包厢式、可放平的座椅以及娱乐服务，提高了服务品质。2007年国航正式加入国际航空联盟——星空联盟。

国航为在首都国际机场的外国航空公司、国内航空公司提供地面服务，占首都机场地面服务业务份额的65%。地面服务业务包括旅客进、出港服务，特殊旅客服务，要客、"两舱"旅客服务，旅客行李服务，航班载重平衡服务，航班离港系统服务，站坪装卸服务，客舱清洁服务等，共有3大类13个服务项目。承担这项任务的国航地面服务部目前是中国民航规模最大、保障能力最强的航空地面服务机构。

国航下设工程技术分公司，为国航的飞机提供技术保障。该分公司由6个基地、3个合资企业、3个中心、113个航站、8000多名工程师和技术人员组成，在为国航的飞行安全运营提供了安全可靠的飞机和保证航班维护任务的同时，还向全球80多家航空公司提供维修服务。国航与德国汉莎航空公司合资经营的北京飞机维修工程有限公司（AMECO），是国内第一家通过中国民用航空局（CAAC）、美国联邦航空局（FAA）及欧洲航空安全局（EASA）认证以及获得其他12个国家颁发的维修执照的飞机维修公司，可以为国内外客户提供波音和空中客车系列飞机的航线维护、大修，多种型号发动机大修服务，是中国规模最大的民用飞机综合维修企业。

国航下设的飞行训练中心是使用全任务飞行模拟机和计算机基础训练器开展飞行员培训的教学训练机构，具备围绕波音系列主要机型，开展飞行员转机型训练、定期复训和飞行检查的综合培训能力；基地设在天津滨海国际机场的飞行训练大队专门用于飞行员本场训练。国航还下设培训空中乘务员的乘务训练中心，中心教员具备高级乘务员职称，具有国际航协教学资格和国际航协（CRM）训练认可的教员资格，除了负责国航乘务员的系统培训外，也为国内外航空公司培训学员，还为邮政、饭店、铁路、公路运输、银行、医院、保险、电信等其他行业提供培训服务。

截至2008年6月底，国航拥有以波音和空中客车系列为主的各型飞机220架。截至2005年，国航股份共实现运输总周转量74.4亿吨公里，旅客运输量2769万人，货邮运输量73.3万吨；通航22个国家和地区，其中国际城市近40个，国内城市70多个，每周定期航班4160班。到2005年底，国航在国内外设有102个营业部和独立销售代理人。

国航是2008年北京奥运会航空客运合作伙伴。国航编号为B-5201，B-5202，B-5211的三架波音737-700飞机身着奥运彩绘，被命名为"北京奥运号飞机"；编号为B-5177的波音737-800客机等三架飞机身着奥运梦想彩绘，命名为"奥运吉祥号飞机"。中国国际航空公司选用注册编号B-6075的一架空中客车A330涂装彩绘，作为2008年北京奥运会圣火火种境外传递的专机，并将其命名为"奥运圣火号飞机"。2008年中国国际航空股份有限公司为提升国航品牌的知名度和美誉度，配合国航的高端两舱产品品牌——紫金头等舱和紫宸公务舱品牌推广而喷涂的姊妹彩绘飞机——推出"紫金号飞机"和"紫宸号飞机"。2008年12月，四川省与国航西南分公司共同创意推出代表四川地域文化的"秀美四川号飞机"，以具有四川地方特色的彩绘图案飞机来宣传四川地方旅游。

国航2005年底推出的企业文化以服务为主线，阐述了国航的企业价值观。国航远景和定位是"具有国际知名度的航空公司",其内涵是实现"主流旅客认可、中国最具价值、中国盈利能力最强、具世界竞争力"的战略目标;企业精神强调"爱心服务世界、创新导航未来";企业使命是"满足顾客需求,创造共有价值";企业价值观是"服务至高境界、公众普遍认同";服务理念是"放心、顺心、舒心、动心"。

国航拥有一支业务技术精湛、作风严谨、服务良好的飞行员和乘务员队伍。在2600多名飞行员中,安全飞行20000小时以上的功勋飞行员131人,安全飞行16000小时以上获金质奖章的飞行员542人,国航飞行总队获得了"国际民航组织荣誉奖章"、"全国安全生产先进集体"、"安全飞行标兵单位"等诸多荣誉,国航一直以很好的安全记录著称。从事客舱服务的空中乘务员包括服务于本公司的外籍乘务员。

2. 中国东方航空集团公司

中国东方航空股份有限公司,简称东航。
英文名称:China Eastern Air Holding Company
英文缩写:CEAH
总部:上海市
主运营基地:上海虹桥国际机场、上海浦东国际机场
其他重要基地:昆明巫家坝国际机场、西安咸阳国际机场、南京禄口国际机场、武汉天河国际机场、济南遥墙国际机场、青岛流亭国际机场
飞行常客计划:东航万里行
IATA代码:MU

图 5.8 中国东方航空股份有限公司的标志

中国东方航空股份有限公司是一家总部设在中国上海的国有控股航空公司,于2002年在原中国东方航空集团公司的基础上,兼并中国西北航空公司,联合云南航空公司重组而成。中国东方航空股份有限公司是中国民航第一家在香港、纽约和上海三地上市的航空公司,1997年2月4日、5日及11月5日,中国东方航空股份有限公司分别在纽约证券交易所(NYSE:CEA)、香港联合交易所(港交所:0670)和上海证券交易所(上交所:600115)成功挂牌上市。是中国三大国有大型骨干航空企业(中国国际航空股份有限公司、中国南方航空股份有限公司)之一。

2006年3月14日中国东方航空股份有限公司成为2010年上海世博会首家合作伙伴(航空客运)。东航选用空中客车A340-600型客机(注册号B-6055)推出彩绘涂装"世博号飞机"。

中国东方航空集团公司于2002年10月11日在北京人民大会堂宣告成立。东航集团总部设在上海，注册资本25.58441亿元人民币。截至2007年底，东航集团总资产为733亿元人民币，从业人员超过5万人，拥有运输飞机221架，经营国内外客货航线共467条，通航五大洲53个国际著名城市。

"十一五"期间，东航集团主要目标是：实施以枢纽战略为核心的发展规划，建设以上海为轴心的中枢网络运营模式，积极构建航班波，完善航线网络结构。形成上海为客运、货运枢纽，昆明、西安、武汉为区域枢纽，立足国内、辐射国际的航线网络布局，覆盖北美、南美、欧洲、中亚、南亚、东南亚、北非、南非及澳洲等地区。除核心主业外，相关产业配套合理，积极培育新的利润增长点，确保国有资产保值增值。

东航辖山东、安徽、江西、山西、河北、宁波、甘肃7个分公司，控股中国货运航空有限公司和中国东方航空江苏有限公司，参股中国东方航空武汉有限责任公司。

东航在航空运输主营业务方面，实施"中枢网络运营"战略，建立以上海为中心、依托长江三角洲地区、连接全球市场、客货并重的航空运输网络。航线除了包括国内航线外，也经营从上海等地至国际各大城市的国际航线。拥有贯通中国东西部，连接亚洲、欧洲、澳洲和美洲的航线网络。构建"统一运营管理模式"，建立起与世界水平接近的飞行安全技术、空中和地面服务、机务维修、市场营销、运行控制等支柱性业务体系。

中国东方航空股份有限公司前身中国东方航空公司成立于1988年6月。是当时中国六大骨干航空公司之一。1993年10月，中国东方航空集团公司成立，由区域性航空公司转变为国际性航空公司。除航空运输主业外，多元化拓展，投资企业涉及广告传媒、旅游、宾馆、金融、期货、进出口贸易、房地产、航空食品、机械设备制造等众多行业。1994年12月31日原东航上海总部和子、分公司整体改制为股份公司，其他没有关联的全资子公司及在合资企业中的全部股权从东航分立成为东方航空集团公司。集团公司作为唯一发起人以发起方式设立中国东方航空股份有限公司。2002年东航与中国西北航空公司、云南航空公司联合重组。中国东方航空集团公司控股的中国东方航空股份有限公司中，前者拥有其61.64%股权。

中国东方航空的航徽基本构图为圆形,取红蓝白三色,以寓意太阳、大海的上下半圆与燕子组合,表现东航企业形象。红色半圆,象征喷薄而出的朝阳,代表了热情、活力,且日出东方,与东方航空名称吻合；蓝色半圆,象征宽广浩瀚的大海,寓意着东航航线遍及五湖四海；轻盈灵动的银燕,象征翱翔天际的飞机,燕子也被视为东方文化的载体,体现了东方温情。燕子尾部的线条勾勒出东航英文名字"CHINA EASTERN"的C、E两字母。

东航使命是让旅客安全舒适地抵达；东航目标是追求卓越，求精致强；东航精神是满意服务高于一切；东航核心价值观是精诚共进。

东航一直以"满意服务高于一切"的企业精神致力于为旅客提供更好的服务。曾三次荣获中国民用航空局颁发的飞行安全最高奖"金鹏杯"。2000年东航运输服务系统通过了ISO9002质量保证体系的认证。中国东方航空股份有限公司自成立以来创造过全国民航服务质量评比"五连冠"纪录。获得美国优质服务协会在世界范围内颁发的"五星钻石奖"。

2007年年12月13日,东航宣布:通过增发H股的方式,与新加坡航空、淡马锡建立战略合作伙伴关系。在这次合作当中,东航增发约29.85亿H股。其中有约11亿股给东航,12.35亿股给新航,剩下的6.49亿股给淡马锡。每股3.8港元。这次股权认购完成之后,东航、新航和淡马锡分别持有公司总股本为51%、15.73%和8.27%。拥有中国东方航空股份有限公司H股股份的中国航空集团公司在东航就引入新加坡航空及淡马锡入股举行股东特别大会前,提出以每股不少于5港元价格入股东方航空,期望取代新航的入股方案。最后东方航空特别股东大会上,东方航空引入新加坡航空及淡马锡入股未获批准而搁浅。

3. 中国南方航空航空集团公司

中国南方航空,简称南航。
英文名称:China Southern Air Holding Company
英文简称:CS Air Holding
英文缩写:CSAH
总部:广东省广州市
主运营基地:广州白云国际机场、北京首都国际机场
其他重要基地:沈阳桃仙国际机场、厦门高崎国际机场、乌鲁木齐地窝堡国际机场、深圳宝安国际机场、武汉天河国际机场、郑州新郑国际机场、大连周水子国际机场。
飞行常客计划/里程奖励计划:明珠俱乐部
IATA 代码:CZ

图 5.9 中国南方航空股份有限公司的标志

天合联盟成员中国南方航空股份有限公司,是中国南方航空集团公司属下航空运输主业公司,总部设在广州,以蓝色垂直尾翼镶红色木棉花为公司标志。有新疆、北方、北京、深圳、海南、黑龙江、吉林、大连、河南、湖北、湖南、广西、珠海直升机等13家分公司和厦门航空、汕头航空、贵州航空、珠海航空、重庆航空等5家控股子公司;在上海、西安设立基地,在成都、杭州、南京、台北等地共设有18个国内营业部,在新加坡、东京、汉城、迪拜、阿姆斯特丹、巴黎、洛杉矶、悉尼、拉各斯、纽约、伦敦、温哥华、迪拜、布里斯班等地设有54个国外办事处。

中国南方航空股份有限公司是中国运输飞机最多、航线网络最发达、年客运量最大

的航空公司。目前，南航经营包括波音777、747、757、737，空客A330、321、320、319、300在内的客货运输飞机342架，形成了以广州、北京为中心枢纽，密集覆盖国内，全面辐射亚洲，与天合联盟成员密切合作，航线网络通达全球841个目的地，连接162个国家和地区，到达全球各主要城市的运营网络。

2007年，南航旅客运输量近5700万人次，位列世界第四、亚洲第一，是亚洲唯一一个进入世界航空客运前五强的中国航空公司；南航客运量已连续29年居国内各航空公司之首，连续第3年也是国内唯一一家进入世界民航客运前十强的航空公司。

截至2008年6月16日，南航已经累计安全飞行达500万小时，连续保证了169个月的空防安全纪录，安全运输旅客2.5亿人次，安全管理水平在国内民航业首屈一指，在国际上也处于领先地位。2008年7月16日，南航获得民航总局颁发的飞行安全最高奖——飞行安全五星奖，成为目前保持安全纪录时间最长的航空公司。

以中国南方航空集团公司为母公司组成中国南方航空集团，简称为中国南航集团。依照中国南航集团章程，经母公司批准，集团成员单位的名称中可冠以"中国南航集团"字样。集团公司是以南方航空（集团）公司为主体，联合中国北方航空公司和新疆航空公司组建的国有大型航空运输企业，是经国务院同意进行国家授权投资的机构和国家控股公司的试点。集团公司组建后，对其全资企业、控股企业、参股企业逐步依照《中华人民共和国公司法》进行改组和规范。集团公司组建后，保留中国南方航空股份有限公司的名称，对原中国北方航空公司和新疆航空公司进行主辅业分离：将航空运输主业及关联资产规范进入中国南方航空股份有限公司，统一使用中国南方航空集团公司的标识，完成集团公司运输主业的一体化；辅业另行重组，由集团公司统一管理。

原民航广州管理局成立于1959年1月1日，统一进行管理和经营中南地区的民航事务，管理范围即为中南五省（广东、广西、湖南、湖北、河南）。改革开放以前，民航实行军事化、半军事化的管理体制。1980年以后，广州民航逐步实行企业经营管理体制。中国南方航空公司1992年2月1日成立，当时只是民航广州管理局在进行业务经营活动时对外使用的名称。1992年12月，中国南方航空公司更名为中国南方航空（集团）公司，与广州白云国际机场一样，脱离民航广州管理局，成为独立自主、自负盈亏的企业实体。原民航广州管理局改为民航中南管理局，不再进行民航的经营业务活动，仅从政策上对其进行监督与管理。1993年10月10日，南航（集团）公司正式挂牌的同时，以其为核心的中国南方航空集团也宣告成立。以蓝色垂直尾翼镶红色木棉花为公司标志。

中国南方航空股份有限公司坚持"安全第一"的核心价值观，安全基础坚实。飞行实力出众，拥有3300多名优秀的飞行人员，是目前国内唯一一家拥有独立培养飞行员能力的航空公司，与全球知名飞行模拟器制造商CAE合资建立的飞行训练中心是亚洲规模最大的飞行训练中心；机务维修实力雄厚，旗下广州飞机维修工程有限公司（GAMECO）建有亚洲最大的飞机维修机库，南航与德国MTU公司合建有国内最大、维修等级最高的航空发动机维修基地；保障体系完善，拥有获得国家科技进步二等奖的飞行运行控制系统（SOC），以及同获国家科技进步二等奖的发动机性能监控系统等国内航空业最为先进的IT系统。1995、2001、2003、2004、2007年度，五度夺得中国民航航空安全年度大奖——"金鹏杯"。

中国南方航空股份有限公司秉承"客户至上"的承诺，通过提供"可靠、准点、便捷"的优质服务，致力满足并超越客户的期望。拥有目前超过420万会员、里程累积机会最多、增值最快的常旅客俱乐部——明珠俱乐部。在北京首都机场、西安咸阳机场、乌鲁木齐地窝堡机场设有专用航站楼。推出中国首张电子客票，率先提供电子客票网上值机和手机值机服务。"明珠"常旅客服务、地面头等舱公务舱贵宾室服务、南航中转服务、南航五星钻石销售服务热线—"95539"等多项服务在国内民航系统处于领先地位。公司先后被多家机构授予"中国最佳航空公司"荣誉，并于2004年1月，获美国优质服务科学协会授予的全球优质服务荣誉——"五星钻石奖"。

中国南方航空股份有限公司发展迅速。1997年，南航分别在纽约和香港同步上市，2003年在国内成功上市。先后联合重组、控股、参股多家国内航空公司。在国内率先引进波音737、757、777、空客A330、空客A380等先进客机；首家推出计算机订座、电子客票等业务；引进开发了收益管理系统、运行控制系统、财务管理系统、人力资源系统、货运系统、办公自动化系统等广泛覆盖各流程的信息系统，信息化优势明显；建有国内第一、全球第三的超级货站，以及国内最大的航空配餐中心等设施。2005年1月，南航订购5架空客A380超大型飞机。2005年8月，南航购买10架波音787-8型"梦想"飞机，成为中国购买此型号飞机最多的航空公司。2006年，南航订购6架波音777货机，货运发展迈出全新步伐。

2008年3月9日，在"2007年旅客话民航"活动中荣获中国民航最高服务大奖"用户满意优质奖"。2008年4月10日，被国际知名的旅游传媒 *TTG* 杂志评为2008年度"中国最佳商务舱航空公司"。2008年7月16日，南航获得民航局颁发的飞行安全最高奖——飞行安全五星奖，成为目前保持安全纪录时间最长的航空公司。

中国南方航空是中国民航拥有最多运输飞机的航空公司。

4. 海南航空股份有限公司

海南航空股份有限公司，通常简称海南航空、海航。
英文名称：Hainan Airlines Company Limited
总部：海南省海口市
主运营基地：海口美兰机场
第二基地：北京首都国际机场、西安咸阳国际机场、太原武宿机场、乌鲁木齐地窝堡国际机场、广州新白云国际机场
飞行常客计划/里程奖励计划：金鹏俱乐部
IATA代码：HU

第五章　民用航空运输企业

图 5.10　海南航空股份有限公司的标志

海南航空股份有限公司是海南航空集团下属航空运输产业集团的龙头企业,是在中国证券市场 A 股和 B 股同时上市的航空公司。对海南航空集团所辖的中国新华航空有限责任公司、长安航空有限责任公司、山西航空有限责任公司实施行业管理。1998 年 8 月,中国民用航空总局正式批准海航入股海口美兰机场,成为首家拥有中国机场股权的航空公司。

海南航空股份有限公司前身为于 1989 年登记注册成立的海南省航空公司。海南省航空公司于 1993 年 1 月经规范化股份制改组,成为国内首家股份制航空公司。1995 年,成功发行外资股,成为国内第一家中外合资航空公司。1997 年正式更名为"海南航空股份有限公司"1997 年 6 月,海南航空 B 股在上海证券交易所挂牌交易,成为首家国内上市 B 股的航空运输企业。1999 年 10 月 11 日,海南航空 A 股获准在上海证券交易所公开上网定价发行。截至 2007 年 12 月,大新华航空有限公司持有海南航空股份有限公司 48.62% 的股份,成为其控股股东。

公司主营业务包括海南航空国内航空客货运输业务、周边国家和地区公务包机飞行业务、航空器维修和服务、航空旅游、航空食品等。先后建立了海口、三亚、北京、西安、太原、乌鲁木齐、广州、兰州、大连等 9 个航空营运基地。1995 年海南航空开始探讨发展以支线为主的"毛细血管战略",形成了适用于中短程干线飞行,短程支线飞行,公务、商务包机飞行的航线布局。1995 年海南航空引进公务机,并在北京设立了公务客机飞行基地,首开中国公务包机飞行。1999 年,海南航空获准经营由海南省始发至东南亚及周边国家和地区的定期和不定期航空客货运输业务。海南航空拥有的国内支线客机群,开通了海口、三亚、湛江、北海、桂林、南宁、珠海等华南地区城市之间的短程航班。

海南航空航线网络已遍布全国各地,开通了国内外航线近 500 条,其中通航城市 90 个,并开通国际包机航线。2006 年,海南航空实现年旅客运输量 1439.09 万人次,货邮运输量 19.87 万吨,年销售收入突破 100 亿元,跻身中国四大航空公司之列,海南航空是继中国南方航空、中国国际航空及中国东方航空后中国内地第四大的航空公司。

海航企业标志以"生生不息"为理念创意。以"无限空间"为理念定位。海航创意的独特之处在于:以"无限空间"为定位的主构图乃是核心球体之外的无限空间带。

标志构图中引人注目之处是一核心球体,以极具动感和极富张力的曲线蕴含,回护相生的太极图,诠释海航事业倚"生生不息"之理展"无限空间"之志的立身之本。标志中以静蓝色表征沉稳与智慧,以暖黄色表征希冀与亲和。

2006年，海航标识被国家工商总局认定为中国驰名商标，成为中国民航企业中第一个中国驰名商标。2008年，海南航空荣膺2007年旅客话民航活动"用户满意优质奖"，连续9次获此殊荣。成为中国民航历史上首家获此成就的企业。国际著名航空研究及评选机构Skytrax发布，海南航空股份有限公司以其高水准的运行品质、人性化的服务荣膺2008年度"中国最佳航空公司"殊荣。

关于大新华航空与海南航空。海南航空集团发起设立"大新华航空"是海南航空集团整合旗下航空资源的平台，作为组建中国新华航空集团的引资及操作平台。大新华航空通过整合将成为中国大陆民航继中国国际航空、中国南方航空、中国东方航空三大航空集团的中国国内第四大航空集团。大新华航空的目标是做旅客认同的世界级航空公司。2002年10月，海南航空、新华航空、长安航空、山西航空成功实现合并运行，统一代码，逐步实现了内部的"一体化"运营，采用了统一的"HU"代码。在这样的背景下，海南航空集团决定在海南航空股份有限公司之外，打造一个新的融资平台。2004年，新华航空控股有限公司获准成立。新华控股的注册地仍在海南省海口市。2006年6月，通过海南航空股份有限公司定向增发社会法人股，新华控股已成为海南航空的第一大股东。2007年，在新华航空控股有限公司基础上更名成立的大新华航空有限公司正式投入运营。2007年11月29日，海南航空集团在北京宣布，作为海南航空集团航空产业的核心企业，大新华航空有限公司正式成立并投入运营。海南航空集团计划把旗下海南航空、新华航空、长安航空、山西航空的资产注入大新华航空，由多法人变更为单一法人，通过收购海南航空集团旗下的新华航空、长安航空、山西航空其他股东的股权，最终完成4家公司的合并。作为两家独立运行的航空公司，大新华航空、海南航空还维持双品牌的独立经营。

5. 上海航空股份有限公司

上海航空股份有限公司，通常简称上海航空或上航。
英文简称：Shanghai Airlines
总部：上海市
主运营基地：上海浦东国际机场、上海虹桥国际机场
飞行常客计划/里程奖励计划：金鹤俱乐部
IATA代码：FM

图5.11 上海航空股份有限公司的标志

上海航空股份有限公司，前身为成立于1985年的上海航空公司，是中国国内第一家多元投资商业化运营的航空公司。

2000年10月，经上海市政府和民航局批准，上海航空公司变更为上海航空股份有

限公司。2002年6月,中国证监会批准上航向社会公开发行A股股票,10月11日在上海证交所挂牌上市。上航坚持"安全第一,顾客至上,优质服务,追求卓越"的企业精神,以"把上航办成国内最好、顾客首选、具有国际水平的航空公司"为目标使命。

上航现拥有以波音为主的先进机队,各类飞机达65架,有先进的电子商务、财务管理、生产运行、教育培训等系统。

上航的客运发展积极稳健,拥有完善的国内航线网络,并开通了上海至日本、韩国、泰国、印度、菲律宾、越南、柬埔寨和香港、澳门等地的多条国际和地区航线。现上航经营国内外客运航线170多条,通达60多个国内外大中城市。并与美联、汉莎、韩亚、泰国、全日空、北欧等星空联盟成员航空公司,开展了代码共享合作,通达上海到美国、日本、新西兰等多条国际航线。上航于2007年12月12日成为星空联盟的正式成员。

上航的货运发展迅速,上航投资组建的上海国际货运航空公司,于2006年7月1日投入运营。现有5架全货机,开通了上海至美国、德国、泰国、日本、印度、越南、香港等国家和地区的全货运航线。

上航以良好的安全记录、高质量的服务水准、先进的企业文化和卓有成效的经营管理,取得了良好经济效益和社会效益。上航先后荣获中国企业500强、全国用户满意企业、全国民航用户满意度优质奖、上海市质量金奖企业等,还连续6届获得上海市文明单位称号。

上航将以"做强主业、客货并举,实现枢纽化、国际化、集团化发展"为发展战略,立足上海国际枢纽港,与星空联盟开展广泛合作,不断拓展国内外发展空间,努力把上航办成具有国际一流水平的航空公司。

上海航空标识(注册商标)为红尾翼上翱翔的仙鹤。上海航空标识主体呈变形简化的白鹤,象征吉祥、如意、展翅飞翔。并将公司名称的缩写"SAL"也组合进图案中,鹤翅与颀长的鹤颈连成的柔和曲线代表"S",鹤头代表"A",鹤翅与鹤尾相连代表"L"。外形呈上海的"上"字,整体为红尾翼上翱翔的白鹤。上航将鹤作为标识的主体,就是祝愿公司万事如意,不断勇往直前。标识内涵为安全平稳、稳健有力、蓬勃向上、欣欣向荣、百折不挠、一往无前。

6. 厦门航空有限公司

厦门航空有限公司,通常简称厦门航空。
英文简称:Xiamen Airlines
总部:福建省厦门市
主运营基地:厦门高崎国际机场、福州长乐国际机场
其他运营基地:泉州晋江机场、武夷山机场、杭州萧山国际机场、南昌昌北国际机场、天津滨海国际机场
飞行常客计划/里程奖励计划:白鹭卡
IATA代码:MF

图 5.12 厦门航空有限公司的标志

　　厦门航空有限公司于 1984 年 7 月 25 日成立，是中国内地第一家合资经营的按企业化运行的航空公司，自主经营的法人实体，实行董事会领导下的总经理负责制。是中国民用航空体制改革初步尝试的产物。在股权方面，股东为：中国南方航空股份有限公司（占 60% 股权）和厦门建发集团有限公司（占 40% 股权）。

　　厦门航空主营国内航空客货运输业务、福建省及其他经民航总局批准的指定地区始发至邻近国家或地区的航空客货运输业务，航空公司间的业务代理，兼营航空器维修、航空配餐、酒店、旅游、广告、进出口贸易等业务。厦门航空获得国际航空运输协会"IOSA 营运人"注册证书，是国际航空运输协会的正式会员。厦门航空塑造出"安全、优质、诚信"的品牌。

　　厦门航空下辖福州、杭州、南昌、天津等分公司。以厦门、福州、晋江、武夷山、杭州、南昌为航班始发的营运基地，经营至全国各大中城市以及新加坡、马来西亚、泰国、日本、韩国等 140 多条国内、国际航线，在境内外四十几个大中城市设立了办事处和营业部。构筑东南亚往来中国大陆的便捷通道，并努力发展成为连接台湾海峡两岸的重要纽带。厦门航空成立以来，连续 20 年保持赢利。已发展成为一家拥有波音系列飞机的中等规模航空公司。到 2010 年，厦门航空机队将拥有波音系列飞机 69 架。

　　厦门航空机务部经民航适航管理部门审查批准，可从事 B757 飞机 C8 检、B737/B757 飞机的 C4 检和中检、B737/B757 飞机的航线维修、"C"检以下的各级定期维修、发动机更换、JT8D-17 型发动机的热检、刹车组件的修理、APU 的热检以及无损探伤等维修项目。

　　厦门航空是参与 2005 年台商春节包机（即后来的台湾居民包机）的航空公司之一。2005 年 1 月 29 日，该公司编号 MF881 的航班于当天首次接载台商由广州白云国际机场起飞，在上午 9 时 45 分成功降落台北桃园国际机场，厦航客机是仅次于中国南方航空公司第二架在台湾着陆的大陆航空公司客机。

　　厦门航空有限公司的航徽是"蓝天白鹭"。昂首矫健的白鹭在蓝天振翅高飞的图案，象征吉祥、幸福，并展示了该公司团结拼搏、开拓奋飞的精神。

　　2007 年厦航荣获国家工商总局颁布的"蓝天白鹭"商标以及"中国驰名商标"。

　　中国民用航空总局表彰厦门航空为全国民用航空运输业企业"经营管理优秀企业"称号，授予"飞马杯"奖。中国质量管理协会表彰厦门航空为"全国质量效益型先进企业"。中国质量管理协会用户委员会授予厦门航空"2003 年全国用户满意服务单位"称号。国家质量技术监督局授予厦门航空"2000 年全国质量管理先进企业"称号。

2006年,厦门航空获得连续安全飞行100万小时的"飞行安全一星奖"。自中国民航总局1995年开始设立航空安全流动奖杯的12年来,厦门航空先后8次捧杯,继1998、2001年获得"金鹰杯"后又于2004至2006年连续3年获此殊荣。此前,厦门航空在1995—1997年连续3年获得航空安全"金雁杯",实现了"金雁"、"金鹰"两杯双双落户厦航,这在中国民航界是没有先例的。2006年荣获国际航空运输协会(IATA)颁发的"简化商务卓越推动奖"。2006年获得英国标准协会(BSI)颁发的"卓越管理奖"。中国民用航空总局授予厦航"中国民航优质服务奖"。

7. 四川航空股份有限公司

四川航空股份有限公司,通常简称川航。
英文简称:Sichnan Airlines
总部:四川省成都市
主运营基地:成都双流国际机场;货运部设在成都双流国际机场北头基地
第二运营基地:重庆分公司设在重庆江北国际机场
飞行常客计划/里程奖励计划:金熊猫会
IATA 代码:3U

图 5.13 四川航空股份有限公司的标志

四川航空股份有限公司的前身是四川航空公司,四川航空公司成立于1986年9月19日,1988年7月14日正式开航营运。1997年,四川航空公司在当年成为中国民航率先引进空中客车A320飞机的航空公司,被空中客车公司授予国内唯一"全球A320飞机杰出营运奖"。成都—北京、成都—深圳航线被中国民用航空总局评为"精品服务样板"。

四川航空股份有限公司成立于2002年8月29日,是由四川航空公司为主,联合中国南方航空股份有限公司、上海航空股份有限公司、山东航空股份有限公司、成都银杏餐饮有限公司共同发起设立的跨地区、跨行业、跨所有制、投资主体多元化的股份制航空公司。

四川航空股份有限公司通过股份合作,使四川航空、中国南方航空、上海航空、山东航空实现了航线联营、航线共飞、代码共享、票价控制、常旅客计划、销售代理的运输销售网络。2005年5月12日开通重庆—香港首条地区航线,8月20日飞越世界屋脊开通成都—拉萨航线;2006年12月15日开通成都—香港航线;2007年9月10日开通

第一条国际航线成都—首尔。2007年四川航空与中华航空公司展开合作,推出"一票通"服务(一张机票到达台北或高雄两市,或经由香港至成都)。

川航拥有国内航线130余条,通航国内50多个大中城市。在国内航空市场竞争加剧的情况下,先后与国内外数十家航空公司建立起客货联运合作关系。川航以推进"国内一流,西部首选"为目标。构建了中国西南地区最大的空中客车机队。以"空中快巴"的运营模式,构建独具特色的支线"旅游黄金圈"。隶属四川航空股份有限公司的航空货物运输部门,以经营国际、国内货、邮运输业务为主,以及相应产生的派送等多种业务,业务范围辐射全国。2006年四川航空实现连续九年赢利。

"成渝空中穿梭快巴"系四川航空股份有限公司推出的特色精品航线,具有高效、快捷、便利的特点,实现"一票通"式的服务。旅客可以在成都、重庆市内民航售票处购买川航成渝快巴机票。凭机票乘坐免费巴士前往机场,航班起飞前20分钟停止办理登机手续。航班到达目的地后,有免费巴士在飞机下直接送旅客至市内,旅客托运的行李在飞机下直接领取。

四川航空股份有限公司始终以"安全、服务、效益"作为企业的永恒追求,倡导以"真诚、善良,美丽、爱心"为核心理念的川航"美丽文化",创造具有自身特色的服务品牌。企业精神:攻坚不畏难,敢为天下先。企业目标:美丽川航,做优做强做富。企业宗旨:创造效益,服务社会。企业口号:川航服务,天天进步,心对心的承诺,门对门的服务。企业价值观:真、善、美、爱、义、信、智、礼。经营哲学:以诚换"信",旅客至上。企业哲学:把川航做强,让员工成长,使股东获益,领导多关心员工的"琐事",员工多关心公司的大事。

8. 山东航空股份有限公司

山东航空股份有限公司,通常简称山航、山航股份。
英文名称:Shandong Airlines CO.,LTD.
总部:山东省济南市
主运营基地:济南遥墙国际机场
第二运营基地:青岛流亭国际机场、烟台莱山国际机场,在厦门、重庆等地设有飞行基地
　　IATA 代码:SC

图 5.14　山东航空股份有限公司的标志

山东航空股份有限公司成立于1999年12月13日,其前身系成立于1994年的山东航空有限责任公司。山东航空股份有限公司由山东航空集团有限公司、浪潮集团有限公司、山东华鲁集团有限公司、山东省水产企业集团总公司和鲁银投资集团股份有限公司发起重组而成。山东航空集团有限公司将航空客货运输业务折股投入山东航空股份有限公司。2000年8月向中国境外投资人发行境内上市外资股(深圳证券交易所证券简称:山航B)。2004年山东航空集团有限公司与中国航空集团公司通过股权转让,中国国际航空股份有限公司同时持有山东航空集团有限公司(山航集团第一大股东)、山东航空股份有限公司的股权,成为山东航空股份有限公司实际控制人。

山东航空股份有限公司主要从事山东省内和经批准的由山东省始发至国内部分城市的航空客货运输业务;开展与航空有关的其他服务和经营性业务。总部设在济南,在青岛、烟台设有分公司。控股青岛国际航空物流中心有限公司,参股四川航空股份有限公司。山东航空股份有限公司是中国民航经营航空运输业务涉及支线航空业务的航空公司之一。

山航把"确保安全,狠抓效益,力求正点,优质服务"放在首位。开通飞往全国50多个大中城市的航班,并开通韩国国际航线。山航与中国国际航空实现代码共享、航线联营、航材共享和支援、信息管理与系统开发、管理交流与合作、培训业务等方面作。2006、2007年连续取得全民航航班正点率第一名的佳绩。

主营业务:国内航空客货运输业务;由国内始发至周边国家、地区的航空客货运输业务;酒店餐饮;航空器维修;航空公司间的代理业务;与主营业务有关的地面服务。

9. 深圳航空有限责任公司

深圳航空有限责任公司,通常简称深航。
英文简称:Shenzhen Airlines
总部:广东省深圳市
主运营基地:深圳宝安国际机场
飞行常客计划/里程奖励计划:尊鹏俱乐部
IATA 代码:ZH

图 5.15 深圳航空有限责任公司的标志

深圳航空有限责任公司成立于1992年11月,是由广东广控(集团)公司、中国国际航空公司等五家公司共同投资的航空公司,1993年9月17日正式开航。是一家位于广东深圳的航空公司。2005年深圳航空有限责任公司进行了股权转让，深圳汇润投资有限公司、亿阳集团有限公司受让深航65％股权，深圳航空成为民营资本控股的航空公司。

深圳航空有限责任公司是主要经营航空客、货、邮运输业务的航空运输企业。设立南宁、无锡、广州、常州、沈阳、郑州六个基地分公司和航空货运、工贸、广告、旅游、航空配餐、酒店六个二级公司。深圳市深航货运有限公司成立于1994年，是深圳航空的直属企业，主要从事国内、国际航空货物运输业务。开辟"卡车航班"货运业务，实现货物运输的无缝转接。深圳航空控股常州机场，管理无锡机场，与德国汉莎航空合资成立了翡翠国际航空货运公司，与美国梅萨航空合资成立了鲲鹏航空有限公司，与香港合资成立了亚联公务机公司。"一小时免费送票"开创民航机票销售先例；完善电话订票服务系统；率先建立呼叫中心，开通全国统一24小时航空服务热线；在国内民航首家大力推广电子客票系统。2005年深航正式通过国际航协的审查，成为IOSA注册成员航空公司。2007年定购中国拥有自主知识产权的ARJ21支线飞机，成为率先购买该机种的航空公司。

深圳航空自开航以来，开通国内国际航线130多条。有驻国内外营业部43个。2005年1月，深圳航空开通了深圳往返吉隆坡的首条国际航线。截至2007年，深圳航空连续保持了13年盈利和14年安全飞行。

"民族之鹏"是深圳航空的标志。鹏，神鸟，其翼若垂天之云。金色的抽象化、艺术化的象形文字，红金吉祥映衬。凝聚东方文化的精髓，体现果断进取的精神，代表"沉稳，诚信，进取"之意。

深圳航空奉行"安全第一，正常飞行，优质服务，提高效益"的经营理念。深圳航空以"立志成为世界上最受推崇和最有价值的航空公司，推动民族航空成为世界首选"为使命，以成为"特色航空的领跑者"为愿景，提出"深情无限，航程万里"的口号，不断创新服务手段、提高服务质量、增加服务种类，追求服务的优质、特色和精细。2002年12月，深航荣获中国民航协会用户工作委员会颁发的"全国旅客话民航"活动（1993—2002）先进企业金奖。

二、港、澳、台地区航空公司

1. 港龙航空

港龙航空有限公司，简称港龙航空。

英文简称：Dragonair

总部：香港大屿山香港国际机场东辉路11号港龙大厦

枢纽：香港国际机场

IATA代码：KA

第五章　民用航空运输企业

图 5.16　港龙航空有限公司的标志

港龙航空有限公司是香港第二大航空公司，以香港国际机场作为枢纽。港龙航空每星期提供约 400 个航班，客运航点包括亚洲各地，以中国大陆为主要市场；货运路线则更涵盖欧洲、中东及北美地区。

港龙航空是国泰航空公司的全资附属公司，总办事处位于香港大屿山香港国际机场东辉路 11 号于 2000 年 6 月 26 日落成的港龙大厦，另有一个设备完善的飞行训练中心。港龙同时拥有五间附属公司的控股权，营运各领域的航空业务；港龙航空是"亚洲万里通"和"日航飞行储蓄计划"（JMB，Japan Airlines Mileage Bank）的会员。排除已结束经营的香港航空，港龙航空是香港第二所提供民航服务的航空公司。港龙航空 2007 年加入寰宇一家。

港龙航空于 1985 年 5 月由商人曹光彪、包玉刚、霍英东及中资机构华润、招商局等组成的"港澳国际投资有限公司"成立，并于同年 7 月开始营运，以一架波音 737 客机来往服务于香港和马来西亚沙巴的亚庇。1986 年，港龙航空将英文名称由 Hong Kong Dragon Airlines 改为 Dragonair，中文名称维持不变。1987 年，港龙成为首家加入国际航空运输协会（IATA）的以香港为基地的航空公司。1989 年 11 月，包玉刚向曹光彪出售所持有的 38% 港龙股权。1990 年 1 月，国泰航空和太古集团从曹氏收购了港龙航空的 35%，而中信泰富则收购了 38%。1991 年，港龙购入德国汉莎膳食服务（香港）有限公司的航空膳食配餐厨房 40% 的股份。1992 年，购入国际航空服务（香港）公司（IAS）30% 的股份，并于 1994 年 1 月购入余下的 70% 股份，并更名为"香港国际机场服务有限公司"（HIAS）。1995 年，港龙航空和国泰航空合资成立的"香港新机场地勤服务有限公司"（HAS），负责营运所有于停机坪的运输及装卸等工作。1996 年，国泰航空为拓展中国市场把部分的股份售与中航集团，收购了 35.86% 股权的中航集团成为港龙航空最大股东，其次是中信泰富保持 28.5% 的股份，太古/国泰占 25.5%，曹氏家族占 5.02%。同年，港龙航空和大昌成立"大昌：港龙机场地勤设备服务有限公司"，提供地勤设备的维修和保养服务。1997 年，港龙成立货运服务部，不再使用国泰航空总代理的航空货运服务。另外，中航集团的子公司中航兴业在香港上市，获母公司转让其全部港龙股份，加上由曹氏家族及另一股东转让的 7.43% 股份，中航兴业共拥有 43.29% 港龙股份。后期，虽然国泰航空是港龙航空的股东之一，但是港龙亦开办与国泰直接竞争的航线，如香港来往台北、东京和曼谷的航线，而国泰亦开办与港龙直接竞争的香港来往北京和厦门的航线。2006年6月9日，国泰航空发表声明，指有关在收购港龙航空一事上已与其他相关公司达成协议，国泰航空将以82.2亿港元及发行新股（股份占九成），向港龙航空其他股东全面收购港龙。另动用40.7亿，增持中国国际航空股权，由10%增至20%。另国航则以53.9亿，购入国泰10.16%的股权，国航与国泰形成互控关系。同年9月28日，港龙航空正式成为国泰航空全资附属公司，并宣布裁减191名员工。

自1985年成立以来，港龙航空的航线从东南亚单一城市扩展至覆盖大部分亚洲主要城市。首航马来西亚亚庇后，港龙于1986年开办来往泰国普吉的航线，并增加往返中国内地六个城市的包机服务。20世纪90年代，由于当时只有港龙提供台湾经香港转至中国内地的两岸航机服务，因此主要发展其内地航线业务。1998年7月，在赤腊角新香港国际机场启用前，港龙航空客机成为最后一班降落启德机场的定期航班；而1999年5月，港龙由上海到港的航班，则成为首班降落香港国际机场第二条跑道的定期航班。2000年3月，港龙航空所有航线均转为定期航班服务；同年7月，港龙航空扩展其业务，开办货运航班，来往中东及欧洲。在新世纪初，港龙继续开办往亚洲各地的客运航班，2004年4月2日，开办每星期七班客运航班往来日本东京；2005年4月2日，开办每周三班货机服务前往美国纽约肯尼迪国际机场。与国泰进行合并后，港龙航空重组航线，取消往来曼谷的航班，重新营运往普吉的航线，并开办前往釜山的航线。2006年12月1日起，港龙与中国国际航空、中国南方航空、马来西亚航空及文莱皇家航空就往来北京、上海、厦门、东京、普吉、釜山及亚庇的航班实施代码共享。

港龙航空除包含在国泰航空的"马可孛罗会"及"亚洲万里通计划"外，另参加了"日航飞行储蓄计划"。港龙加入寰宇一家后，所有港龙航班视同国泰航班可供寰宇一家会员赚取奖励。

港龙航空客运机队现时由33架空中客车（其中4架租借于中国国际航空）组成，分别有空中客车A320-200，空中客车A321-200及空中客车A330-300。部分A330-300航机分三等（头等、商务、经济），其他则分两等（商务及经济）。

货运机队由8架飞机组成，分别有波音747-200、波音747-300、波音747-400和波音747-400BCF。

2. 国泰航空

国泰航空有限公司，简称国泰航空。
英文名称：Cathay Pacific Airways Ltd.
总部：香港大屿山香港国际机场观景路国泰城
枢纽：香港国际机场
飞行常客计划：马可孛罗会、亚洲万里通
IATA代码：CX

第五章　民用航空运输企业

图 5.17　国泰航空有限公司的标志

国泰航空有限公司是香港最主要的航空公司，在香港注册，是在香港交易所上市的综合企业（HKEx：0293）。主要业务是经营定期航空业务、航空饮食、航机处理及飞机工程。其下的子公司包括港龙航空及香港华民航空。为"寰宇一家"航空联盟的重要成员。

国泰航空公司于 1946 年 9 月 24 日由美国籍的 Roy C. Farrell 及澳洲籍的 Sydney H. de Kantzow 成立。最初，他们均以澳华出入口公司的名义在上海发展，后来才因保护主义问题迁往香港，并注册成立国泰航空公司（Cathay Pacific Airways）。初时以两架改装自 C-47 运输机的 DC-3 营运航班，开办往返马尼拉、曼谷、新加坡及上海的客运及货运包机航班。国泰航空公司是香港第一所提供民航服务的航空公司。1948 年，香港最主要的英资商行 Butterfield & Swire（即太古集团前身），收购了当时为澳美合资的国泰四成半股权。港英政府后来把香港以南的航线分予国泰经营，以北的则交予国泰唯一本地对手香港航空经营。直至 1958 年，国泰收购香港航空，正式雄霸本地航空业及进军东北亚市场。20 世纪 80 年代，国泰航空由太古洋行持有 70%股权，汇丰银行则持有 30%股权。1986 年 4 月，国泰航空在香港联合交易所上市，首次招股获得 56 倍的超额认购，5 月 16 日正式挂牌买卖。1987 年 2 月，太古集团与汇丰银行以 23 亿港元向香港中信集团出售 12.5%国泰航空股权。中信成为国泰航空第三大股东，由荣智健及另一位中信高层加入国泰董事局。1985 年，香港一批华资商人合作创办港龙航空，试图改变国泰航空垄断香港航空业的局面。1990 年 1 月 17 日，国泰航空宣布收购港龙航空，太古洋行及国泰航空向港龙航空大股东曹氏家族购入共 35%股权，中信集团则把持股量增加至 38.3%，并由国泰取得管理权。1994 年 3 月，国泰航空以 2 亿港元，收购以香港为基地、主要从事空运业务的华民航空 75%股权。华民航空曾由信德集团经营。同年，国泰航空全面更换企业形象，推出新的"展翅"商标，并把机身原本的绿白间条设计改变成展翅标志。1998 年 7 月，启德机场关闭，航空运作搬迁至位于赤腊角的香港国际机场，国泰亦同时把总部搬迁至位于东涌新机场侧的国泰城，计划斥资 6.25 亿美元。2006 年 6 月 9 日，国泰航空发表声明，指有关在收购港龙航空一事上已与其他相关公司达成协议。国泰航空将以 82.2 亿港元及发行新股（股份占九成），向港龙航空其他股东全面收购港龙。另动用 40.7 亿增持中国国际航空股权，由 10%增至 20%。另国航则以 53.9 亿，购入国泰 10.16%的股权，国航与国泰形成互控关系。2006 年 9 月 28 日，国泰航空正式完成收购港龙航空，并因此而正式取代日本航空，成为亚洲最大的航空公司。并于 2006 年 12 月 1 日起，就往北京及上海与港龙航空实施代码共

97

享。国泰航空被 *Air Transport World* 刊物评为2006年全球最佳航空公司。

3. 澳门航空

澳门航空股份有限公司，简称澳门航空。
英文名称：Air Macau Co., Ltd.
总部：澳门
枢纽：澳门国际机场
飞行常客计划：澳尊会
IATA 代码：NX

图 5.18　澳门航空股份有限公司的标志

　　澳门航空是一家以中华人民共和国澳门特别行政区为基地的航空公司，澳门航空成立于1994年9月13日，于1995年11月9日开始正式作商业飞行。澳门航空提供到中国台湾、中国大陆、欧洲、东南亚与东亚的航线。主要枢纽基地是澳门国际机场。
　　澳门航空公司的股东分别为中国航空公司（51%）、葡萄牙航空公司（15%）、澳门旅游娱乐有限公司（14%）、长荣航空公司（5%）、澳门特区政府（5%）、中国国际航空公司（5%）以及其他投资者（5%）。
　　自从开航之时，澳门航空一直在海峡两岸运送旅客的过程中扮演了至关重要的角色。自1995年首航之日，澳门航空为沟通海峡两岸提供了其特殊产品：一机到底的空中服务，来自海峡两岸的转机旅客只需要在澳门国际机场停留30分钟左右，办理简单换机手续，即可飞往目的地。
　　澳门航空的标志是由代表着澳门的莲花和象征着和平的鸽子组成。展翅的鸽子展示其对安全、可靠、优质服务的要求。树立美好形象，提供一流服务，让旅客在安全、祥和与舒适的环境中遨游世界。
　　澳门航空提供到以下目的地的定期航班（截至2007年）：台北、高雄、澳门、上海、北京、深圳、厦门、南京、杭州、成都、桂林、海口、昆明、曼谷、马尼拉、首尔等。
　　澳门航空自首航以来，即开启两岸三地货运便捷航线。2002年10月开辟台北—深圳货机航线后，陆续在2004年开航台北—上海、台北—澳门及台北—厦门，提供两岸一机到底的货运服务。提供到台北、深圳、上海、厦门等目的地的货运航线。

澳门航空自创立以来，一直在海峡两岸的空中交通方面扮演着重要及不可忽略的角色。现时，澳门航空有超过70%的业务来自这个重要的市场。澳门航空每周提供72对来回澳门与台北的航班，以及28对来回澳门与高雄的航班。

4. 中华航空

中华航空股份有限公司，通常简称中华航空、华航。
英文简称：China Airlines
总部：中国台湾台北市
枢纽：台湾桃园国际机场
第二枢纽：高雄国际机场
飞行常客计划：华夏哩程酬宾计划
IATA 代码：CI

图 5.19　中华航空股份有限公司的标志

中华航空公司于1959年12月16日成立，由台湾当局与中国国民党出资创办，首航航线为台北—日月潭，总部位于中国台湾台北市。中华航空成立初期多半为军事任务。1962年开设第一条定期航班是台北至花莲的航线。为避免直接介入越南战争，台湾当局以华航的名义承包美军运输任务。1966年开设台北到越南西贡（今称胡志明市）的航线，为华航的第一条国际航线。20世纪70年代中华航空转为"民用航空"。1969年购入两架波音707客机，1970年首航台北经东京至旧金山航线。随着航线与运量的成长，自1975年相继引进波音747客机，成为亚洲地区少数早期拥有波音747机队的航空公司之一。80年代起中华航空开始扩张并转型为客货运并行发展。1983年华航开办卢森堡货运航线，1993年开航德国法兰克福客运航线，其航线延伸至欧洲地区。

因70年代起随着中华人民共和国被世界各国承认作为代表中国的唯一合法政府，华航随之航权也难以取得。为求保有航权华航于1991年成立华信航空公司，执飞温哥华、悉尼等航线。在1995年以前，许多中华航空的国际航班都由华信航空执飞，直至1995年更改标志后，中华航空得以重返上述航线，而华信航空则改执飞台湾岛内及部分亚洲短程航线。

1991年中华航空开始"民营化"，更新机队并简化机队飞机种类，改变以往采购新机受政治因素影响的状况。1993年华航在台湾证券交易所上市。1995年企业标识更改为"红梅扬姿"。

2000年，中华航空在中国大陆上海设立办事处。2003年1月26日，中华航空和其他5家台湾航空公司执行首次春节台商包机任务，展开中断了54年的台湾海峡两岸直接通航；华航"CI585航班"成为首架降落中国大陆（上海浦东国际机场）的台湾航空公司正常航班。之后，华航继续参与执行台商包机任务，如清明节包机、春节包机。2003年与中国东方航空公司合作，开辟台北—琉球—上海浦东联运航班，成为海峡两岸新的转接航点。2004年7月19日华航专案货运包机首航上海。华航与中国国际航空公司、中国东方航空公司建立合作"哩程酬宾计划"。华航与中国南方航空公司达成共享航班号合作。

中华航空原涂装采取"中华民国国旗"的红、蓝、白三色条纹，涂有"CAL"（China Airlines）和"中华航空公司"字样作为标志。20世纪70年代起随着中华人民共和国作为代表中国的唯一合法政府被世界各国所承认，中华人民共和国希望其他国家及地区拒绝印有"中华民国国旗"的班机飞抵。基于香港主权在1997年7月1日交还中华人民共和国，不会准许印有"中华民国国旗"或标记的飞机飞抵香港特别行政区领空。而中华航空来往香港至台北、高雄等航线被誉为客流量高、利润大的"黄金航线"。因此华航需要在标志上有所改变。1995年，中华航空更改了公司的标志，以粉红色调水墨画梅花作为公司的标志，称为"红梅扬姿"。华航所有新机尾翼上"红梅扬姿"图案都是由人工绘成，所以如果能够仔细观察会发觉每一架飞机尾翼上的图案都不完全一样。

中华航空经营业务延伸至航空业、地勤服务业、航空饮食业、洗涤业、航天科技、航空货站、信息业、观光服务、投资租赁业、物流业等行业。华航为协助推广台湾农业在其所属飞机上涂装特别设计的蝴蝶兰彩绘、水果彩绘等图案。

华航从1959年开航以来，已拥有逾40条客货运航线，飞往全球40余个城市。华航相继成立了加拿大、澳大利亚、新西兰及关岛分公司。自2007年11月起，由于长荣航空停飞至巴黎客运航线，华航的台北—法兰克福航线成为台湾与欧洲之间唯一直航航线。

货运服务方面，华航货运营业额占总体营业额之40%。拥有的货机机队是全球最大的B747-400F全货机机队之一，加上现有逾40个客货航点，串联欧、亚、美、大洋洲等地，华航已跻身为全球前七大航空货运公司。

5. 复兴航空

复兴航空运输股份有限公司，通常简称复兴航空。
英文简称：TransAsia Airways
总部：中国台湾台北市
枢纽：台北松山机场
飞行常客计划：复兴航空哩程酬宾会员
IATA 代码：GE

第五章 民用航空运输企业

图5.20 复兴航空运输股份有限公司的标志

复兴航空是总部位于中国台湾的一家航空公司，主要经营台湾岛内航线以及短程国际航线。复兴航空于1951年5月21日由陈文宽、戴安国、蔡克非等人共同创办。提供台北、高雄、花莲及台东的航空客货邮运输，与金门、马祖的不定期包机业务，并代理各国航空公司客货邮运业务。1958年10月1日，因一架军方包机失事，遂改变经营方向，1966年在台北兴建航空餐饮业务，供应国际航线班机。

1983年复兴航空由国产实业集团改组后，于1988年恢复运营台湾岛内航线，于20世纪90年代陆续开辟国际定期航班；复兴航空与厦门航空、上海航空、海南航空及澳门航空联盟，提供两岸三地联程转运服务，开辟台澳航线经澳门转机至福州、厦门、昆明和上海、海南等地。

复兴航空以"龙图"为标识。"飞龙"和"日"为主要结构。龙是最能代表中国的一种吉祥动物，飞龙在天为至尊至贵，祥瑞之兆，象征具中国风味的复兴航空生气蓬勃，有如龙在天上飞舞，任意翱翔，可大展抱负。飞龙为紫色的，紫在中国为皇宫、官服等常用色彩，有尊贵、吉祥之兆。"日"之造型，有"苟日新、日日新、又日新"之含意。飞舞之龙，环绕金色太阳，构成"飞龙在天"的造型。代表复兴航空航运吉祥顺利，未来更加茁壮成长。

复兴航空所经营的岛内航线包含：台北、台南、高雄、花莲、金门、马公等10条航线。国际和地区航线包含：釜山、澳门等地。另有不定期包机业务。经营为国际航班供应餐点的业务。复兴航空长年经营华南、华东地区航空货运，与上海航空、厦门航空之间展开合作。除此之外，复兴航空也为美国大陆航空公司、泰国国际航空公司的在台地勤代理相关业务。

自2006年9月台湾开放两岸紧急医疗包机业务后，复兴航空也与国际SOS组织合作，开展两岸紧急医疗包机的业务，并提供一部分医疗转送服务。此外，复兴航空也从事有关私人飞机地勤代理的业务

复兴航空秉承"飞行安全，准时无误，服务至上，作业精确，制度严密"等原则，提供给旅客舒适便捷的空中旅行。

6. 长荣航空

长荣航空股份有限公司，通常简称长荣航空。

英文名称：EVA Airways Corp.
总部：中国台湾桃园县
枢纽：台湾桃园国际机场、高雄国际机场
飞行常客计划：长荣贵宾联谊会
IATA 代码：BR

图 5.21　长荣航空股份有限公司的标志

长荣航空股份有限公司是由台湾航运界巨子张荣发所创办的航空公司，总部位于台湾桃园县芦竹乡南崁。与主要以台湾岛内航线为主的立荣航空同属长荣集团。2001 年长荣航空发行的股票在台湾证券交易所挂牌上市。

长荣航空 1989 年 3 月正式成立，1991 年 7 月 1 日正式开航。2003 年长荣航空参与执行首次台湾海峡两岸直航春节包机任务，开始海峡两岸直航台商包机业务。2003 年长荣航空成立欧洲货运中心。2005 年荣获 IATA 评选的 2004 世界十大航空货运公司之一。长荣航空拥有良好的飞行安全记录，2004 年，德国 *Aero International* 杂志评选长荣航空为全世界十大安全航空公司之一。2005 年长荣航空成为台湾地区第一家以"零缺点、零建议事项"正式通过"国际航空运输协会作业安全查核认证（IOSA）"的航空公司。

长荣航空采客、货运并重的经营策略，客、货运比例已将近 1∶1，营业额亦逐年成长。长荣航空通航全球 40 余个城市。借由与世界多家航空公司策略联营合作，形成全球客、货运航线网路。

客运合作伙伴：美国航空（American Airlines）、美国大陆航空（Continental Airlines）、全美航空（US Airways）、加拿大航空（Air Canada）、新西兰航空（Air New Zealand）、澳洲航空（Qantas）、全日空航空（Air Nippon），长荣航空与他们以"共挂航班号"方式联营航线。

货运合作伙伴：英国航空（British Airways）、德国汉莎航空（Lufthansa），长荣航空与他们联营货运航线。

在长荣集团"挑战、创新、团队"的一贯企业文化下，长荣航空充分发挥"飞航安全快捷、服务亲切周到、经营有效创新"的经营理念，创新服务品牌。以"分享让飞行更愉悦"为诉求，持续延伸服务领域，坚持以最好的品质，满足各种旅客不同的需求。无论在客舱规划、内装设备还是整体服务品质方向，皆将追求最具国际化竞争实力的体质。

三、中国内地的主要机场

1. 民用机场

国际民航组织将机场（航空港）定义为：供航空器起飞、降落和地面活动而划定的一块地域或水域,包括域内的各种建筑物和设备装置。机场可分为军用机场和民用机场。有些机场是既供军用又供民用的军民合用机场。

民用机场包括:为航空运输使用和服务的运输机场;为工业、农业生产飞行使用的通用航空机场;为飞机研制、维修后进行试飞的工厂用机场;为培养训练民航飞行人员的学校用机场。另外,航空俱乐部使用的机场,也可以归为民用机场这一类。

民用机场由飞行区和客货运输服务区组成。有的机场还包括机务维修区。

飞行区是机场的主要组成部分,包括跑道、滑行道和停机坪,以及各种保障飞行的设施,如导航设施、气象自动观测系统及指挥系统等。在机场、飞行区及其邻近地区上空,为保证飞机安全起飞和着陆,规定若干障碍物限制面,这些限制面以上的空域称为净空区。

客货运输服务区也称航站区,是为旅客、货物、邮件运输服务的区域。区域内设施包括客机坪、候机楼、停车场等。货运量较大的机场还设有专门的货运站或货运中心。

机务维修区一般包括维修坪、维修机库、维修工厂或维修车间、航空器材库等,为飞机、发动机和机上各种设备提供维修服务。

民用运输机场还设有航空油料的储存、供应和飞机加油设施,机场消防和急救设施以及供水、供电、供热、供冷、污水污物处理、通信、地面交通的公共和市政设施。

在民航运输机场的规划和设计工作中,处理好机场与城市之间的关系十分重要。如果机场与城市的距离过近,飞机噪声对城市居民及环境造成影响,而城市建筑物和烟尘则影响机场净空和能见度,两者相互干扰,影响到各自的发展。机场距城市过远,则不便于客货运输。一般认为,机场与城市之间必须有快捷的地面交通,行车时间以不超过 30 或 40 分钟为宜。机场所处的位置和跑道的方向,要尽量使飞机起飞和降落时避免经过城市的上空。影响机场选址的因素是多方面的,必须根据具体情况综合考虑上述因素后确定。

2. 国内机场的分类

机场的分类可以有各种方法。

国际上对机场的分类方法之一是根据其飞行区等级标准来进行的。飞行区等级标准由等级指标 I 和等级指标 II 构成:

表 5-1　飞行区等级标准　　　　　　　　　(单位:米)

飞行区等级指标 I	飞机基准飞行场地长度
1	< 800
2	800 ~ <1200
3	1200 ~ <1800
4	≥1800
飞行区等级指标 II	翼展	主起落架外轮外侧间距
A	<15	<4.5
B	15 ~ <24	4.5 ~ <6
C	24 ~ <36	6 ~ <9
D	36 ~ <52	9 ~ <14
E	52 ~ <60	9 ~ <14

我国民航局为了保证民航运输生产的发展，提高服务质量，制定了我国机场划分类别并相应规定了各类机场必须配备的运输服务设备和设施的最低标准。按此标准，我国机场可划分成以下五类。

第一类：年旅客吞吐量10万人以下，货邮吞吐量500吨以下。

第二类：年旅客吞吐量10～20万人，货邮吞吐量500～2000吨。

第三类：年旅客吞吐量20～75万人，货邮吞吐量2000～10000吨。

第四类：年旅客吞吐量75～200万人，货邮吞吐量10000～50000吨。其中，甲类为起降AN24以下、波音707以下客机的机场；乙类为能起降B707以上宽体客机的机场。

第五类：年旅客吞吐量200万人以上，货邮吞吐量50000吨以上。

机场还可分为以下五种。

国际机场：为国际航班出入境而指定的机场，它须有办理海关、移民、公共健康、动植物检疫和类似手续的机构。

门户机场：国际航班第一个抵达和最后一个始发地的国际机场。连接国际、国内主要城市，航线密集的大型机场，如北京首都国际机场、上海虹桥国际机场、广州白云国际机场。

国内机场：供国内航班使用的机场。它是以国内航线为主，空运量较为集中的干线机场，这类机场主要是省会，自治区首府，重要工业、旅游和开放城市的机场。

地区机场：经营短程航线的中小城市机场。地方航线或支线机场。这类机场大多分布在各省、自治区地面交通不太方便的地方，机场规模一般都比较小，等级也比较低。

备降（用）机场：由于技术等原因预定降落变得不可能或不可取的情况下，飞机可以前往的另一机场。

1978年以来，随着改革开放的深入进行，我国民航事业进入了高速发展的阶段。2005年中国民航航空运输总周转量达到259.2亿吨公里，旅客运输量达1.38亿人，货邮运输量达303.5万吨，分别比2000年增长116%、105%和54%，5年中年平均增长率分别为16.2%、15.5%和9.0%。其中，国内航线运输总周转量年均增长18.1%，国际航线运输总周转量年均增长12.6%。从2005年开始，我国航空运输总周转量已经在国际民航组织缔约国中排名第二，成为全球第二大航空运输系统，我国已成为名副其实的航空运输大国.

经过几十年的建设和发展，中国机场总量初具规模，机场密度逐渐加大，机场服务能力逐步提高，现代化程度不断增强，初步形成了以北京、上海、广州等枢纽机场为中心，以成都、昆明、重庆、西安、乌鲁木齐、深圳、杭州、武汉、沈阳、大连等省会或重点城市机场为骨干以及其他城市支线机场相配合的基本格局，中国民用运输机场体系初步建立。截至2006年底，中国（不含港澳台地区）共有民航运输机场147个，其中军民合用机场45个，全国机场平均密度为每10万平方公里1.53个；按经济地理分布，东部地区41个、中部地区25个、西部地区69个、东北地区12个；按地区划分，东北、华北、华东、中南、西南、西北6个地区的机场数量分别为12个、18个、37个、

25个、31个和24个。2007年,国内大中小型机场客货吞吐量突飞猛进,实现了速度和效益的双增长。2007年,中国境内民用航空定期航班通航机场148个(不含香港和澳门),定期航班通航城市146个。2007年,全国各机场共完成旅客吞吐量38758.6万人次,比上年增长16.8%。其中,国内航线完成34925.2万人次,比上年增长16.7%(其中内地至香港和澳门地区航线为1188.9万人次,比上年增长9.2%);国际航线完成3833.4万人次,比上年增长17.5%。2007年,全国各机场共完成货邮吞吐量861.1万吨,比上年增长14.3%。其中,国内航线完成554.0万吨,比上年增长9.9%(其中内地至香港和澳门地区航线为51.2万吨,比上年增长9.9%);国际航线完成307.1万吨,比上年增长23.3%。2008年10月民航机场客运量保持稳定增长,10月旅客总运输量为1834.4万人,同比增长8.6%。2008年1至10月累计运输旅客15971.8万人,同比增长2.4%。2008年10月民航机场货邮运输量呈下降趋势,10月货邮运输量为343452亿吨公里,同比减少3.1%。2008年1至10月累计运输旅客3387697亿吨公里,同比增长3%。

3. 机场管理机构

机场管理是一个大系统,在管理组成上可以分为四个部分。

首先是行政和财务部门。这个部门包括人事、财务、公共关系、办公室、安全管理、企业文化、采购等各个部门,是机场管理日常事务运行的重要保障。

其次是规划和工程部门。机场投入使用后会不断遇到开发和新建扩展的问题,如何统一规划,保证发展的整体性和建筑工程的质量是一个机场长期良好运行的必要条件。

第三是运营部门。机场运营分为飞行区、候机楼、安全保卫和事故救援四个部门。

最后是后勤和维修。包括场道的维护、建筑物及设施的维护以及车辆维护,工作量十分繁重。

4. 我国机场的管理模式

我国机场的管理模式与民航体制改革的进程紧密相连,在不同的发展阶段,采用了不同的管理模式。改革开放以前,中国民航对机场的管理非常单一,管理的权力机构完全由中央政府集中管理。在这种管理模式下,机场的运作基本上体现的是计划经济时代的特色。改革开放以来,当市场经济占领整个市场的舞台时,集中管理这种单一的模式已经凸显了它的劣势,由于地方政府积极参与机场建设,单一管理的模式逐渐被各种管理模式所代替。

1)机场属地化管理

继联合重组六大集团后,中国民用航空总局又出台重大改革措施,决定在2003年年底前撤销23个民航省(区、市)局,同时把93个机场移交所在省(区、市)政府管理,相关资产、负债和人员一并划转;民航总局予地方政府联合管理的民用机场和军民合用机场,属民航总局管理的资产、负债及相关人员一并划转所在省(区、市)管理。首都机场、西藏自治区内的民用机场继续由民航总局管理,以推动民航管理体制改革的进一步深化。2004年7月8日，随着甘肃机场移交地方，机场属地化管理改革全面完成，也标志着民航体制改革全面完成。

机场移交地方政府管理后，原则上以省（区、市）为单位组建机场管理公司，实行企业化经营，统一管理省（区、市）内机场。

2）机场并购

属地化管理以来，机场并购频频发生。目前机场并购主要表现为两种形式：一种是以强势机场集团为并购主体的横向并购；另一种是以航空公司为并购主体的纵向并购。

横向并购的代表是首都机场集团。2002年年底开始，首都机场先后收购了天津滨海国际机场和江西机场集团公司，并收购沈阳桃仙国际机场股份有限公司35%的股份等。2004年，首都机场又先后收编了重庆江北、武汉天河、贵阳龙洞堡等7家机场。

而以海南航空、深圳航空为首的部分航空公司为了扩展航线网络，纷纷将有发展潜力的地方机场揽至名下。其中，海航集团通过先进收购、换股等一系列的方式已控股海口美兰、三亚凤凰、湖北宜昌、山东潍坊、湖北三峡等多个机场，扩张速度堪称同业翘楚。

5. 主要机场简介

1）北京首都国际机场

北京首都国际机场简称首都机场，是中华人民共和国北京市的主要的国际机场。北京首都国际机场位于北京市区东北方向，朝阳区在顺义区的一块飞地，距离天安门广场25.35公里，是中国地理位置最重要、规模最大、设备最齐全、运输生产最繁忙的大型国际航空港。北京首都国际机场不但是中国首都北京的空中门户和对外交往的窗口，而且是中国民航最重要的航空枢纽，是中国民用航空网络的辐射中心，并且是当前中国最繁忙的民用机场，也是中国国际航空公司的基地机场。

北京首都国际机场拥有三座航站楼，两条4E级跑道、一条4F级跑道，以及旅客、货物处理设施。是中国国内唯一拥有三条跑道的国际机场，机场原有东、西两条4E级双向跑道，长宽分别为3800×60m、3200×50m，并且装备有Ⅱ类仪表着陆系统；其间为一号航站楼、二号航站楼。2008年建成的三号航站楼和第三条跑道（3800×60m，满足F类飞机的使用要求）位于机场东边。

北京首都国际机场股份有限公司于1999年10月15日在中华人民共和国首都北京注册成立，拥有并经营管理北京首都国际机场。

首都机场于1958年3月2日正式投入使用，是国内首个投入使用的民用机场。当时仅有一座小型候机楼，现在称为机场南楼，主要用于VIP乘客和包租的飞机。1980年1月1日，面积为6万平方米的一号航站楼及停机坪、楼前停车场等配套工程建成并正式投入使用。随着客流量的不断增大，一号楼客流量日趋饱和。重新规划的二号航站楼于1995年10月开始建设，建筑面积达33.6万平方米，并于1999年11月1日正式投入使用，同时一号航站楼停用。随着客流量的继续增加，2004年9月20日，整修一新的一号航站楼重新投入使用。一、二号航站楼设计总量只有3550万人次。2008年建成的三号航站楼和第三条跑道，位于机场东边，2004年3月破土动工，2008年建成并投入使用，为迎接北京奥运会修建，能承载空中客车A380等新型超大型客机起降。三号航站楼启用后首都机场的旅客吞吐的设计总量为8200万人次。

1993年，北京首都国际机场旅客吞吐量突破1000万人次；2000年，旅客吞吐量突破2000万人次，达到2169万人次；2002年，飞机起降24万架次，在一号航站楼改建未用的情况下，首都机场旅客吞吐量已达到2715万人次。2004年11月9日，旅客吞吐量突破3000万人次，全年旅客吞吐量达到3488万人次。2005年12月23日，旅客吞吐量突破4000万人次。2007年12月5日，旅客吞吐量突破5000万人次。

2002年，北京首都国际机场旅客吞吐量2715.97万人次，以第26位的排名首次跻身国际机场协会（Airports Council International）世界前30大最繁忙机场行列。2004年，旅客吞吐量3488.32万人次，排名世界第20位。2005年，旅客吞吐量4100.40万人次，排名世界第15位。2006年，旅客吞吐量4865.48万人次，排名世界第9位，首次跻身世界前10大最繁忙机场行列。2007年首都机场航班起降架次、旅客吞吐量和货邮吞吐量分别达到39.97万架次、5358万人次、119万吨。

北京首都国际机场机场目前拥有三座航站楼。一号航站楼为海南航空集团国内航班专用（包括海南航空公司、大新华航空、大新华快运、金鹿航空）；二号航站楼为中国东方航空公司、中国南方航空公司、厦门航空公司、深圳航空公司、重庆航空公司、海南航空（国际航班），以及天合联盟的外航和非联盟的外航服务。三号航站楼为中国国际航空公司、山东航空公司、上海航空公司、四川航空公司，以及星空联盟的外航、寰宇一家的外航和非联盟的外航服务。旅客乘机前需要确认不同的航站楼。为了方便旅客在不同航站楼之间换乘航班，机场新建连接T1、T2、T3三个航站楼之间的路侧摆渡车。

一号航站楼于1980年1月1日启用，有10个登机口，规模相对较小。直到1999年，是北京首都国际机场唯一的一座航站楼。在二号航站楼开放之后，一号航站楼随后关闭翻新。一号航站楼在2004年9月20日重新开放，专门为中国南方航空公司和厦门航空公司的国内航班使用（两公司的国际航班仍在二号航站楼）。2008年一号航站再次关闭改造。中国南方航空和厦门航空迁往二号航站楼。2008年6月27日起，海南航空转场一号航站楼，一号航站楼成为海南航空集团国内航班的专用航站楼（包括海南航空、大新华航空、大新华快运、金鹿航空）。

二号航站楼于1999年11月1日投入使用。二号航站楼比一号航站楼大得多。可以同时处理20架飞机的停靠。这座航站楼在一号航站楼翻新期间取代了其功能。二号航站楼同时承担国内及国际航班的服务。一、二号航站楼之间有一个乘客通道连接，通道中有数段自动传送带能减轻过长的距离对旅客带来的疲劳感。

北京首都国际机场三号航站楼（T3）主楼由荷兰机场顾问公司（NACO）、英国诺曼·福斯特建筑事务所负责设计，2004年3月26日3号航站楼T3主楼工程及监理合同签订，首都机场开始三期扩建工程。2007年12月完工。T3主楼及其配套工程位于现有东跑道和新建跑道之间。三号航站楼建成后成为国内面积最大的单体建筑。其总建筑面积 98.6 万平方米。

北京首都国际机场三号航站楼由 T3A 主楼、T3B、T3C 主楼、T3D、T3E 国际候机廊和楼前交通系统组成。T3A 主楼分地面五层和地下两层。T3A 主楼一层为行李处理大厅、远机位候机大厅、国内国际 VIP；二层是旅客到达大厅、行李提取大厅、捷运站台；三层为国内旅客出港大厅；四层为办票、餐饮大厅；五层为餐饮。T3C（国内区）和 T3E（国际区）呈"人"字形对称，在南北方向上遥相呼应，中间由红色钢结构的 T3D 航站楼相连接。南北向长 2900 米，宽 790 米，建筑高度 45 米。三号航站楼比已有的两座航站楼要大得多。

三号航站楼南北两座建筑（T3C 和 T3E）由于距离过长，两座楼之间建造旅客捷运系统以方便乘客。旅客捷运系统（APM）是一套无人驾驶的全自动旅客运输系统。捷运系统采用加拿大庞巴迪公司的设计方案，该系统采用轨旁和中控传递信号控制车辆的运行。行车路线单程长 2080 米。分别设置在 T3C、T3D、T3E 共有 3 个车站。

三号航站楼行李系统采用国际最先进的自动分拣和高速传输系统，行李处理系统由出港、中转、进港行李处理系统和行李空筐回送系统、早交行李存储系统组成，覆盖了 T3C、T3E 及连接 T3C 与 T3E 行李隧道的相应区域，占地面积约 12 万平方米，系统总长度约 70 公里。航空公司只要将行李运到分拣口，系统只需要 4.5 分钟就可以将这些行李传送到行李提取转盘，这也将大大减少旅客等待提取行李的时间。

三号航站楼投入使用后，北京首都国际机场成为中国第一个拥有三座航站楼、双塔台、三条跑道同时运营的机场，机场滑行道由原来的 71 条增加到 137 条，停机位由原来 164 个增为 314 个。北京首都国际机场的第三条跑道在三号航站楼投入使用之际完工。三号航站楼前新建交通中心（GTC），三号航站楼与二号航站楼之间也会建立轨道连接，东直门至首都机场的轻轨线路会分岔后分别达到二号和三号航站楼。

货运设施：北京空港物流基地是北京市唯一的航空—公路国际货运枢纽型的物流基地。北京首都国际机场航空货运基地（大通关基地）占地面积 4532 亩，建筑面积 57.2 万平方米，总投资 36.2 亿元。该项目由航空货运站区、国际快件监管中心、进出口货物海关监管区、北京空港保税物流中心（B 型）及综合办公设施等部分组成。

空港地面服务：北京首都国际机场从事航空地面运输服务的企业——北京空港航空地面服务有限公司，是北京首都国际机场与新加坡机场终站服务（私人）有限公司合资经营的企业。1995 年 3 月正式投入运营，为在北京首都国际机场起降的客货运输机及乘客提供包括值机、特殊服务、行李查询、货运、站坪特种车辆、飞机清洁、飞机过站维护以及机票销售代理等综合地面服务。

飞机维修：位于北京首都国际机场的北京飞机维修工程有限公司（AMECO）是中国国际航空股份有限公司和德国汉莎航空公司合资经营的企业，1989 年 8 月 1 日正式营业，中国国际航空持有 60% 的股份，德国汉莎航空持有 40% 股份。拥有中国民航总局（CAAC）、美国联邦航空局（FAA）、欧洲航空安全局（EASA）以及其他 18 个国家颁发的维修执照。用于民用飞机修理的主要基础设施包括：一座机库面积为 3.1 万平方米、修理车间面积为 8500 平方米的四机位机库、一座可容纳波音 747-400 飞机总面积 1

万多平方米的全封闭式喷漆机库;发动机修理车间和试车台的总面积达到 2.6 万平方米;附件修理车间有恒温电子电器车间、起落架修理车间、救生设备修理车间以及各类机械、气动、液压车间,面积 2 万多平方米。一座 4 机位的 A380 机库和一座波音 747 大修喷漆机库于 2008 年竣工。

2) 上海虹桥国际机场

上海虹桥国际机场位于上海市西郊,距市中心仅 13 公里,多少年来,它一直是上海空港的代名词。虹桥机场自 1996 年以来屡获中国民航业组织的"旅客话民航"活动旅客吞吐量 800 万人次以上机场组第一名。

虹桥机场拥有跑道和滑行道各一条,跑道 3400 米长、57.6 米宽,停机坪约 48.6 万平方米,共有 66 个机位,其先进的基础设施和各种导航、通讯、保障系统,均符合目前世界上各类飞机的起降要求。在上海机场顺利实现航班东移后,虹桥机场在起降国内航班的同时继续保留国际航班的备降功能。机场候机楼面积为 8.2 万平方米,拥有 15 个候机大厅、18 个贵宾室和 15 条行李传输系统。为保证 2010 年上海世博会的顺利举办,虹桥机场第二跑道、第二候机楼及综合交通枢纽将于 2010 年前建成。

目前,虹桥机场日均起降航班 540 架次左右,2007 年旅客吞吐量达到 2200 万人次,安全运营更有保障。虹桥机场候机楼占地 8.2 万平方米,由 A、B 两座候机楼紧密相连。作为一个重要的服务窗口,主要承担国内出发、到达旅客及备降航班的运输任务,同时为机场安全生产、航班正点提供地面服务保障。

2010 年,上海虹桥将成为整个长三角地区的交通枢纽。在建的上海虹桥综合交通枢纽 5 大层次凸显长三角交通"心脏"地位。上海虹桥综合交通枢纽,距离市中心 12 公里,规划红线范围东起外环线,西至华翔路,北临北翟路,南到沪青平公路,总占地面积 26.6 平方公里,是目前虹桥机场的 5.8 倍,整个项目由 5 大层次组成。

(1) 铁路客运专线上海总站

规划中的虹桥铁路客站,距离虹桥机场 400 米,将作为京沪高铁和沪宁、沪杭城际铁路的专用客站(不办理货运),以接发时速 200 公里以上的高速和城际列车为主,设 32 股道、2 个车场,设计日吞吐量 20 万人次,建成后将是上海第一大站。

(2) 航空港

虹桥机场老航站楼改造工程已经完成,目前正在把主跑道加长。2010 年前,虹桥机场还将加修第二跑道,另建第二航站楼,使年旅客吞吐量在 2004 年的基础上增加一倍到 3000 万人次。

(3) 机场快线(磁悬浮)

机场快线为连接虹桥枢纽及浦东国际机场的交通线路,规划在虹桥机场新航站楼下建长 280 米、宽 140 米的机场快线站。目前已经确定将浦东、虹桥两大机场用磁悬浮贯通,从龙阳路起,途经世博会址、上海南站后,接入虹桥综合交通枢纽。

(4) 城市轨道交通

目前已经确定 3 条轨道交通:2 号线(虹桥机场—中山公园—张江—川沙—浦东机场)将最早接入虹桥综合交通枢纽,10 号线(虹桥机场—古北新区—老西门—五角场

—新江湾城）和 13 号线（虹桥机场—金沙江路—新客站）也有望在 2011 年前实现通车。同时还预留了两条轨道交通。

(5) 地面公共交通

规划在铁路客站东、西两个广场共设总数不少于 30 条的公共汽车路线和日客运量 2.5 万人次的长途高速巴士站。

此外，为配合虹桥综合交通枢纽建设，虹桥机场周边地区还将新建 2 条快速道路：一条是苏虹机场高速公路（A15），另一条是连接沪宁、沪杭两条高速公路的华翔路—中春路高架道路。

3）上海浦东国际机场

上海浦东国际机场是中国（包括港、澳、台）三大国际机场之一，与北京首都国际机场、香港国际机场并称中国三大国际航空港。上海浦东国际机场位于上海浦东长江入海口南岸的滨海地带，占地 40 多平方公里，距上海市中心约 30 公里，距虹桥机场约 40 公里。

浦东机场一期工程 1997 年 10 月全面开工，1999 年 9 月建成通航。一期建有一条长 4000 米、宽 60 米的 4E 级南北向跑道，两条平行滑行道，80 万平方米的机坪，共有 76 个机位，货运库面积达 5 万平方米，同时，装备有导航、通讯、监视、气象和后勤保障等系统，能提供 24 小时全天候服务。

浦东航站楼由主楼和候机长廊两大部分组成，均为三层结构，由两条通道连接，面积达 28 万平米，到港行李输送带 13 条，登机桥 28 座；候机楼内的商业餐饮设施和其他出租服务设施面积达 6 万平方米。

浦东机场一期工程改造工程完成后，能满足 2008 年第二座候机楼投入使用前的运营需要，即具备年飞机起降 30 万架次、年旅客吞吐量 3650 万人次的保障能力。

目前，浦东机场日均起降航班达 560 架次左右，航班量已占到整个上海机场的六成左右。通航浦东机场的中外航空公司已达 60 家左右，航线覆盖 90 多个国际（地区）城市、60 多个国内城市。

4）广州白云机场

广州白云国际机场始建于 20 世纪 30 年代，是国内航空枢纽机场之一，在中国民用机场布局中具有举足轻重的地位。1994 年，白云机场在中国 500 家最大服务业企业及行业评价中被列为中国最大服务业企业航空港第二位。1995 年，白云机场被列为国有企业 500 强之一。1998 年，白云机场被中国民航总局评为"文明机场"。

2004 年 8 月 5 日，总投资 198 亿元的广州新白云国际机场正式投入运营。这是我国首个按照中枢机场理念设计和建设的航空港。机场占地面积为 15 平方公里，第一期工程飞行区两条平行跑道按 4E 级标准，航站区按满足 2010 年旅客吞吐量 2500 万人次要求设计。其中，新机场一期航站楼面积为 32 万平方米，是国内各机场航站楼之最，楼内所有设施设备均达到当今国际先进水平。目前，白云机场与 33 家航空公司建立了业务往来，已开通航线 110 多条，通达国内外 100 多个城市，保障机型近 30 种。是中国南方航空集团公司、深圳航空公司和海南航空公司的基地机场。

1959年之前，广州白云机场是军用机场，广州的民用机场在天河，即现在的天河体育中心一带。到了1959年，广州飞行队由天河机场迁至广州白云机场。刚开始时，白云机场还是军民共用机场，直至20世纪60年代中期，白云机场始改为民用机场。白云机场的跑道初始长度仅仅是2000米。随着飞机机型的逐渐增大，跑道的长度也不断延伸。到了1964年，白云机场跑道就从2000米"长"到2500米。后来，机场的跑道不断"长大"，到了90年代，机场的跑道就延伸到长3800米，宽60米。1995年，白云机场对候机楼进行第五次大规模改扩建，使白云机场拥有当时国内最大的值机大厅和安检大厅，能满足客流高峰每小时4千人次的需要。

1997年春运结束后，白云机场开始对国内候机楼的设施、流程进行了大规模的调整改造，这被喻作白云机场的"第六次大手术"。这次"手术"正是从春运反映的问题着手，顺应旅客的意志进行的。"大手术"后，白云机场航站楼的建筑面积增加5000多平方米，候机楼被划为3个分区，增加13个值机柜台、6个登机口。最为显著的变化是原先国内、国际候机楼之间2000多平方米的商业店铺被取消，被改建为两层连廊，使旅客出入候机楼、上下车更加方便，不再受日晒雨淋之苦，而仅此一项，白云机场每年就将损失2000多万元的商业收入。经过努力，可承受日旅客吞吐量由1.2万人次增加到4.1万人次。

新白云国际机场一期航站楼由主楼、连接楼、指廊和高架连廊组成，总面积达31万平方米，共分为4层，其中地上三层为出发及候机大厅，地上二层为到达夹层，地上一层为到达及接机大厅和商业层，地下一层则通往地铁、停车场、机场及酒店。

新白云国际机场一期共有两条平行跑道，分别位于航站楼的东西两侧。其中东跑道长3800米、宽60米，西跑道长3600米、宽45米。飞行区按4E标准建设，可供目前全球最大型的客机空中客车A380起降。

新机场一期工程共设有46个近机位（可通过登机桥直接登机）和20个远机位（需乘摆渡车登机），停机坪总面积达86万平方米。

作为中国枢纽机场之一的广州白云国际机场目前已开通超过120条国内外航线，2007年旅客吞吐量超过3000万人次。目前新机场2期工程已经启动，预计到2010年广州举办亚运会时年客运量将超过4500万人次。

四、中国的航空运输销售代理业

民用航空运输销售代理业（以下简称销售代理业）是指受民用航空运输企业的委托，在约定的经营范围之内，以委托人的名义代为处理航空客货运输销售及其相关业务的营利性行业。

在民用航空运输比较发达的国家，销售代理业承担着运输企业的大部分销售工作，旅客通过销售代理购买客票，航空公司通过销售代理销售客票，销售代理人在民航企业的销售工作中发挥着重要的作用。目前，我国的民航销售代理人已发展到7700多家。

改革开放以来，随着我国民航管理体制改革的深化和航空运输业的迅速发展，各航空公司增强自己的市场竞争能力，纷纷发展自己的销售代理人，使我国的销售代理业得到很大的发展。中国民航总局颁布的第 37 号令《民用航空运输销售代理业管理规定》和中国航协颁布的《中国民用航空运输销售代理资格认可办法》，就是规范我国航空运输销售代理业的行为，保障旅客、民航运输企业和销售代理人各方面合法权益的政策性文件。

1. 代理人的性质

航空运输市场的客货销售代理人，是从事民用航空运输销售代理业的企业。

——务必接受一家或多家航空运输企业的委托，从事航空运输客货销售代理业务，其不拥有产品的所有权。

——依据航空运输销售代理合同，将航空运输企业的产品在指定的地点，以适当的方式提供给旅客、货主或者其代理人。

——通过提供服务来实现买卖双方（航空运输企业和旅客、货主）的交易。也就是受航空公司的委托，代表航空公司寻找购买者，并达成交易。

——销售代理人按其销售收入提取一定比例的佣金，作为其营利。

2. 航空运输销售代理人的特点及其作用

航空运输市场中的销售代理人具有集中销售、平衡关系、促进交易的特点，它能协助航空运输企业加强在航线计划、市场占有、销售决策等方面的竞争实力，促进航空运输企业在航空运输市场中的分销活动。

1）销售代理人分布广泛

销售代理人能使航空运输企业的产品销售达到其自行销售不可能达到的广度和深度。

航空运输企业，包括其从事航空运输的分（子）公司一般在基地站城市设立售票处，或在其认为应努力投入较集中的外省市设立营业部。但由于租用场地等成本较高，市场覆盖面较窄，不可能完全利用自行销售系统来进行产品分销，而销售代理人的广泛分布可以使航空运输企业在同一地区利用多家代理点进行销售。

2）销售代理人熟悉当地市场

能使航空运输企业的产品同顾客的消费需求取得一致，迅速找到自己的销售对象。

销售代理人在其经营活动中，依据航空运输企业提供的各种信息资料，向旅客、货主提供有关航线、航班、时刻、价格、销售方法等有关信息，沟通航空运输企业与顾客的关系，为航空运输企业寻找对航空运输有现实需求或潜在需求的顾客，并促进和实施其相互间的交易活动。

3）销售代理人是航空运输企业和顾客的联系人

销售代理人在其推销过程中，能够及时将旅客、货主的购买偏好，购买能力，对所提供的座位、吨位销售状况的信息及时反馈给航空运输企业，如此双向性的信息流运转，克服了产品的生产者（航空运输企业）和顾客（旅客、货主）之间由于各种原因而存在着的时间和空间的隔离。使航空运输企业能够依据市场的变化，及时调整运力，组织生产，更有效地实现企业的理想效益。

4）销售代理人受航空运输企业委托集中销售以减少社会交易总量

销售代理人接受一家或多家航空运输企业的委托，并通过其销售活动可以减少社会交易总量，降低航空运输企业推销费用，并及时回收资金，加速资金周转。从整个航空运输市场看，由于销售代理人的介入，使社会交易总量减少。

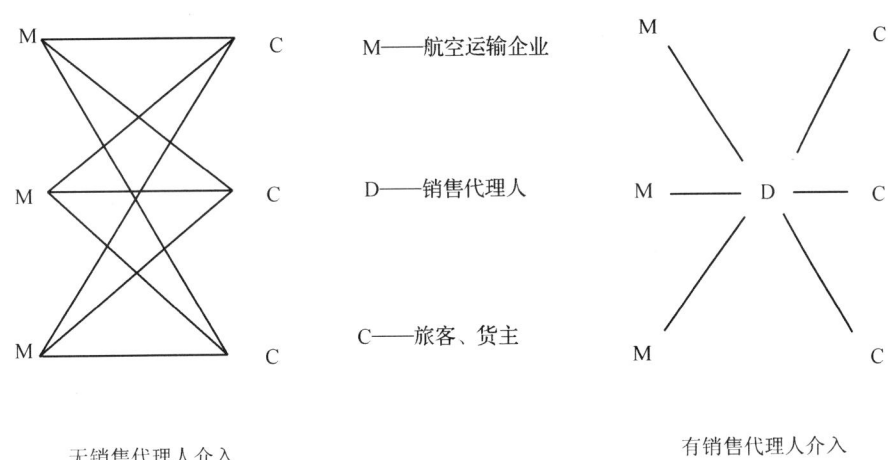

图5.22 销售代理介入前后的航空客运市场

从上图中可以看出，如每一用户都直接与各航空公司联络，交易关系繁杂，由此产生的费用增加。有了代理人的介入，顾客只需就近即可买到票、托运货。同时，也方便了航空运输企业，只要通过某一家销售代理人即可与许多旅客、货主建立交易关系。由此降低了航空运输企业用于分销活动的费用。

因此，航空运输销售代理业的存在是航空运输业发展的必然，航空运输销售代理人与航空运输企业在航空运输市场中互相依存的合作关系，将进一步巩固代理人在航空运输活动中的地位，并发挥日趋重要的作用。

3. 销售代理的相关规定

销售代理资格分为一类航空运输销售代理资格和二类航空运输销售代理资格。

一类航空运输销售代理资格，是指经营国际航线或者香港、澳门、台湾地区航线的民用航空旅客运输和货物运输销售代理资格。

二类航空运输销售代理资格，是指经营国内航线除香港、澳门、台湾地区航线外的民用航空旅客运输和货物运输销售代理资格。

申请销售代理资格的企业，应当依法取得经工商行政管理机关注册登记的企业法人营业执照。在中华人民共和国境内依法设立的中外合资、中外合作企业可以申请一类旅客运输和货物运输以及二类货物运输销售代理资格，外商投资及其比例应当符合国家有关法律、法规的规定。外资企业不得独资设立销售代理企业或从事销售代理经营活动。

香港、澳门、台湾企业申请销售代理资格的，其投资比例按照国家有关规定执行。

经营一类空运销售代理业务的注册资本不得少于 150 万元，经营二类空运销售代理业务的注册资本不得少于 50 万元。一类、二类航空运输销售代理资格认可申请应当向中国航协地区代表处提出，由地区代表处进行初审。资格认可申请经地区代表处初审合格后，报请中国航协进行复审，由中国航协决定是否准予颁发资格认可证书。同时必须具备以下营业条件：

（1）有至少三名取得航空运输销售代理人员相应业务合格证书的从业人员；

（2）有固定的独立营业场所；

（3）有电信设备和其他必要的营业设施；

（4）中国航协规定的其他必要条件。

销售代理企业每申请增设一个分支机构，必须增加注册资本人民币 50 万元和至少三名合格的航空运输销售代理人员及本办法要求的其他条件。

中国航协按年度对销售代理企业的资格进行年检，年检时间为每年 3 月 1 日至 6 月 30 日。年检重点审查以下事项：

（1）资格认可证书的有效期；

（2）注册事项的变更情况；

（3）从业人员资格证书；

（4）销售情况。

未取得中国航协颁发的资格认可证书，不得通过互联网开展销售代理活动。销售代理企业选择互联网进行销售代理经营活动的，应当按下列事项向中国航协备案：

（1）互联网网站名称和域名；

（2）网站性质、应用范围和所需主机地址；

（3）服务器或代理服务器的详细信息及其他书面材料。通过互联网开展销售活动的，应当符合国家法律、法规和行业的有关规定。

下篇　民航国内客运实务

第六章　国内航空客运票证

第一节　客票及其构成

一、客票的定义

客票是指由承运人或代表承运人所填开的被称为"客票及行李票"的凭证,包括运输合同条件、声明、通知以及乘机联和旅客联等内容。

客票为记名式,只限客票上所列姓名的旅客本人使用,不得转让和涂改,否则客票无效,票款不退。客票至少包括的内容:承运人名称,出票人名称、时间和地点,旅客姓名,航班始发地点、经停地点和目的地点,航班号、舱位等级、日期和离站时间,票价和付款方式,票号,运输说明事项。

二、客票的组成

客票由运输合同条件、通知事项、财务联、出票人联、乘机联和旅客联组成。

表 6-1　客票

名　称	颜　色	用　途
财务联	绿色	财务记账、审核、结算
出票人联	粉色	出票部门留存,备查
乘机联	米色	旅客乘机,承运人之间结算
旅客联	白色	旅客报销、退票凭证

财务联(会计联,Audit Coupon):为淡绿色,供财务部门审核账用,在完成出票后,出票人将此联撕下与销售报告一起上交财务部门。

出票人联(Agent Coupon):由出票单位存档,出票人在填开客票后将此联撕下存档。该联还可用于计算工作量。

乘机联(Flight Coupon):指客票中标明"适用于运输"部分,为淡黄色或米色,为旅客在粗线划出的指定地点乘机使用,表示该乘机联适用于指定的两个地点之间的运输。

填开客票后，将 VOID（无效）的乘机联撕下与销售报告一起上交财务部门，有效的乘机联用于换取登机牌和交运行李。

旅客联（Passenger Coupon）：为白色，印在票的封底上，为旅客收执作报销凭证。客票中标明"旅客联"的部分，始终由旅客持有。

三、客票号码

国内客票的号码由 13 位数字组成。

1. 航空公司客票前 3 位是出票航空公司的票证代号，第 4 位是乘机联数号码，后 9 位是客票的序号，最后 1 位是检查号。

2. BSP 客票的前 3 位为出票航空公司的票证代号（在旅客选择了实际承运人后确定），后 10 位为顺序号，最后 1 位为检查号，由电脑自动给出。

四、国内客票的类别

1. 按航程类型分为单程客票、来回程客票、联程客票

单程客票是指从一个出发地点至一个目的地点的客票。例如北京—上海。

来回程客票是指从出发地点至目的地点并按原航程返回出发地点的客票。例如北京—广州—北京。

联程客票是指列明有两个（含）以上航班的客票。例如北京—上海—广州。

2. 按使用期限分为定期客票和不定期客票

定期客票是指列明航班、乘机日期和订妥座位的客票。

不定期客票（OPEN 票）是指未列明航班、乘机日期和未订妥座位的客票。

代理人能否出 OPEN 票，应得到航空公司的授权。

3. 按销售类型分为航空公司客票和 BSP 客票

1）航空公司客票是指航空公司专用客票，是在客票上预先印有航空公司名称和数字代码的客票，可由航空公司售票部门及其指定代理出票。（票样见第二节）

2）BSP 客票也称中性客票，一般由代理人出票。BSP 是指 Billing Settlement Plan，即开账与结算计划，它是根据航空运输销售代理业发展的需要，由国际航空运输协会（IATA）建立的一套高效、可靠、统一、规范的专业化销售结算系统。其基本含义是使用统一规格的运输凭证和承运人识别标牌进行销售。按照统一标准的计算机程序填制销售报告。通过清算银行，以"直接借记"的方式集中转账付款，这是一套完全不同于传统的航空公司与销售代理人之间一对一进行管理、结算的系统。1971 年 IATA 会员航空公司在日本建立第一个 BSP 系统，到 1998 年已有 60 多个 BSP 系统，结算的销售额

已达1170亿美元，占全世界航空客运销售收入的80%，中国BSP于1995年6月建立，1995年7月正式运行。

BSP客票既无地域差别的划分，又无公司个性的彰显，统一格式，统一填开方法，只有从票面的内容上才能将承运人体现出来，且票据一旦开出，即被BSP的会员们接受，又是会员与会员之间进行结算的统一凭证即标准运输凭证（Standard Traffic Documents，STD）。一般由航空公司销售代理出票。在此类客票上，没有预先印刷的航空公司名称和数字代码，当手工填开客票时，而是由销售代理在出票时使用刷卡机将指定承运人标识牌上的航空公司名称和数字代码压印在客票上。该航空公司即为出票承运人（Issuing Carrier）。机打票则由计算机自动打印上其内容。

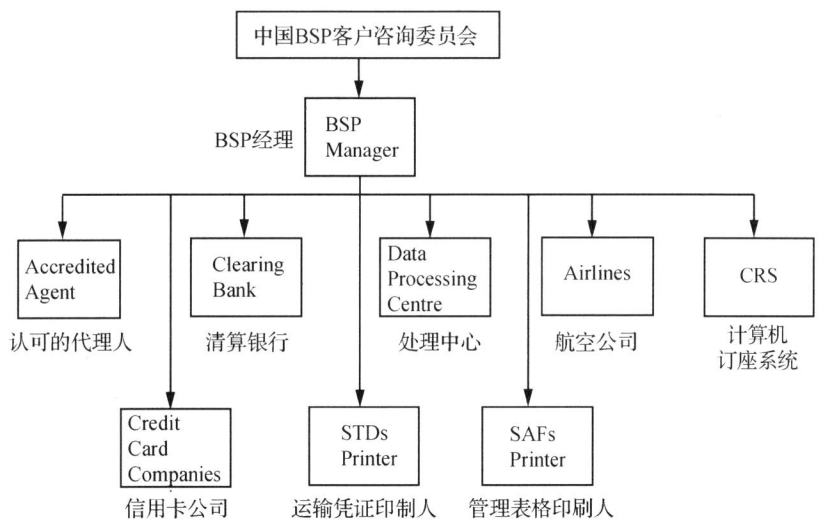

图6.1 国内BSP管理结构示意图

BSP对代理人和航空公司带来很多显而易见的好处，其优越性主要体现在：

（1）提供一个标准运输凭证（STDs）的来源，简化以往领取多种票证的过程，亦便于存放和管理；

（2）使用统一的标准运输凭证，以所授权的国内BSP航空公司的名义手工或自动开票，运作程序从简；

（3）简明统一的标准管理表格（SAFs）适用于所有国内BSP航空公司，操作程序简单化且成本降低；

（4）在规定时间内向同一指定地点提交销售报告；

（5）通过直接借记的方式简化汇款手续；

（6）使用自动出票系统，省时省钱，票面整洁清楚；

（7）经常举办BSP培训班，提高代理人服务质量。

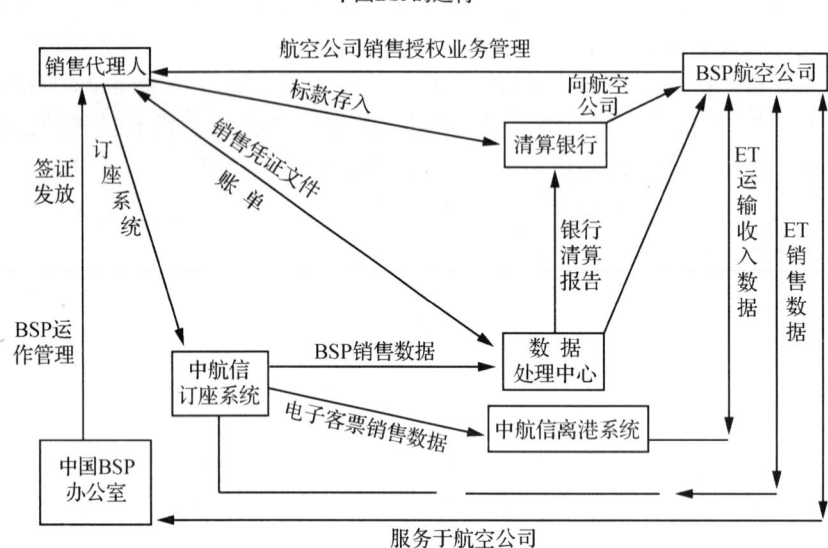

图 6.2　国内 BSP 工作流程图

4. 按出票方式分为计算机打印自动票、手工填开客票和电子客票（电子数据记录）（票样见第二节）

五、客票使用的一般规定

1. 为方便票证和财务管理，填开客票时应按客票的顺序号使用。

2. 承运人及其销售代理人不得在我国的境外使用国内客票进行销售。旅客在我国的境外购买的用国际客票填开的纯国内航空运输客票，应换开成国内客票后才能使用。含有国内航段的国际联程客票，其国内航段的乘机联可在国内直接使用，并适用国际运输规则。

3. 每一旅客都应单独持有一本客票，包括成人、儿童、婴儿票。

4. 每一客票的乘机联必须列明舱位等级，并在航班上订妥座位和日期后方可由承运人接受运输。对未订妥座位的乘机联，承运人应根据旅客的申请，根据已经支付的适用的票价和航班的座位可利用情况为旅客预订座位。

5. 客票为记名式，只限客票上所列姓名的旅客本人使用，不得转让和涂改，否则客票无效，票款不退。

6. 旅客未能出示根据承运人规定填开的并包括所乘航班的乘机联和所有其他未使用的乘机联和旅客联的有效客票，无权要求乘机。

7. 客票的乘机联必须按照客票所列明的航程，从始发地点开始按顺序使用。如客票的第一乘机联未被使用,而旅客在中途分程地点开始旅行,该客票运输无效,承运人不予接受。

8. 旅客应在客票的有效期内完成客票上所列的航程。

六、客票有效期

1. 客票有效期自旅行开始之日起,一年内运输有效;如果客票全部未使用,则从填开客票之日起,一年内运输有效。

2. 特种票价的客票有效期,按照承运人规定的有效期计算。

3. 客票有效期的计算,从旅行开始或填开客票之日的次日零时起至有效期满之日的次日零时为止。

例如,客票内容如下:

		承运人	航班号	座位等级	日期	时间	订座情况
From	北京	CA	1501	Y	14JAN	0920	OK
To	上海	CA	1502	F	18JAN	1150	OK
To	北京						

该票的出票日期为 2009 年 1 月 12 日,乘机日期为 2009 年 1 月 14 日,若客票未使用,则有效期从 2009 年 1 月 13 日零时起,至 2010 年 1 月 13 日零时为止。若客票已使用,则有效期从 2009 年 1 月 15 日零时起,至 2010 年 1 月 15 日零时为止。

4. 客票有效期的延长。客票有效期的延长,应根据相关承运人的客运规定操作。以中国国际航空公司为例,对客票有效期的延长作以下规定:

1)由于承运人的下列原因之一,造成旅客未能在客票有效期内旅行,其客票有效期将延长到承运人能够按照该客票已付票价的舱位等级提供座位的第一个航班为止:

——取消旅客已经订妥座位的航班;
——取消的航班约定经停地点中含有旅客的出发地点、目的地点或中途分程地点;
——未能在合理的时间内按照班期时刻进行飞行;
——造成旅客已订妥座位的航班衔接错失;
——更换了旅客的舱位等级;
——未能提供事先已订妥的座位。

2)持正常票价客票或与正常票价客票有效期相同的特种票价客票的旅客未能在客票有效期内旅行,是由于承运人在该旅客订座时未能按其客票的舱位等级提供航班座位,其客票有效期可以延长至承运人能够按照该客票已付票价的舱位等级提供座位的第一个航班为止,但延长期不得超过 7 日。

3)已开始旅行的旅客在其持有的客票有效期内因病使旅行受阻时,除承运人对所付票价另有规定外,承运人可将该旅客的客票有效期延长至根据医生诊断证明确定该旅客适宜旅行之日为止；或延长至适宜旅行之日以后承运人能够按照该旅客已付票价的舱位等级提供座位的自恢复旅行地点起的第一个航班为止。如客票中未使用的乘机联包含一个或一个以上中途分程地点，该客票有效期的延长不能超过自该医生诊断证明列明之日起 3 个月。承运人也可同等延长患病旅客的陪伴亲属的客票有效期。

4）如旅客在旅途中死亡，该旅客陪同人员的客票可用取消最短停留期限或延长客票有效期的方法予以更改。如已开始旅行的旅客的近亲属死亡，该旅客及其陪同的近亲属的客票也可予以更改。此种更改应在收到死亡证明后办理，此种客票有效期的延长不得超过死亡之日起 45 日。

第二节　客票格式

一、航空公司客票及行李票样式

如图 6.3 所示。

图 6.3　航空公司客票及行李票

二、手工填开的 BSP 客票样式

如图 6.4 所示。

第六章 国内航空客运票证

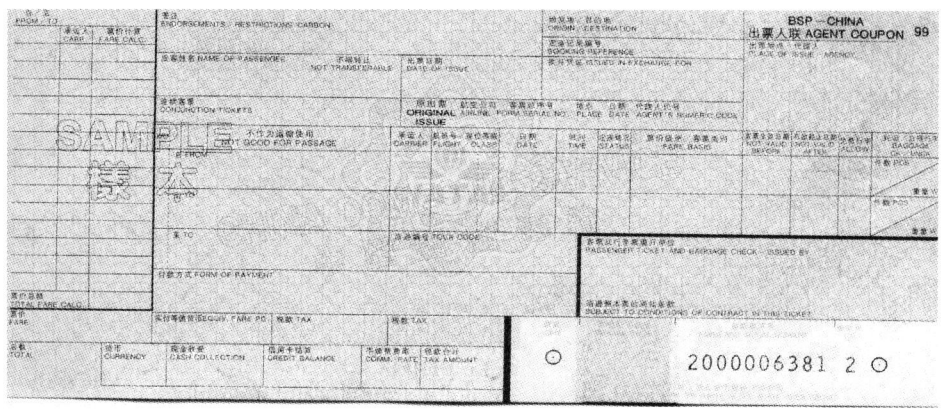

图 6.4 手工填开的 BSP 客票

三、机打 BSP 客票样式

机打 BSP 客票封面及乘机联如图 6.5 所示。

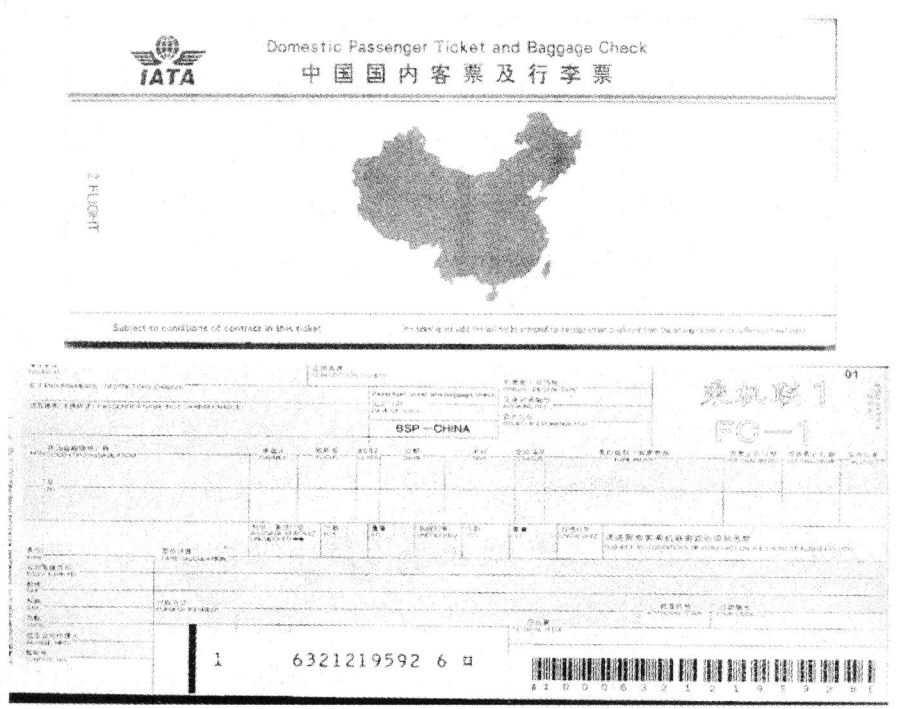

图 6.5 机打 BSP 客票封面及乘机联

123

四、航空运输电子客票行程单

如图 6.6 所示。

图 6.6　航空运输电子客票行程单（报销凭证）正面

第三节　订票单据

一、旅客订座单

旅客购票要填写旅客订座单，这是旅客购票前必须填写的一种业务单据。它是航空运输企业的销售人员或销售代理人据此订座填开客票的凭证。

订座单经旅客填写，凭此出票后，即成为重要的客运资料，应妥善保管存放。飞机起飞后，应分航班、日期装订，妥善保管，以备查考。旅客订座单的保管期限为 13 个月。

二、旅客订座单的格式

中国XX航空国内（国际）旅客购票单 XXXX AIRLINES PASSENGER RESERVATION FORM 订座记录编号						
旅客姓名 NAME	国　籍 NATIONALITY	证件名称 ID	证件号码 ID NUMBER	出生日期 BIRTHDATE	客票号码 TKT NO	
航　程 ROUTE	航班号 FLIGHT NO	等级 CLASS	乘机日期 DEPT.	起飞时间 DEPT.	订座情况 STATUS	订座记录编号 PASSENGER NAME RECORDER
						备注： REMARKS
购票单位、联系人、电话： PERSON TO CONTACTAND TELEPHONE NO						出票人： ISSUING AGENT： 出票日期： ISSUING DATE：
是否需要特殊服务： SPECIAL SERVICES REQUIRMENT						
注：粗线框以外部分由旅客或购票单位填写。						

图 6.7　旅客订座单的格式

三、旅客订座单的填写

1. 购票单的内容，以单内粗线为界，分成两部分，粗线以左部分由旅客填写，粗线框内由售票人员填写。

2. 为便于旅客正确填写，各地售票处应填写若干张样本陈设在适当场所，供旅客在填写时参考。

3. 旅客应按要求逐栏填写，填写的内容要正确、清楚，售票人员应逐项查看，特别是"购票单位、联系人、电话"，以便在航班发生变化或有其他特殊情况时，能及时通知旅客或联系处理。

4. 航程、航班、订座舱位、乘机日期相同的同行旅客可合填一张购票单，如旅客姓名栏不够用时，可另附旅客名单。

5. 旅客购票单各项内容的填写如下：

1)"旅客姓名"填写乘机人的姓名。

2)"国籍"填写乘机人的国籍。

3)"证件名称"填写乘机人的有效身份证件名称。

4)"证件号码"填写乘机人的有效身份证件号码。

5)"出生日期"填写乘机人的出生年月日。

6)"客票号码"填写旅客所购客票的号码,如由销售代理人出票,必须将客票所属航空公司的票证代号填写清楚。

7)"航程"按旅客旅程的顺序填写始发地至目的地,包括联程、回程或中途分程在内的全航程地名。

8)"航班号"填写承运人的两个英文字母代号和航班号。

9)"等级"填写相应航段的座位等级。

10)"乘机日期"填写相应航段的乘机日期。

11)"起飞时间"填写本次航班对外公布的起飞时间。

12)"订座情况"填写相应航段的订座情况。

13)"购票单位、联系人、电话"填写购票人的单位、姓名及电话号码或旅客本人的联系电话。

14)"订座记录编号"填写相应订座记录编号(PNR)代码。

为旅客订座所拍或答复的电报,应按先后顺序粘贴在订座单上,以便查核。

第七章 国内航空旅客运价

第一节 民航运价

一、民航运价的定义

民航运价就是民航运输产品的价格,是单位旅客或单位货物由始发地机场运至目的地机场的航空运输价格,不包括机场与市区之间的地面运输费用。

根据马克思主义政治经济学理论,民航运价是民航运输产品价值的货币表现,民航运价必须以民航运输产品价值为基础。民航运输产品价值主要由两部分组成:一是已消耗的生产资料价值,也叫转移价值;二是运输工作人员活劳动创造的价值,即新创造的价值。活劳动创造的价值又可分为两部分:一是运输工作者为自己劳动所创造的价值;二是为社会的劳动所创造的价值。因此,从民航运输价值的角度看,可以划分为以下三个组成部分:

(1) 已消耗的生产资料价值,如消耗运输工具、技术设备、燃料等生产资料,即转移价值（C）;

(2) 自己的劳动所创造的价值（V）;

(3) 社会的劳动所创造的价值（M）。

其中,C+V 是生产运输产品的必要劳动消耗,被称为运输产品的成本;M 为运输产品的价值。

运价以运输产品价值为基础,应当是运输产品价值三个组成部分的表现。所以运价也可分为三个组成部分:

(1) 物化劳动消耗支出;

(2) 劳动报酬（工资）支出;

(3) 盈利。

前两部分构成民航运输企业的运营成本,第三部分为民航运输企业的利润。

二、运价制定的原则

民航运价制定的原则主要有以下五点：

1. 以运输价值为基础，以运输成本为依据。
2. 符合商品定价原则，保证有合理的利润，确保企业的正常运转。
3. 有利于运量在各种运输方式中的合理分配。运输企业生产的是同一产品，由此决定了在一定条件下各种运输方式的相互替代性，民航运价制定的原则要有利于运量在各种运输方式中的合理分配，从而促进各种运输方式的合理分工。
4. 有利于提高运输的载运率、客座率，有利于促进运输企业自身的发展。
5. 有利于照顾消费者的利益。

三、制定运价的方法

制定运价的方法很多，首先为了使企业正常营运就必须使航空运价高于成本，因此，成本定价法是航空运价制定的最基本的方法。按照成本定价法，运价是由运输成本、利润和税金三个要素构成。其中，运输成本是制定运价的主要依据，包括飞行费用、维修费用、燃油消耗费、业务经营费和管理费用等；利润和税金的制定关系到国家、民航企业和民航旅客三方面的利益，定价既要保证国家合理的税金收入和企业的生存、发展所需要的盈利水平，又要不能侵害旅客的利益。

另外，航空运输市场总是处于变动之中。同一航线参与运输的机型不同，不同的地区、季节，不同的旅客对航空运输的需求也不同。根据不同的市场需求，运价制定还需要灵活变动，如制定各种促销价格等，从而保证航空公司利益最大化。

四、民航运价的特点

民航运价的特点是由航空运输行业的技术经济特性决定的，主要特点如下：

1. 运价与运输距离有密切关系

运价的制定是以运输成本为主要依据的，运输成本是随着运输距离的远近而发生变化的。因此，运价与运输距离有密切关系。

2. 运价只有销售价格一种形式

工业产品有出厂价格、批发价格、零售价格等，由于运输产品的生产与消费具有同时性，产品生产的过程即是其消费过程，所以，运价只有销售价格一种形式，没有其他的中间价格。

3. 运输价格高

航空运输生产的耗费大，运输产品成本高，因此运输价格也高。这主要是因为飞机本身的价值高，其在运输生产过程中的价值转移（磨损、折旧）等也较高，同时，航空运输工具的燃料消耗也比其他运输方式高几倍甚至几十倍，另外服务设备及维修成本也较高。

4. 运价有比较复杂的差价体系

运价随运输对象的类别不同、运输方式和运输距离的不同而变化。根据客舱布局、餐食以及服务标准的等级差别，在大型客机上分为头等舱、公务舱、普通舱票价。每个舱位等级下面复设若干种子舱位，分别代表不同的折扣，形成了多等级舱位运价体系。国内航线客运价还根据不同情况制定了一系列特种票价，如儿童票价、婴儿票价、教师票价、学生票价、军残票价等，还有其他各种各样的优惠促销票价。航空运输客运价种类之多是其他交通运输方式所没有的，航空运价较其他运价具有更大的灵活性。

五、民航运价改革

为落实国务院《民航体制改革方案》精神，原国家计委、民航总局成立了民航运价改革工作小组。2002年4月初，工作小组向国内各航空公司、民航地区管理局下发了调查函，征求对民航运价改革的意见；4月至8月，工作小组先后赴海南、南方、厦门、东方、上海、云南、西南、四川、西北、长安等航空公司，对国内航空市场状况、生产经营和票价执行情况进行了调研。在充分调查研究的基础上，提出了《民航国内航空运输价格改革方案》。方案拟订后，再次征求国内主要航空公司的意见，并以原国家计委和民航总局办公厅的名义，广泛征求了中央企业工委、国务院各有关部门、各级价格主管部门、民航行业主管部门和航空运输企业的意见，形成了使用至今的《民航国内航空运输价格改革方案》。2003年7月15日，召开了民航国内航空运输价格改革方案听证会。

《民航国内航空运输价格改革方案》指出：民航运输企业社会平均成本是制定民航运价改革方案，并对方案必要性、可行性进行充分论证的主要依据。民航运输企业社会平均成本由与航空运输直接相关的生产成本、销售费用、管理费用、财务费用及民航运输企业按照法律、法规和国家有关政策规定上缴的各项税费等组成，是对现阶段我国民航运输业发展状况和企业经营管理水平的客观反映。工作小组认为，比较来看，近年来的民航运输企业社会平均成本水平基本合理，各年度间的变动基本处于正常幅度范围内，因此以近年来的民航运输企业社会平均成本为基本依据，制定民航国内航空运输基准价及浮动幅度。

我国民航国内价格政策改革的基本原则：一是在政府宏观调控下，逐步扩大民航运输企业定价自主权，通过合理价格竞争，优化资源配置；二是建立通过市场竞争形成价格的机制，鼓励航空运输企业降低成本，拓展航空运输市场；三是规范企业经营行为，保护消费者的合法权益；四是促进政府加强对价格活动的监督和调控，维护正常的价格秩序；五是适应现阶段经济发展水平，根据民航体制和企业制度改革进展情况，积极稳妥、分步推进价格形成机制改革。具体改革方案是：

1. 境内销售执行国内航线票价水平平均每人公里 0.75 元。同时，由于国内成品油已实行了与国际市场价格挂钩的价格形成机制，1999 年底以来受国际市场影响，国内航空煤油价格频繁波动。为补偿航空运输企业增加的成本支出，国内航线票价实行适当加收燃油附加的办法。

2. 实现境内、外销售票价并轨。长期以来我国国内航线（含国际航线国内段）客票在境内、境外销售时，执行两种票价：在境外销售时执行的公布票价称 A 票价，平均每人公里 0.94 元；在境内销售时执行的票价称 B 票价，平均每人公里 0.75 元。境内、境外票价并轨利大于弊，有利于从政府价格管制的层面上，解决价格地域性歧视的问题。

3. 国内运价将最大下浮幅度设定为基准价的 4%，允许票价最高可以上浮 25%。

4. 政府价格监管措施包括：由国家发展和改革委员会、民航总局组织对航空运输社会平均成本进行合理性评审，作为制定价格和市场监管的主要依据；利用计算机信息系统对航空运输企业实际票价执行情况实施监控；有关部门依法对航空运输市场实行制度化、程序化监管；重点核查年度票价收入低于社会平均成本的航空运输企业；对价格水平异常波动依法采取紧急措施；以及强化明码标价、建立举报受理制度等。

5. 继续实行对革命伤残军人（含因公致残的人民警察）、教师、学生等特殊旅客群体实行优惠票价。

第二节　票　价

客票价是指旅客由出发地机场至目的地机场的航空运输价格，不包括机场与市区之间的地面运输费用。

客票价为旅客开始乘机之日适用的票价。客票出售后，如票价调整，票款不作变动。运价表中公布的票价，适用于直达航班运输。如旅客要求经停或转乘其他航班时，应按实际航段分段相加计算票价。客票价以人民币 10 元为计算单位，尾数四舍五入。

一、服务等级

服务等级是指为旅客提供服务的等级，按照提供服务的等级不同收取不同的票价。国内航线的客运价一般分为三个服务等级：头等舱票价（F），公务舱票价（C），经济舱票价（Y）。

1. 头等舱票价

空运企业在有头等舱布局的飞机飞行的国内航班上向旅客提供头等舱座位。头等舱的座位较公务舱座位宽而舒适，每人免费交运行李的限额为 40 公斤。国内航线头等舱的票价是经济舱正常票价的 150%。

例如，广州—北京的 Y 舱票价为 CNY1700.00，则头等舱票价为：1700.00×150% = CNY2550.00。

2. 公务舱票价

空运企业在有公务舱布局的飞机飞行的国内航班上向旅客提供公务舱座位。公务舱座位较头等舱窄，但比经济舱宽，每人免费行李额为 30 公斤。国内航线公务舱的票价为经济舱正常票价的 130%。

例如，广州—北京的 Y 舱票价为 CNY1700.00，则公务舱票价为：1700.00×130% = CNY2210.00。

3. 经济舱票价

空运企业在飞机飞行的国内航班上向旅客提供经济舱座位，每人免费交付的行李的限额为 20 公斤。其正常票价以国家对外公布的直达票价为基础。

二、旅程方式

国内航线客票价按旅客不同的旅程方式分为单程票价、来回程票价和联程票价。

1. 单程票价

单程票价也称为直达票价。它适用于规定航线上的由甲地到乙地的航班运输，现行对外公布的国内航线客票价均为航空运输的直达票价。

例如，广州—北京现行的 Y 舱单程票价为 CNY1700.00。

2. 来回程票价

来回程票价是指从出发地至目的地并按原航程返回原出发地的客票票价。来回程票价由两个单程票价组成，一个是使用直达票价的去程运输；一个是使用直达票价的回程运输。

某些航空公司为促销其产品，在航空公司的业务文件中规定，某一时间段内，如果来回程均乘本公司的航班，则票价在两个单程票价的基础上可享受一定的折扣。

例如，广州—北京 Y 舱来回程票价是 1700.00×2 = CNY3400.00，南方航空公司规定如一次性购买来回程机票可优惠 5%，即旅客只需要支付去程 1700.00×95% = CNY1615.00，进位后为 CNY1620.00；回程 1700.00×95% = CNY1615.00，进位后为 CNY1620.00；总票款为 CNY3240.00。

3. 联程票价

联程客票指列明有两个（含）以上的航班的客票。联程票价是将旅客所乘坐航段的票价分段相加，作为全程票价。

例如，旅客购下列联程机票旅行：

CNY700.00   CNY1190.00   CNY1180.00
海口—广州—宁波—北京
则旅客需要支付 700.00 + 1190.00 + 1180.00 = CNY3070.00 联程票价。

三、儿童/婴儿票价

凡旅客购买儿童/婴儿票时，均应按以下规定办理。

1. 旅行开始之日，年满 12 周岁的旅客按成人适用普通票价购票。
2. 旅行开始之日，年满 2 周岁、未满 12 周岁的儿童应按适用成人全票价 50% 收费，单独占用一个座位。

例如，广州—北京的 Y 舱票价为 CNY1700.00，则相应航段的 Y 舱儿童票价为 1700.00 × 50% = CNY850.00。

3. 旅行开始之日，未满 2 周岁的婴儿，按适用成人全票价 10% 收费，不单独占用一个座位，无免费行李额，仅可免费携带一摇篮或可折叠式婴儿车；如需要单独座位，应购买儿童票。

4. 每位成人旅客所带未满 2 周岁的婴儿超过一名，其中只有一名婴儿可按成人全票价的 10% 付费，其余按成人全票价的 50% 付费。

例如，广州—北京的 Y 舱票价为 CNY1700.00，则相应航段的 Y 舱婴儿票价为 1700.00 × 10% = CNY170.00，Y 舱儿童票价为 1700.00 × 50% = CNY850.00。

如一个旅客携带两个婴儿从广州飞北京，只有一个婴儿可以购买 10% 票价，另外一个按儿童票价付费。则该旅客共需要支付票款：1700.00 + 170.00 + 850.00 = CNY2720.00。

5. 5 周岁以下的儿童乘机，须有成人陪伴而行，如无成人陪伴，不予接收。

5 周岁（含）以上、12 周岁以下无成人陪伴儿童乘机时，应在购票前提出申请，经承运人同意后方可购票乘机。

6. 儿童和婴儿的年龄指开始旅行时的实际年龄，如其在开始旅行时未满规定的年龄，而在旅行途中超过规定的年龄，不另补收票价。

四、特种票价

特种票价是指航空公司对特殊的运输对象给予一定折扣的票价，它以公布的成人全价票为计算基础，除另有规定外，一般不得重复享受其他优惠。

目前存在的特种票价主要是按旅客类型、航班时刻和购买方式来制定的，如，老人优惠、师生优惠、军人优惠、员工优惠、代理人优惠、团体优惠、首航优惠、来回程优惠、常旅客优惠等。

1. 团体旅客票价

旅客人数在 10 人（含）以上，航程、乘机日期、航班和舱位等级相同并按同一类团体票价支付票款的旅客称为团体旅客。购买儿童、婴儿票价客票的旅客不计入团体人数内。团体旅客可以在开放的航班上申请订座，订妥座位后，应在规定或预先约定的时限内购票，否则，所订座位不予保留。

航空公司可视客人团体人数和航班座位销售情况，向团体旅客提供优惠的票价，大多数航空公司采用一团一议的方法给予优惠，同时采用多等级舱位的方法进行管理。该票价一般附有不得签转、出票时限等限制运输条件。

2. 军残票价

凡因公致残的现役军人和因公致残的人民警察在乘坐国内航班时，凭《革命伤残军人证》或《人民警察伤残抚恤证》，在规定的购票时限前，按适用正常票价的50%计收。代理人销售此类客票需要得到航空公司的授权。

例如，广州—海口的Y舱票价是CNY700.00，则符合军残规定的旅客购票只需要支付 700.00 × 50% = CNY350.00。

3. 教师/学生票价

教师和学生在寒暑假期间乘坐国内航班时，凭教师证和学生证，按适用正常票价的60%和50%计收。（具体请参见各航空公司的相关业务规定）

例如，广州—大连的Y舱票价是CNY2050.00，则寒暑假期间教师凭教师证购票只需要支付2050.00 × 60% = CNY1230.00，学生凭学生证购票只需要支付 2050.00 × 50% = CNY1025.00，进位后为CNY1030.00。

五、免票、优惠票

1. 由承运人特殊批准的旅客，凭乘机优待证可以填开由该承运人承运的免票、优惠票。
2. 货运包机押运人员凭包机货运单和包机单位介绍信可填开免费客票。在客票的票价计算栏内写明包机运输协议书号码。
3. 航空公司常旅客可凭里程积分换取免票。

六、包舱票价

包舱票价是根据旅客乘坐飞机的特殊需要，购票单位向航空公司包购飞机中某一客舱舱位的全部座位，但旅客人数不得超过所包舱的座位总数。

包舱票价按照包用舱位的座位总数乘以适用的票价计算。包舱票价旅客的免费行李额，按适用舱位票价享受的免费行李额乘以包舱的座位总数计得，而不是按旅客实际人数计算。

例如，某团体共58人，包用B757飞机共有60个座位的B舱，自上海至桂林，适用的Y舱票价为CNY1430.00。该团体共付票款为 1430.00 × 60 = CNY85800.00；免费行李额为 20公斤 × 60 = 1200公斤。

七、税费

政府、有关当局或机场经营人规定的对旅客或由旅客享用的任何服务或设施而征收的不包括在公布票价中的税款或费用,该项税款或费用应由旅客支付。

1. 机场建设费（CN）

机场建设费由承运人代为收取,不包括在票价中,由旅客支付。乘坐国内航班的成人旅客收取50元人民币的机场建设费,乘坐EMB、CRJ等70座以下机型的成人旅客收取10元人民币的机场建设费,婴儿和儿童豁免机场建设费。

2. 燃油附加费（YQ）

各航空公司根据燃油价格的变动将调整燃油附加费的金额。婴儿豁免燃油附加费,儿童按成人收费标准的50%收取燃油附加费。因公致残的现役军人和人民警察,燃油附加费减半。

第三节　票价信息的来源

代理人可以通过两种途径获得票价信息:计算机订座系统和航空公司报价单。

例如,在计算机订座系统中输入 FD：PEKSHA/17JUL/CA 查询北京至上海中国国际航空公司7月17日的票价信息,则显示:

```
                CNY /TPM 1178/
01 CA/F    / 1700.00 = 3400.00/F/F/ / .      /01JUL07/7001
02 CA/C    / 1470.00 = 2940.00/C/C/ / .      /01JUL07/7001
03 CA/Y    / 1130.00 = 2260.00/Y/Y/ / .      /01JUL07/7001
04 CA/B    / 1040.00 = 2080.00/B/Y/ / .      /20APR09/7001
05 CA/M    /  990.00 = 1980.00/M/Y/ / .      /20APR09/7001
06 CA/H    /  950.00 = 1900.00/H/Y/ / .      /20APR09/7001
07 CA/K    /  900.00 = 1800.00/K/Y/ / .      /20APR09/7001
08 CA/L    /  860.00 = 1720.00/L/Y/ / .      /20APR09/7001
 (1)(2)       (3)       (4)    (5)(6)(7)       (8)      (9)
```

说明：

（1）指承运人,CA 中国国际航空公司。

（2）指票价基础,如全价票可表示为 F,C,Y；折扣票可表示为 H,K,……

（3）指单程票价,如北京至上海 F 舱人民币 1700.00。

（4）指来回程票价,如北京至上海往返 F 舱人民币 3400.00。

（5）指舱位，如北京至上海单程票价为人民币990.00，则应订在 M 舱。

（6）指付款货币，如 CNY 代表人民币。

（7）指实际哩程，如北京至上海实际哩程为1178。

（8）指票价有效期，如北京至上海 F 舱人民币1700.00，票价自 2007 年 7 月 14 日生效至今。

（9）指注示号，如注示号为7001，通过 PFN 指令可以查询到注示内容（此内容通常是对票价的限制条件）。

票款的支付方式有以下几种形式：

（1）现金支付：指直接交付现金票款以获得机票。

（2）支票支付：用相关航空公司或代理点认同的支票支付票款。

（3）信用卡支付：指选择确定的金融卡交付票款。

（4）网络电子账户支付：指用相关航空公司或代理点认同的电子账户支付票款。

第八章　旅客订座与客票销售

第一节　订座及订座系统

一、订座

1. 定义

订座是对旅客预订的座位、舱位等级或对行李的重量、体积的预留。

2. 订座的一般要求

1）旅客订妥座位后，凭该订妥座位的客票乘机。不定期客票应向承运人订妥座位后方能使用。

2）已经订妥的座位，旅客应在承运人规定的时限内购票，否则座位不予保留。

3）承运人可在必要时暂停接受某一航班的订座。

4）承运人应按旅客订妥的航班和舱位等级提供座位。

二、订座系统

订座系统包括航空公司系统（ICS）和代理人分销系统（CRS）。航空公司系统有20多家国内航空公司在使用。代理人分销系统有5000家代理人约25000台终端在使用。

1. 计算机在民航订座系统中的应用

计算机在中国民航订座系统中的应用是从1981年开始的。首先应用的是售票业务部门。由于国际航班要参与国际航空市场的激烈竞争，不使用计算机，则处于竞争不利地位，因此，中国民航租用了总部设在美国亚特兰大的 GABRIEL 系统进行国际航班的售票，直至1985年。1985年，中国民航经国家有关部门批准，经过全面的选型和论证，投资新建了自己的订座网，年底正式运行。1986年开始，以北京为中心，向全国各地辐射售票网点。1989年10月27日，将原 GABRIEL 系统中的终端成功转接到中国民航自己的系统中，从而真正建立起中国民航自己的、分布于全球的计算机订座网络。1993年订座系统的功能得到了飞跃：自动出票系统全面投产。经过十几年的摸索、更新和升级，在1995年建成了民航卫星通信网，解决了困扰通信的"中枢神经"阻断问题后，1996年元月，中国民航建成了中国的代理人分销系统（CRS）。

自独立运行以来，到目前为止，中国代理人分销系统业务遍布中国境内296个通航城市，58个境外城市，拥有代理商5316个，终端2万余台，合格上岗从业人员约5万人。目前该系统可以协议分销中国民航所有21家航空公司、非中国民航195家公司的航线航班（其中11家属于直接联结，184家属于间接联结）。在非航空旅游产品的分销方面，目前有297个酒店、1个租车公司、2个大型旅行社可以通过该系统进行分销。在航空公司订座系统处理的所有旅客中，约75%左右是通过该分销系统销售实现的，另外25%左右则是通过航空公司订座控制系统实现的。

2. CRS系统网络的主要特征

CRS（Computer Reservation System）即代理人分销系统，销售代理通过此系统进行航班座位及其他旅行产品的销售。CRS作为代理人分销系统，目的一是为航空代理商提供全球航空航班的分销功能；二是为代理商提供非航空旅游产品的分销功能；三是为代理商提供准确的销售数据与相关辅助决策分析结果。

基于这个目的，从CRS的组成上，它是一个覆盖广大地域范围的计算机网络。该网络主要有以下特征：

1）实时性。网络上的终端从提交命令到得到结果应答，这段响应时间一般不超过3s。

2）不间断性。由于CRS覆盖的地域十分广泛，一天24小时内，任何时间网络上都有终端在工作，因此，系统运行在任何时间都不能中断。

3）高可靠性。系统中的数据在任何意外情况下都不能被破坏，为此，系统实行了多套主机、随时备份等措施。

一方面，通过CRS，分布于世界各地的销售代理都可以使用网络的终端来出售机票及旅行产品；另一方面，航空公司通过将自己的营运数据投入CRS中销售，可在最大限度的区域中销售自己的航班座位，同时通过有效的座位控制，可提高航班座位利用率和商业利益。

3. CRS系统提供的服务

CRS系统发展到今天，已经具备了非常完备的功能。包括中国民航航班座位分销服务、国外民航航班座位分销服务、BSP自动出票系统服务、运价系统服务、常旅客系统服务、机上座位预订服务、各类等级的外航航班分销服务、旅馆订房等非航空旅游产品分销服务、旅游信息查询系统服务、订座数据统计与辅助决策分析服务等。

通过未来对代理人分销系统的建设，中心的代理人分销系统将发展成为服务于整个航空及旅游业的一个通用系统。除了原有的航空运输业外，旅馆、租车、旅游公司、铁路公司、游轮公司等的产品分销功能也将容纳到代理人分销系统中来，使中心的代理人分销系统能够提供一套完整的旅游服务。经过技术与商务的不断发展，中心的代理人分销系统将能够为旅行者提供及时、准确、全面的信息服务，满足消费者旅行中包括交通、住宿、娱乐、支付及其他后继服务的全面需求。

4. ICS 系统与 CRS 系统

1) CRS 系统与 ICS 系统之间的联接

一般来说，CRS 的模式如图 8.1 所示。

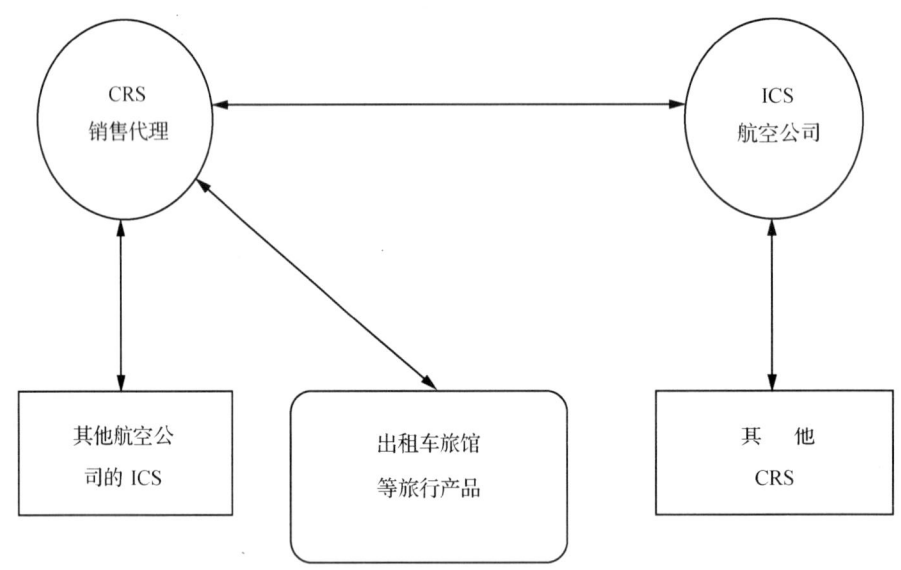

图 8.1　CRS 系统与 ICS 系统之间的联接

图 8.1 中 ICS（Inventory Control System，编目航班控制系统，也称为航空公司系统）为航空公司专用，CRS 面向销售代理。在民航的订座系统中，ICS 的服务对象为航空公司的航班与座位控制人员、航空公司市场与营运部门的管理人员及航空公司售票处。而 CRS 系统的服务对象则为从事订座业务的销售代理人员。

CRS 系统如何销售航空公司的座位是由 CRS 与 ICS 的技术联接方式及商务协议决定的。ICS 加入 CRS 的协议等级主要有如下几种方式（按由低到高顺序）：

（1）无协议级；

（2）次高等级——直接存取级（Direct Access）；

（3）较高等级——直接销售级 DS（Direct Sell）。

中国 CRS 与中国 ICS 的技术联接方式是无逢存取级（Seamless），它是直接销售级中的最高级别，也是世界上最先进的联接方式。

航空公司的座位管理人员，借助于 ICS 与 CRS 的实时联接，可完成如下功能：

（1）各类 PNR 的提取，座位确认、取消，修改 PNR 中的航段；
（2）随时向 CRS 拍发航班状态更改电报；
（3）可针对 CRS 中的具体订座部门进行座位销售的分配与限制：
由于 CRS 可以与国外航空公司的 ICS 联接，而 ICS 系统也可同国际上的大 CRS 系统联接，这样就可以将我国的航空市场推向世界，如图 8.2 所示。

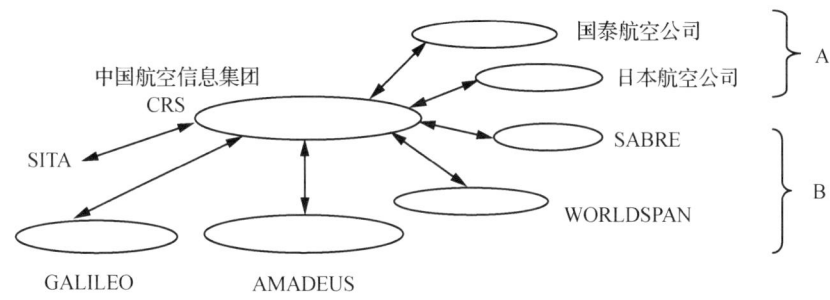

图 8.2　中国航空信息集团 CRS 与国外航空系统联接的系统格局图
A——国外航空公司系统；B——国外 CRS 系统

2）两系统的关系
CRS 系统与 ICS 系统之间存在着不同等级的联接方式，以及 CRS 内部联接等级，使得它们之间传递数据的时候也有着不同的影响。
（1）CRS 系统与 CRS 系统之间的联接
①直联的航空公司：联接等级高，AV、SD 数据都会准确（AV、SD 是两个订座指令）。
②通过其他系统联接的航空公司：
与该系统间的联接等级高的航空公司，AV、SD 数据比较准确；
与该系统间的联接等级低的航空公司，AV、SD 数据准确性较差。
③无联接关系的航空公司：无法取得数据，只能申请座位，硬件、软件及其数据库相互独立，但紧密联接。
（2）CRS 系统与 ICS 系统之间的联接
①与国外航空公司系统联接，可以对其直接进行销售，显示的内容也更加准确；
②与国外代理人系统联接，可以显示对方系统中的航班信息，与众多航空公司建立起联系。
无论它们是如何联接，它们之间都保持着以下的关系：
①数据传递实时进行；
②保证数据传输准确性和匹配性；
③共享网络系统。
3）世界各大 CRS 名称及标识

表 8-1　世界各大 CRS 名称及标识

地区	CRS 名称	标识	地区	CRS 名称	标识
美国	SABRE	1W	东南亚	AMACUS	1B
美国	WORLDSPAN	1P	日本	INFINI	1F
美国	GETS	1X	日本	AXESS	1J
欧洲	AMADEUS	1A	中国	LILY	1E
欧美	GALILEO	1G	韩国	TOPAS	1T

目前在我国国内的外航服务公司，使用比较普遍的是 GALILEO 和 AMADEUS 这两大计算机订座系统。

三、旅客订座记录（PNR）

1. PNR 的基本组成

PNR 是旅客订座记录 Passenger Name Record 的英文缩写。它记录了旅客行程的必要信息。如姓名、旅行地点、时间、联系电话等。因此 PNR 建立必须有下列项目：

姓名组（Name）
航段组（Segment）
联系组（Contact）
出票组（Ticket Status）
责任组（Responsibility Element）

2. PNR 的建立

1）预订 PNR 的建立

例如，旅客刘立预订北京至海口 11 月 3 日航班号为 HU182 Y 舱的机票一张。
在 CRS 系统中已建立的预订 PNR，显示如下：

(1) 刘立 . QY80P　　　　　　　　　　　　　　　　　　　（姓名组）
(2) HU182 Y SA03OCT PEKHAK HK1 1205 1535　　　（航段组）
(3) BJS/T BJS/T 010-60123456/ABC CO. LTD. /ABCDEFG
(4) TL/1205/01OCT/BJS999　　　　　　　　　　　　　（出票组）
(5) OSI HU CTC13612345　　　　　　　　　　　　　　（联系组）
(6) RMK CA/BSRHL
(7) BJS999　　　　　　　　　　　　　　　　　　　　　　（责任组）

说明：第（1）项中的 QY80P 为代理人系统（CRS）的记录编号；
　　　第（6）项中的 BSRHL 为航空公司系统（ICS）的记录编号；
　　　第（3）项中的内容为代理点名称及电话号码。
此三项内容均为订座时电脑自动生成。

2) 出票 PNR 的建立

例如，旅客刘红已购买呼和浩特至北京 7 月 19 日航班号为 CA1101 H 舱的机票一张。在 CRS 系统中提取已出票 PNR，显示如下：

(1) 刘红 QZY80D （姓名组）
(2) CA1101 H WE19JUL HETPEK RR1 0740 0855E （航段组）
(3) HET/T HET/T 0471-12345678/JKT CO. LTD. /ABCDEFG
(4) T/AT//HETCA
(5) SSR FOID CA HK1 NI150102166670214125/P1 （证件信息）
(6) SSR TKNE CA HK1 HETPEK 1101 H 19JUL 9995933444886/1/P1
(7) OSI CA CTC13512345 （联系组）
(8) RMK CA/H6B2K
(9) FN/FCNY430.00/SCNY430.00/C3.00/XCNY80.00/TCNY50.00CN
　　-/TCNY30.00YQ/ACNY510.00 （票价组）
(10) TN/999-59334444886/P1
(11) FP/CASH，CNY （付款方式组）
(12) HET999 （责任组）

说明：第（1）项中的 QZ80D 为代理人系统（CRS）的记录编号；
　　　第（8）项中的 H6B2K 为航空公司系统（ICS）的记录编号；
　　　第（3）项中的内容为代理点名称及电话号码；
　　　第（4）项中的内容表示为旅客已出票；
　　　第（6）、(10) 项中的内容表示为旅客已出客票的票号。

上述各项内容均为订座时电脑自动生成。

四、代理人在 CRS 系统中的主要操作

1. 各种信息的查询

如座位可利用情况、票价、航班时刻表、飞行时间、城市/机场三字代码的查询等等。

2. 预订 PNR 的建立

如单程、来回程、联程 PNR 及成人带婴儿、成人带儿童 PNR。

3. 出票 PNR 的建立

如单程、来回程、联程 PNR 及成人带婴儿、成人带儿童 PNR。

4. 建立 SSR、OSI 项

在 PNR 中添加 SSR（特殊服务组 Special Service Requirement）、OSI（其他服务情况组 Other Service Information）信息。代理人通过这种电报形式向航空公司传递旅客信息，

如特殊餐食、轮椅、重要旅客、旅客证件号码等等信息，引起航空公司的注意。同时航空公司的控制人员也可以以此形式与代理人信息沟通，如通知代理人在最迟出票时限内，提醒旅客尽快出票，告知航班延误信息等等。

5. PNR 的修改与删除。如修改旅客电话号码、进行旅客退票等操作

6. QUEUE 信箱的处理

7. 做销售统计等

五、航空公司电子商务平台

代理人除了使用 CRS 系统作为销售平台，近年来各航空公司也纷纷推出自己的电子商务平台，兼有销售及商务推广的功能。

航空公司电子商务平台，一般根据使用对象分为两种，一种为供代理人使用的 B2B（BUSINESS TO BUSINESS）系统，另一种为供旅客使用的 B2C（BUSINESS TO CLIENT）系统。航空公司电子商务平台的最大特点为操作简单、方便，用户不必记忆大量的操作指令，而是直接在网页上点击相关的选项即可完成客票的销售、变更、退票等操作。中国各主要航空公司电子商务平台网址如下。

1. 国航

B2B：http：//ca. travelsky. com/caair/caair/agent/index. jsp
B2C：http：//www. airchina. com. cn

2. 东航

B2B：http：//et. ce-air. com/muair/login/login. html
B2C：http：//www. ce-air. com

3. 南航

B2B：http：//sale. cs-air. com
B2C：http：//www. cs-air. com

4. 海航

B2B：http：//hnair. travelsky. com
B2C：http：//www. hnair. com/hnairweb/index. aspx

5. 深航

B2B：http：//219. 142. 127. 25/szair/szair/agent/index. jsp
B2C：http：//www. shenzhenair. com

第二节 客票销售

一、购票的基本规定

旅客购票凭本人有效身份证件或公安机关出具的其他身份证件,并填写"旅客订座单"。"有效身份证件"指旅客购票和乘机时必须出示的由政府主管部门规定的证明其身份的证件。如,居民身份证、按规定可使用的有效护照、军官证、警官证、士兵证、文职干部或离退休干部证明,16 周岁以下未成年人的学生证、户口簿等证件。

购买儿童票、婴儿票,应提供儿童、婴儿出生年月的有效证明。儿童按照同一航班成人普通票价的 50% 购买儿童票,提供座位。婴儿按照同一航班成人普通票价的 10% 购买婴儿票,不提供座位;如需要单独占座位时,应购买儿童票。每一成人旅客携带婴儿超过一名时,超过的人数应购儿童票。

重病旅客购票,应持有医疗单位出具的适于乘机的证明,经承运人同意后方可购票。革命伤残军人和因公致残的人民警察凭《中华人民共和国革命伤残军人证》和《中华人民共和国人民警察伤残抚恤证》,按照同一航班成人普通票价的 50% 购票。

航空公司销售以上优惠客票,不得附加购票时限等限制性条件。每一旅客均应单独填开一本客票。

承运人或其销售代理人应根据旅客的要求,出售联程、来回程等客票。

售票场所应设置班期时刻表、航线图、航空运价表和旅客须知等必备资料。

二、客票填开

旅客王静芳 2006 年 7 月 14 日购买广州至北京的机票一张,乘机日期为 7 月 15 日,航班号为 CZ3109 H 舱(票价 8 折不得签转)。票样如图 8.3 所示。

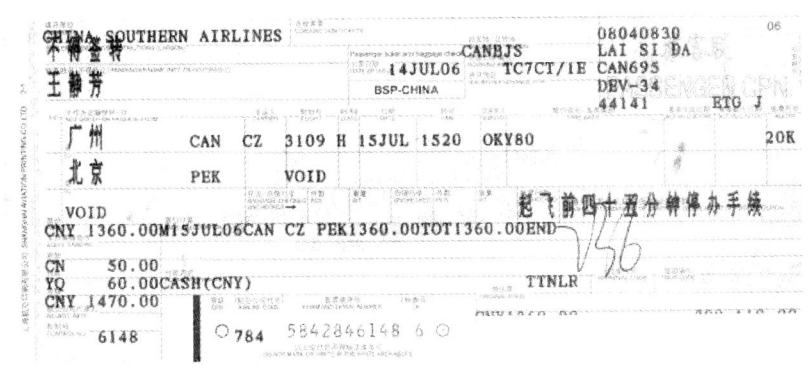

图 8.3 机打的 BSP 客票

1. 客票栏目说明

1）旅客姓名（NAME OF PASSENGER）；

2）航程（FROM/TO）；

3）承运人（CARRIER）；

4）航班号/等级（FLIGHT/CLASS）；

5）出发日期（DATE）；

6）出发时间（TIME）；

7）订座情况（STATUS）；

8）运价类别（FARE BASIS）；

9）在……之前无效（NOT VALID BEFORE）；

10）在……之后无效（NOT VALID AFTER）；

11）免费行李限额（ALLOW）；

12）旅游代号（TOUR CODE）；

13）运价计算区（FARE CALCULATION AREA）；

14）运价（FARE）；

15）实付等值货币运价（EQUIVALENT FARE PAID）；

16）税费（TAX/FEE/CHARGE）；

17）总金额（TOTAL）；

18）付款方式（FORM OF PAYMENT）；

19）始发地/目的地（ORIGIN/DESTINATOIN）；

20）航空公司记录/订座记录编号（AIRLINE DATA/BOOKING REFERENCE）；

21）签注/限制（ENDORSEMENTS/RESTRICTIONS）；

22）换开凭证（ISSUED IN EXCHANGE FOR）；

23）原出票栏（ORIGINAL ISSUE）；

24）连续客票（CONJUNCTION TICKETS）；

25）出票日期、地点和出票人（DATE AND PLACE OF ISSUE – AGENT）；

2. 客票的填开

1）手工客票的填开

"旅客姓名"。按旅客身份证和"旅客订座单"上的全名填写。中国旅客按中文习惯填写姓名。如果是外国旅客，按英文大写字母填写，应先写姓，然后划上一"/"线，之后写名或名的字首及适当的称呼。如，先生（MR）、夫人（MRS）、小姐（MISS）。

例如，MR. JOHN SMITH 应写成 SMITH/JOHN MR 或 SMITH/J MR。

MS. NANCY TOMY-SMITH 应写成 TOMYSMITH/NANCY MS。

儿童旅客的姓名后应加上代码"CHD"，婴儿旅客的姓名后应加上代码"INF（出生年月)"。如,李小 INF(MAR09)。

无成人陪伴儿童,应在姓名后注明"UM 年龄",如张小 UM10。

为其行李占用座位而付费的旅客,应在姓名后注明"CBBG"字样,并需单独填开一张客票。为其外交信袋占用座位而付费的旅客,应在其姓名后注明"DIPL"字样。为了舒适或其他目的而购买两个以上座位的旅客,应在其姓名后面注明"EXST"字样。使用担架的旅客,应在其姓名后注明"STCR"字样。

"航程"。将航程的始发地地名填入"自"(FROM)栏内,然后按照旅客旅程顺序,把到达地点填入以下各"至"(TO)栏内。

如果客票的乘机联多于需要的联数,则在多余的"FROM/TO"栏目中填入"-VOLD-"(无效)字样。并撕下"VOLD"乘机联,与财务联一同上交财务部门。

"承运人"。填写各航段已经申请或订妥座位的承运人的两字代码。

"航班号"。填写已订妥或已申请座位的航班号。

"座位等级"。填写按旅客要求已订妥或已申请座位的等级代号。如,头等舱 F、公务舱 C、经济舱 Y 等。

"日期"。填写乘机日期和月份,日期以两个阿拉伯数字表示,月份以英文三字代码表示。如 7 月 15 日填写为 15JUL、1 月 2 日填写为 02JAN。

月份的英文缩写:

JAN 一月;FEB 二月;MAR 三月;APR 四月;MAY 五月; JUN 六月;
JUL 七月;AUG 八月;SEP 九月;OCT 十月;NOV 十一月;DEC 十二月。

"离港时间"。采用 24 小时制填写。如上午 8 点 10 分填写为 0810,下午 3 点 20 分填写为 1520。

"订座情况"。用代号填写出售客票时的相关航段的订座情况。订座情况代号如下。

OK:已订妥座位;

RQ:已申请或候补;

NS:不占座;

SA:等候空余座位;

OPEN:不定期。

"票价级别/客票类别"。填写旅客所付的票价类别的限定代号。填开折扣票或免票时,应在此栏内填写相应的折扣代码及折扣率,如 YID00、YCH50、YIN90、H 等。

"客票生效日期/有效截止日期"。当填开的客票有效期为一年,且不与其他客票连用,或所填开的客票不是根据其他客票换开时,本栏不必填写。

当所使用的票价对最短停留时间和失效期有特殊限制时,本栏必须填写,按日、月的顺序填写生效或截止日期。如,05JAN,21JUL。

"免费行李额"。根据旅客所持客票的票价类别和座位等级分别填写规定的免费行李额,以公斤(KG)计算。如头等舱(F)免费行李额 40 公斤、公务舱(C)免费行李额 30 公斤、经济舱(Y)免费行李额 20 公斤。

"交运行李"、"件数"和"重量"。旅客在办理乘机手续时,由值机人员填写交运行李的总件数和总重量。

"票价计算"。填写票价的计算过程。

机打票应输入例如，FC：CAN CZ 1360.00Y80 CNY1360.00 END。

"票价"。填写货币代号（CNY）及票价总额。免费客票的本栏填写"FOC"。

"总额"。填写货币代号及票价总额。

机打票应输入例如，FN：FCNY1360.00/SCNY1360.00/C3.00/TCNY50.00CN-/TC-NY60.00YQ。

"付款方式"。填入旅客的付款方式，如，现金CASH、支票CHECK、信用卡代码及号码。

机打票应输入例如，FC：CASH，CNY或FC：CHECK，CNY。

"连续客票"。在全航程连续使用几本客票时，应在每本客票的本栏内填写各本客票的客票号码。连续客票必须用相同的票证代号，并且按序号顺序衔接使用。客票应按航程顺序钉在一起使用。不能使用不同联数客票组成连续客票。具体填写方法是列明第一本客票的全部客票号码，然后加列其他各本续后客票号码中序号的最后两个数字，中间用"/"隔开。例，填开中国国际航空公司两本连续客票999-1036098521，1036098522，在本栏填写"999-1036098521/22"。

"换开凭证"。填写据以换开客票的原客票的号码。

"签注"。填写航班的订座情况或特别注意事项。根据承运人要求填写。例如填写不得签转、退票等字样。

"订座记录编号"。将旅客的订座记录编号（PNR）填入本栏。如TC7CT。

"旅游代码"。填开个人或团体综合旅游票价的客票时，在本栏内填写综合旅游的正式编号，无代码可不填。

"出票日期和地点"。注明开票地点、日期及开票员的全名，并另盖业务章。

"填开单位"。印制或打印客票所属航空公司的全名称，包括中英文。

2）计算机自动打印客票的填开

打印客票与手工客票的内容和格式基本一样，机票上的内容是自动出票机根据电脑中的PNR内容，按照事先规定好的格式打印出来，在客票的右上方，系统自动打印出票日期、出票地点和营业员的工作号。

第三节 出票时限

一、旅客预订座位的出票时限

旅客已经订妥的座位，应在承运人规定或预先约定的时限内购买客票，承运人对所订座位在规定或预先约定的时限内应予以保留。

一般情况下，承运人将保留无限制条件票价的航班的座位。承运人此时约定的出票时间限制为起飞前2天的中午12点前，旅客必须购票，如果旅客未在该规定的时间限制内购买客票，所预订的座位将被取消。

对于有特殊限制条件的航班的座位，一般情况下，航空公司都不允许旅客预先订座，而采用随定随售的方法。

对于超过预订时间限制的航班的座位，航空公司将予以取消，以利于航班座位的再次销售，提高座位的利用率。

航空公司应按旅客已经订妥的舱位等级提供座位。

团体旅客的座位由航空公司依据其规定办理。

二、航班的衔接时间

联程航班衔接时间限制：

1. 一般情况，纯国内航班衔接不得少于2小时。特殊情况下可适当延长，例如上海的虹桥国际机场和浦东国际机场之间的航班衔接，考虑到地面交通的问题，一般需要延长至3小时。

2. 国际转国内或国内转国际不得少于3小时。转换机场的时间将要依据具体情况适当延长。

第四节　座位再证实

一、座位再证实的定义

旅客持有订妥座位的联程或来回程客票，在航空公司规定的时限内进行座位再证实，航空公司根据其提供的客票内容与电脑订座记录进行核对，完成座位再证实程序。

座位再证实的时限：旅客持有订妥座位的联程或来回程客票，如在该联程或回程地点停留72小时以上，须在联程或回程航班离站前2天中午12点以前办理座位再证实手续，否则原订座位不予保留。旅客持有订妥座位的联程或来回程客票，如在该联程或回程地点停留72小时以内，则不需办理座位再证实手续。

二、一般要求

采取再证实程序的客票，承运人应在客票内印上再证实的规定，以引起旅客的注意。售票员也应在交给旅客客票前主动告知有关的客票再证实的信息和办理再证实手续的途径，如通过电话、到售票柜台办理。

接到旅客再证实的通知时，航空公司应该记录旅客在当地的联系电话或住址，在相应的航段组内将航班代码改为"RR",表示旅客已经完成了座位再证实手续。

办理电话再证实时,应仔细查找旅客记录,核实订座无误后,将航程的行动代码 HK 改为 RR。在结束通话之前,应向旅客重复航班详细情况。

办理团体座位再证实时,应核对团体人数以及各有关订座情况,核实无误后,把航程的行动代码 HK 改为 RR。请旅客告知在本地的联系电话,以便航班变更时能及时和旅客进行联络。

三、操作要求

1. 提取旅客的订座记录。RT:记录编号。
2. 将旅客需要再证实的航段的代码由 HK 改为 RR。
3. 将改记录进行封口。
4. 如果有旅客的客票,将旅客客票的该乘机联用更改标签贴好,填写后盖章。

第五节　客票变更

一、自愿变更和非自愿变更

1. 自愿变更

由于旅客原因需要改变航程、航班、乘机日期、时间、座位等级或乘机人,均属自愿变更(经医疗单位证明旅客因病要求变更的除外)。

2. 非自愿变更

由于航班取消、提前、延误、航程改变或承运人未能向旅客提供已经订妥的座位(包括舱位等级),或未能在旅客的中途分程地点或目的地停留,或造成旅客已经订妥座位的航班衔接错失,旅客要求变更客票,均属于非自愿变更。

二、客票变更的一般规定

1. 要求变更的客票必须在客票有效期内。
2. 要求变更的客票不得违反票价限制条件。
3. 变更航程或乘机人,均应按退票处理,重新购票。
4. 变更承运人,按客票签转有关规定处理。
5. 客票变更后,客票的有效期仍按原客票出票日期或开始旅行日期计算。
6. 要求变更航班、乘机日期、航程,必须在原定航班离站时间前提出,承运人可按有关规定给予办理。

三、客票变更的处理及收费

1. 自愿变更的处理及收费

1）变更舱位等级

承运人及其销售代理人应在航班有可利用座位和时间的条件下予以积极办理，票款的差额多退少补。如升舱（Y 舱升为 F 舱）：补收差价，换开客票。降舱（F 舱降为 Y 舱）：先按退票处理收取退票费，重新开票。

2）变更航班、乘机日期

旅客若在航班规定离站时间前提出此要求，代理人应根据承运人的有关规定积极办理。

2. 非自愿变更的处理

1）变更舱位等级

承运人尽快安排后续航班，费用的差额多退少不补。

2）变更航班、乘机日期

承运人尽快安排后续航班。征得旅客及有关承运人的同意后，办理签转手续。

四、客票签转

旅客购票后，如要求改变原客票的指定承运人，称为客票签转。

旅客自愿要求改变承运人，在符合下列全部条件下，承运人可以予以签转：

1. 旅客的客票无签转限制；
2. 旅客未在航班规定的离站时间前 72 小时以内改变过航班、日期；
3. 旅客应在航班规定离站时间 24 小时以前提出；
4. 新承运人与原承运人有票证结算关系且新承运人的航班有可利用座位。

上述签转未经承运人特别授权，承运人的销售代理不得为旅客办理签转。

第六节 退票

一、退票的定义

1. 由于旅客原因，未能按照运输合同完成航空运输，在客票有效期内要求退票，称为自愿退票。

2. 由于下列原因，旅客不能在客票有效期内完成部分或全部航程而要求退票，称为非自愿退票：

——承运人取消航班；
——承运人未按班期时刻表飞行；
——班机未在旅客所持客票上列明的目的地或分程地点降停；
——航班衔接错失；
——承运人要求旅客中途下机或拒绝旅客乘机（因旅客证件不符合规定或违反有关国家政府或承运人要求、规定者除外）。

旅客因病退票，须提供县级以上医疗单位出具的医生诊断证明，患病旅客的陪伴人员要求退票，应与患病旅客按同等规则办理。

二、退票的一般规定

1. 旅客应在客票有效期内提出退票。过期不予办理。
2. 旅客必须凭客票未使用的全部乘机联和旅客联申请退票。缺少其中的任何一联，不能办理退票。
3. 票款只能退给客票上列明的旅客本人或客票的付款人。
4. 当客票上列明的旅客不是该客票的付款人，并且客票上已列明了退票限制条件，应按列明的退票限制条件将票款退给付款人或其指定人。
5. 旅客退票应出示本人有效身份证件；如退票收款人不是客票上列明的旅客本人，应出示旅客及退票受款人的有效身份证件。
6. 由于承运人未能按照运输合同提供运输，对旅客未能使用的全部或部分客票，承运人应办理非自愿退票。
7. 旅客健康情况经医生证明不适宜乘机时，如要求办理退票，可按非自愿退票的规定办理。
8. 退款方式以机票上列明的方式为准
9. 退票费计算到元为止，元以下四舍五入进整。
10. BSP客票退票应填开BSP退款申请授权书
11. 持婴儿客票的旅客要求退票，免收退票费。
12. 革命残废军人（警察）退票，免收退票费。

三、退票的时限

旅客要求退票，应在其客票有效期内向承运人提出。否则承运人有权拒绝办理。

四、退票的地点

1. 旅客自愿退票，应在下列地点办理：
在出票地要求退票，只限在原购票的售票处办理。
在出票地以外的航班始发地或终止旅行地要求退票，可在当地的承运人售票处办理；如当地无承运人售票处，可在经承运人特别授权的当地承运人销售代理人售票处办理。受理退票的售票处必须获得旅客原购票的售票处和承运人财务部门的书面授权后方可办理。

2. 持不定期客票的旅客要求退票，只限在原购票的售票处办理。

3. 旅客非自愿退票，可在原购票地、航班始发地、经停地、终止旅行地的承运人售票处或引起非自愿退票事件发生地的承运人地面服务代理人售票处办理。

五、非自愿退票的处理

非自愿退票均不收取退票费。

客票全部未使用，退还全部原付票款。

客票部分使用，退还未使用航段票款。

若班机在非规定的航站降落，旅客要求退票，原则上退还由降落站至旅客到达站票款，但不得超过原付票款金额。例如，旅客搭乘CZ3391航班由郑州到广州，该航班因航路原因在太原取消当日飞行，旅客要求退票，应退还太原到广州的票款。假设旅客实付票款为郑州到广州的公布票价CNY1080，太原到广州的公布票价为CNY1140。尽管太原到广州的票价高于郑州到广州的票价，因郑州到广州航段旅客实付CNY1080，所以应退还的票款为CNY1080。

六、自愿退票的处理

1. 自愿退票

旅客要求自愿退票，代理人应按照承运人的规定收取退票费。

以某航空公司为例，某航空公司对旅客退票的规定如下：

旅客自愿要求退票，分别按以下规定办理：

（一）使用正常票价的客票，收取旅客票价5%的退票费；

（二）使用特种票价的客票，优惠幅度在5%~20%（含）之间（M舱、N舱、H舱）的收取客票价10%的退票费……

（三）持联程、来回程客票的旅客要求退票，分别按本条第（一）款或第（二）款的规定收取各航段的退票费。

例如，旅客刘红于8月2日在北京购买了某航空公司的联程客票，详情如下：

	承运人	航班号	等级	日期	时间	订座情况	票价级别/客票类别
北京PEK	XX	1203	Y	20SEP	0735	OK	Y
西安SIA	XX	1215	Y	21SEP	0820	OK	Y
上海SHA							

全程票价：CNY1850.00，其中，
北京—西安：CNY840.00；
西安—上海：CNY1010.00。
旅客9月19日16：00在北京自愿要求退票，应按下列程序办理。
A. 分段计算退票费：
PEK—SIA航段：CNY840.00×5% = CNY42.00；
SIA—SHA航段：CNY1010.00×5% = CNY51.00；
退票费总计为：CNY42.00 + CNY51.00 = CNY93.00。
B. 收费单填制如下：

××航空公司退票、误机、变更收费单

编号：

航空承运变更情况		应收应退款		
原承运航空公司	XX	退票使用栏	客票价款	1850.00元
原客票号	000222 3456783	^	应收退票费	93.00元
原承运日期	20SEP/21SEP	^	实际退款	CNY1757.00元
原航班号	XXX1203/CA1215		应收误机费	—— 元
变更后承运航空公司			应收变更费	—— 元
变更后承运日期		加盖公章	制单地点：PEK	
变更后航班号		^	制单单位：CAXIDAN	
备注：付款方式CASH，自愿退票。		^	PEK001	

旅客联

报销联

制单日期：09.9.19.　　旅客姓名：刘红　　经办人：李方

注：退票费应全部归原客票所属航空公司。

2. BSP退款申请/授权书

退款申请/授权书是用以结清航空公司和代理人之间以销售结算价为基础的退款交易。退款申请由航协认可的代理人填写，连同客票复印件或其他相关单据送交出票航空公司。退款授权书由出票航空公司填写，予以批准退款，代理人经航空公司授权后可填写。

第七节　客票遗失

一、遗失客票处理的一般规定

1. 旅客遗失未使用的客票、乘机联或其他运输凭证，航空公司根据情况，按规定手续分别补开票证、退还票款或者不予办理补偿。旅客无权要求航空公司对遗失票证必须退还票款或补开票证。
2. 旅客不能提供足够的证明而旅客又需要继续旅行，承运人无法调查实际情况，则旅客应重新买票。
3. 已经办理挂失手续的客票又重新找到，该票证不能重新使用，应连同遗失票证电报抄件立即交财务部门注销。
4. 若旅客遗失客票中的某段乘机联，有关承运人应向其查明原因。如果旅客声明是被前一航站误撕，则承运人应发电查询，经证实后，应要求对方迅速将乘机联寄回。在该乘机联未寄到前，旅客可以凭旅客联旅行。如果不能证明被前一站误撕，则按遗失票证处理。
5. 接到旅客遗失票证的报告后，有关承运人在PNR中作相应的注明，并立即通知财务部门以及可能发生冒用、冒退的其他公司或部门。
6. 旅客遗失不定期客票只能办理退款，不能申请办理补开。

二、遗失客票的挂失程序

1. 旅客的客票全部或部分遗失或残损，或旅客出示的客票未能包括旅客联和所有未使用过的乘机联，旅客应以书面形式向航空公司或其销售代理人申请挂失。
2. 旅客申请挂失，须出示其有效身份证件。如申请挂失者不是旅客本人，需出示本人和挂失人的有效身份证件，并提供遗失地公安部门的证明以及足以令承运人满意的其他证明。
3. 旅客申请挂失前，客票已被他人冒用或冒退，承运人不负责任。

第八节 团体旅客

一、团体旅客定义

团体旅客是指统一组织的人数在 10 人以上（含 10 人），航程、乘机日期、等级相同、航班相同并支付相同团体票价的旅客。购买婴儿、儿童及其特种客票的旅客不得计算在团体人数内。

二、团体旅客订座

团体旅客应按照承运人规定在航班规定起飞日前提出订座，订座时应提供团体名称、航班号、日期、舱位等级。所有开放航班对旅游部门都接受订座。如需要加班、包机、更改机型等，应向承运人有关生产部门申请。

当承运人尚未证实团体旅客所需要的航班座位时，订座部门或销售代理人不得在后续的订座中分散地索要所需座位。

已订妥座位的团体旅客应在承运人规定或预先约定的时限内购票，否则原订座位不予保留。大多数航空公司依据不同航线的销售情况设定了团体旅客预订和出票的时间限制。

三、团体旅客购票

团体中的每一位旅客均应单独填开一本客票。

团体客票除应按一般客票填写规定填写以外，还应遵循以下规定：签注栏填写团体人数、团号和票价类别；票价级别栏填写出票代号。

四、团体旅客变更

1. 自愿变更

团体旅客购票后，如自愿要求改变舱位等级，经承运人同意后方可办理，票款差额多退少补。

团体旅客自愿要求变更航班、日期，应按自愿退票办理。

因团体旅客中部分旅客自愿变更，造成继续旅行的旅客不足十人，则已不具备团体旅客优惠的运输条件，继续旅行的旅客应补付普通票价和原付团体票价的差额，换开新客票。

2. 非自愿变更

团体旅客非自愿或团体旅客中部分成员因病要求变更，如有医疗单位证明，按非自愿变更处理。

五、团体旅客退票

1. 团体旅客自愿退票

1）团体旅客购票后自愿要求退票，按承运人有关规定收取退票费。
2）联程、来回程团体旅客退票，应分别计算各段退票费。
3）团体部分成员自愿退票。
（1）乘机旅客人数不少于规定的最低团体人数，按团体旅客自愿退票规定办理。
（2）乘机旅客人数少于规定的最低团体人数，按下列规定办理。
①全部客票未使用：
原付总金额－乘机旅客正常票价总金额－团体退票费＝差额多退少不补
②客票部分未使用：
原付总金额－乘机旅客正常票价总金额－团体退票费－已使用航段金额＝差额多退少不补

2. 团体旅客非自愿退票

团体旅客非自愿退票或团体旅客中的部分成员因病要求退票，应按照个人旅客退票的规定办理，不收取退票费。

六、团体旅客误机

对于团体旅客误机的处理，按相关承运人业务文件处理。

第九章　电子客票

进入21世纪，全球信息化已经成为世界经济发展的主题。在全新的信息时代，每个行业都必须抓住信息化的机遇，积极迎接信息化的挑战。民航业作为最早使用信息技术的行业之一，始终在不断地使用信息技术推进行业内部的信息化发展。激烈的竞争、顾客对于优质服务的需求，也促使民航业通过信息化手段不断寻求降低成本、改善服务的途径。

在此背景下，电子客票——民航业重要的信息化改革之一，应运而生了。

第一节　电子客票概述

1994年，世界上第一张电子客票在美国诞生，以其使用便利、防丢防假、印制运输管理成本大大降低和结算速度显著提升等突出优势迅速占领市场。截至2008年6月，IATA（国际航空运输协会）庞大的会员航空公司中，已经100%可以销售电子客票，全球87%的运输量可以通过电子票的方式销售。目前，国际上航空公司直销普遍采用电子票方式，代理人电子票销售的比例也已达到了100%。专家指出，电子客票是今后航空公司在客票销售方面的主要发展趋势。

一、什么是电子客票

电子客票（Electronic Ticket，简称ET）是由承运人或代表承运人销售的，一种不通过纸票来实现客票销售、旅客运输以及相关服务的有价凭证。它是普通纸质机票的一种存在于计算机系统内的电子映像，是一种电子号码记录。

确认生效的承运人（Validating Carrier）是对电子出票业务管理和授权的单位，也就是出票航空公司，出票航空公司以电子数据形式追踪一个旅客运输的全过程。

1. 标准电子客票的样式

1）提取电子客票票面信息的指令：
指令格式　DETR：CN/ICS 记录编号

指令格式　　DETR：TN/13位票号
指令格式　　DETR：NI/身份信息
指令格式　　DETR：NM/旅客姓名
用票号提取电子客票票面。输入指令：DETR：TN/999-5963308647
电子客票的样式如下所示：

ISSUED BY：AIR CHINA ORG/DST：BJS/TAO　　　　　　　　BSP-D
E/R：不得签转
TOUR CODE：
PASSENGER：测试
EXCH：　　　　　　　　　　　　　　CONJ TKT：
O FM：1PEK CA 1501 H 15NOV 1825 OK　　　H　　　　20K OPEN FOR USE
　　　　　RL：CF4MY　　/T70VF 1E
　TO：TAO
FC：15NOV06PEK CA TAO 570.00 CNY570.00END
FARE：　　　　　　　CNY 570.00 | FOP：CASH
TAX：　　　　　　　　CNY 50.00CN | OI：
TAX：　　　　　　　　　　　　　|
TOTAL：　　　　　　　CNY 630.00 | TKTN：999-5963308647

在这张电子客票的样本中，我们可以找到目前使用的TAT票上的大部分信息。

2. 图解：电子客票票面说明

1）在CRS系统中，提取旅客订座记录（PNR）

输入指令RT：QXDON
显示：
＊＊ ELECTRONIC TICKET PNR ＊＊
1. 测试人 QXDON
2. CZ3913 Y MO25DEC CANCSX RR1 0815 E
3. HAK/T HAT/T 0898—66701769/HAI HAN KAI SHENG INDUSTRY CO. LTD. /
ABCDEFG
4. OSI：CA CTC 13612345
5. T
6. SSR FOID CZ HK1 NI110101700101001/P1
7. SSR TKNE CZ HK1 CANCSX 3913 Y 25DEC 7842273833356 /1/P1
8. RMK：CA/CF4MY

9. FN/FCNY570.00/SCNY570.00/C3.00/XCNY50.00/TCNY50.OOCN/ACNY630.00
10. TN/784-2273833356 /P1
11. FP/CASH，CNY
12. HAK999

说明：电子客票量出票后系统在 PNR 中加入电子客票标识"ELECTRONIS TICKET-PNR"，电子客票票号项（SSR TKNE）和票号项（TN）。

2）电子客票票面说明

例如，

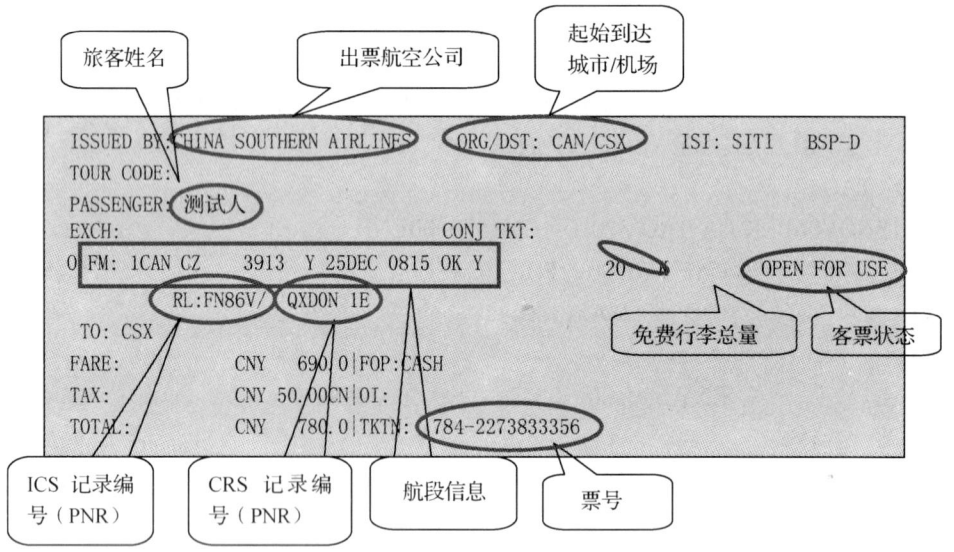

ET 标识（票面信息右上角）：
BSP-D　BSP 电子客票—国内
BSP-I　BSP 电子客票—国际
ARL-D　航空公司本票电子客票—国内
ARL-I　航空公司本票电子客票—国际

客票状态如下所示：

	客票状态	描述
1	OPEN FOR USE	客票未使用、有效，拥有 coupon 控制权
2	VOID	已作废
3	REFUNDED	已退票
4	CHECK IN	已经办理值机

续表

	客票状态	描述
5	LIFT/BOARDED	已登机
6	USED/FLOWN	客票已使用
7	SUSPENDED	挂起状态，客票禁止使用
8	PRINT/EXCH	电子客票已换开为纸票
9	EXCHANGED	电子客票已经换开电子客票
10	FIM EXCH	电子客票已换开为 FIM 单
11	AIRP CNTL/YY	航段控制权在 YY（航空公司）处
12	CPN NOTE	信息航段没有控制权

3. 电子客票票联状态的指示代码

航程中的每一个航段都有一个票联使用情况代码。表示了这一票联的状态。这些状态指示代码如下。

A：在机场控制的票联——表明一个航空公司获得了票联的控制，此控制最多发生在所规定的航班起飞时刻后的 72 个小时内。超过上述时间，如果票联的状态还是没有更新，那么该票联的控制将重新回到出票航空公司手里。Airport Control

C：已办理乘机手续的票联——表明旅客已经前往值机柜台或通过电子方式（如自助值机设备）完成值机手续。Check-in

E：换开/重新出票的票联/客票——表明原电子客票联的价值已经被使用，已更换为一个新的交易（如改变航程，或变更舱位）。Exchanged/Reissued

F：已乘机/已使用过的票联——表明电子客票中行程已经完成，等待着开账/销售报告。Flown/Used

G：中断飞行情况下的票联/FIM——表明在航班中断情况下，票联由地面工作人员改换上航班中断舱单，并将旅客改换上另一承运人的航班。Exchanged/Fim

I：不规则操作的票联——表明由于某些原因，航空公司的控制时间延伸至正常的 72 小时以外，这种延伸从规定的航班起飞后至 7 天之内。Irregular Operation

L：已撕下/已登机的票联——表明旅客已经登机。Litted/Boarded

N：票联通知——表明由票联数据显示票联的最后状态（如 E，F，P，R 或 X）没有告之。Coupon Notification

O：可以使用的票联——表明电子客票的票联有资格进行所有票联状态的更新，但

纸票不行。 Open Forum

P：打印票联——表明电子客票联的电子记录已转换成纸票文本（注有相同电子票证号）。 Printed

R：已退款的票联/客票（退票）——表明没有使用过的有价值的电子客票退款给了旅客。 Refunded

S：出票航空公司暂停使用的票联——表明出票航空公司对此票联限制使用。 Suspended

T：已填开纸客票——表明出了一张纸质客票。 Paper Ticket

U：没有供使用的票联——表明客票中没有可提供的票联，需要重新补收费用（如变更航程中出现了新的航段）。 Unavailable

V：作废的票联/客票——表明根据出票航空公司电子客票的规定，整个电子销售记录都已经取消。 Void

X：打印纸凭证的票联——表明承运人将电子客票打印在一个具有新的票号的票本上，而这将不影响先前支付的票款及相关的运价（注有新票证号）。 Print Exchange

Z：价值被使用完的票联——表明现有的票联因换票，或升舱，或退票等原因，票联的价值已被用完。因此这份客票所支付的票款不允许改变航程或完成其他业务（自愿退票或非自愿退票）。 CLosed

注意：不得将这些代码同订座情况代码相混淆。电子客票的票联应按顺序使用。

在所有票联的使用情况代码均为"O"时，才可以做非自愿退票、签转客票、作废客票等票务处理。

二、电子客票的主要特点及其与纸制机票的不同

1. 电子客票的主要特点

1）电子客票实际上是普通纸制机票的一种电子映像，是传统机票的一种替代品。

2）纸票将相关信息打印在专门的机票上，而电子客票则将票面信息存储在订座系统中。

3）电子客票可以像纸票一样，执行出票、作废、退票、换开等操作。营业员可以随时提取电子客票，查看客票的信息，包括姓名、航段、票价、签注等。

4）旅客不需要携带纸制的凭证，只要出示有效的身份识别证件就可以办理乘机手续。

5）电子客票采用全部电子化的结算流程，不需要纸制的票联就能结算。

2. 电子客票与纸质客票（OPTAT）的不同

1）电子客票的使用和纸质客票完全相同。不同的是，电子客票的所有数据：如旅客航程、票价、舱位和付款等信息均存储在出票航空公司电子票数据库记录中。

2）行程单是旅客购买电子客票的凭证之一，包含旅客姓名、航程、航班、旅行日期、起飞及到达时间、票号等内容。旅客通过行程单了解或要求变更旅行的信息。

3）使用电子客票的旅客信息在订座系统、离港系统和结算系统均可以通过指令提取。

4）电子客票信息中必须注明客票中每一票联（航段）的状态，此状态均以规定的代码体现。它是工作人员处理电子客票的依据。只有当系统中电子客票的状态显示为"OPEN FOR USE"时，工作人员才可以为旅客办理变更、换开、退票、乘机等手续。

5）目前，代理人在 ET 票的舱位变更、承运人变更、特殊情况下的退票（如非自愿退票）时，要根据航空公司的要求操作。

6）BSP ET 不能换开成 BSP 纸质客票。

7）不同承运人的联程运输，销售的电子数据同时进入出票航空公司、相关的承运人和 DPC。而纸质客票在订座完成后销售数据只从 CRS—DPC（如：MU CA CRS—DPC）。变更承运人也是如此。

8）销售电子客票时代理人在订座、出票和票务处理业务均与现时的运作相同。但代理人作了退票或作废票后，相应航空公司 ET 数据库里的电子数据中的票联状态代码就发生变化。（如"0"变化为"R"）

9）不同承运人联程运输的结算，纸质客票以乘机联作为结算的依据。电子客票以电子数据的同步转换，即一个公司的数据能否被另一个公司所承认，承认即形成联运航空公司间的结算而成为运输收入数据。（如航程：SHA—PEK—SHA）

10）电子客票不存在遗失客票的情况。因其信息均储存在计算机中。

11）只有当所有票联的使用情况代码都为"0"（OPEN FOR USE）时，才可使用 VT 指令作废这份电子客票，并将作废客票的票号记录进结算数据。

12）电子客票票号的格式与普通纸票相同，由 13 位阿拉伯数字组成。电子客票的票号由国际航协负责统一管理。销售电子客票时系统自动生成电子客票号码。BSP 数据处理中心（简称 DPC）在结算系统中进行自动消号处理。

三、电子客票的优势

电子客票之所以能在短时间内快速发展并得到航空公司和旅客的青睐，其主要原因在于它具备了相对传统纸制机票诸多的优势。

1. 在提供服务方面的优势。电子客票作为一种构架于新兴科技上的航空运输和结算手段，充分利用了当今流行的通信手段和信息技术，为航空公司和乘客带来了诸多的利益。对于乘客，有更多的选择和便利；对于航空公司，可以更加有效地降低成本、节省时间，实现票证管理的电子化。同时，也便于开展个性化服务。航空公司可以通过数据库记录来分析给航空公司带来 80% 收益的 20% 重要旅客特性,利用强大的数据库分析和处理后,做到一对一的个性化服务(One to One Service),从根本上提高对旅客的服务能力与服务质量。电子客票已经成为航空公司提高竞争能力的重要手段。

2. 在成本方面的优势。使用纸票的成本包括印刷费、运输费、保管费、回收费、人工统计费、人工结算费等,纸票成本将近 30 元,而使用电子客票成本可节约 2/3 以上。电子客票不需要机票打印设备,也可以为航空公司节约固定成本。根据国外航空公司的统计,电子客票的营销成本仅为纸票成本的 10% 左右。

3. 在安全方面的优势。纸票容易丢失、损坏。一旦丢失、遗忘就无法登机。电子客票存储在订座系统中,不会丢失、损坏,也不会因为遗忘而无法登机。此外,纸票可能被涂改、伪造,电子客票则不存在这样的问题。任何对于电子客票的修改操作都将在订座系统中有专门记录,可以随时查询。电子客票也不会因为打印字迹模糊等原因影响旅客使用。

4. 在管理便利性方面的优势。纸票需要复杂的管理过程,票证的印刷、分发、监督、回收都需要大量的人力、物力。电子客票有统一、方便的票证管理系统,通过电子数据进行票证管理,使管理更加便利、高效。

5. 在控制风险方面的优势:旅客购买电子客票的同时,票款已经通过银行支付到航空公司的账户中,可以从根本上加快公司资金结算,降低票款回收风险;另外,电子客票保存于航空公司自己的数据库中,也无法造假,可以从根本上杜绝假票。

6. 在环保方面的优势。使用电子客票不会消耗纸张,也就不会有垃圾等污染物。不需要打印,也就避免了打印造成的噪音污染,有利于实现无纸化办公。

与此同时,我们也要看到,电子客票的流程与业务也具有与纸票基本相同的复杂性。因为它的使用也涉及运输、市场、安检、财务、结算、常客等多个业务部门和职能部门电子客票系统与航空公司的订座系统、运价系统、离港系统、财务系统、结算系统、常客系统和银行支付系统等多个计算机系统直接相关,同时也与客运的相应业务和服务直接相关,有关的运作是一个相当复杂的过程,必须有足够的系统支持,保证实现电子客票生命周期内的全程管理。

四、电子客票给航空运输带来的新理念

1. 合作保障理念。一张完整的电子客票将客票的内容以数字化的形式进行存储。在电子客票的帮助下,旅客可以在始发地机场、目的地机场以外的第三方机场办理乘机手续,并能轻松享受承运航空公司合作伙伴们的服务;电子客票在技术上能够支持旅客实现跨航空公司的运输。

2. 信息桥梁理念。电子客票作为一种全新的服务手段,为积极选择国外先进的航空公司作为自己联盟伙伴的国内航空公司提供了一个从销售、离港到结算的平台;为航空公司间代码共享、双边协议的执行提供了信息传递的平台。电子客票为国内外航空公司顺畅的交换信息、平等的合作提供了令人满意的信息桥梁。国内航空公司积极使用电子客票可以与国外航空公司基于同一个标准(IATA 有关电子客票标准)的平台,开拓

自己的市场，展现自己的服务，提高市场竞争能力。

3. 数字形态理念。不同于传统客票，电子客票是传统纸质客票的电子替代产品。由此，以数字化的形式嵌入旅客的整个行程，这样不仅可以与传统客票一样保留旅客的订票信息，还可以将旅客在行程中接触到的所有数据都存储在航空公司的数据库内，并将伴随旅客完成航空旅行。在客户信息管理日趋重要的今天，旅客信息是非常重要的数据资源。由于电子客票的数字化形态，加速了航空公司的数据回收，成为及时调整营销政策的依据。

第二节 电子客票实务

一、电子客票的业务模式和数据处理模式

1. 电子客票的业务模式

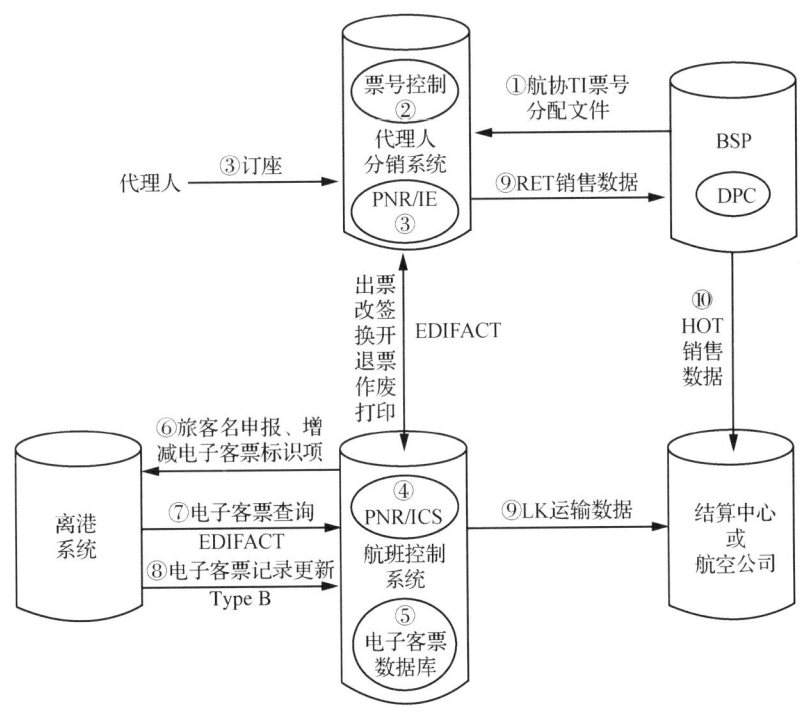

图9.1 电子客票的业务模式

电子客票完全由航空公司控制，流程主要包括以下几个环节。

航班控制：航空公司控制部门通过指令建立电子客票航班，可以同时指定电子客票

航班上哪些舱位为电子客票舱位。航空公司控制人员可以对电子客票航班进行修改。

票号管理：电子客票有单独的票号范围。票号的格式与普通纸票相同，由三位的航空公司结算代码和十位的票号组成。

航空公司电子客票授权：代理人需要向航空公司提交授权申请单，只有得到航空公司的授权，代理人才可以销售 BSP 电子客票。

当代理人进入中国 BSP 运作后，中国 BSP 经理/办公室将按照代理人担保额度自动配发电子客票使用量（即 BSP 电子客票票号）。代理人可登录国际航协 ASD 网站（www.iata—asd.com）直接领取 BSP 电子客票票号。

电子客票销售：可以采用两种方式进行销售。

1）在航空公司售票处或代理人处销售。此种方式，是为了在电子客票实行初期培养旅客对电子客票这种新的票证模式的认知度。旅客在柜台出示有效证件（此身份证件须与乘机时证件一致），销售人员为旅客预订电子客票座位，旅客付款后销售人员为旅客完成电子客票订座并打印电子客票航程单（航程单包括旅客全部票面信息，其作用是供旅客核对订座信息使用）。销售人员将打印好的旅客须知交给旅客。

2）通过航空公司网站或中国航信的网站销售。此种方式，可以使旅客在最短时间内完成订座，不需要等待送票上门。旅客通过网站预订电子客票航班的座位，使用信用卡进行网上支付。与银行主机连接的网络服务器在确认旅客付款有效后，将旅客票面信息和旅客须知通过电子邮件或传真传送给旅客。

改签与退票：旅客可以到航空公司售票处或代理人处进行改签，也可以通过网站进行改签操作。改签后的电子客票数据库将进行自动更新，并且可以记录并限制旅客改签次数。旅客如果要退电子客票，须到相应的订票地办理。

客票改期要求：只有票联状态为"OPEN FOR USE"的航段才允许改期。

只允许改期至相同航段、相同舱位的电子客票航段上。

销售统计管理：电子客票提供销售统计报表打印功能。销售报表中包括每一个销售处的电子客票销售、改签、退票等具体信息，航空公司可以通过销售报表来进行电子客票销售情况统计管理。

值机：旅客向值机人员出示身份证件，值机人员根据旅客航班号和姓名，提取旅客电子客票票面信息，核对旅客身份证件后为旅客打印电子客票登记牌。

安检：旅客持身份证件和电子客票登记牌通过安检后登机。

结算：结算业务流程如图 9.2 所示。

旅客完成电子客票预订后，订座系统会将旅客电子客票记录保存到电子客票数据库中，订座系统会定期生成电子客票订座情况数据磁带。航班关闭后，离港系统会将电子客票旅客乘机数据传送到订座系统中，订座系统将生成电子客票乘机情况数据磁带。如果航空公司使用结算中心的系统，数据磁带将传给结算中心进行结算处理，结算中心将最终结果传给航空公司。如果航空公司使用自己的结算系统，数据磁带则直接传给航空公司进行处理。

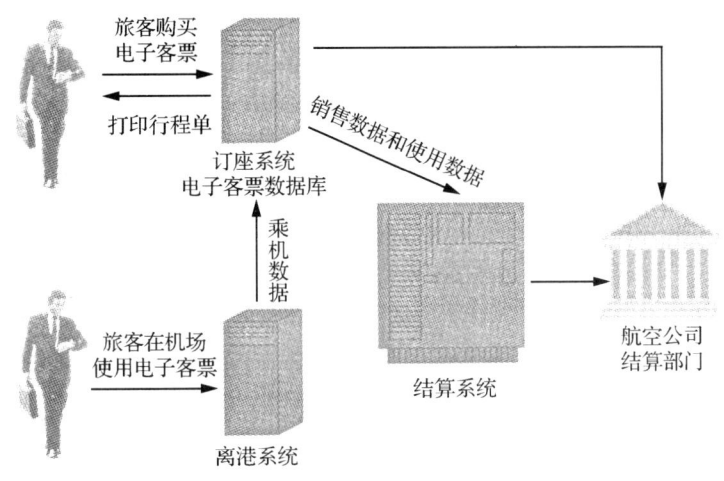

图 9.2 结算业务流程

2. 电子客票的数据处理模式

传统纸制机票在销售中,分为财务联、销售点底联、乘机联、旅客联等几部分。大量的机票联为结算、旅客数据处理以及销售部门的管理带来了许多困难。使用电子客票以后,可以缩短结算周期,提高管理水平,降低客票管理的成本。

1)财务联和乘机联的处理:将传统的财务联和乘机联的信息生成磁带,在航空公司的授权下传递给结算中心,由结算中心自动地进行结算。通过电子数据的方式,减轻航空公司的负担,提高工作效率,缩短结算周期。

2)旅客报销的处理:从 2006 年 6 月 1 日起,全国将试行由国家税务总局统一监制的航空运输电子客票行程单作为旅客购买电子客票的付款、报销凭证,试行期两年。各航空公司自行设计使用的电子客票报销凭证即时废止。电子客票行程单为机打单联发票,规格为 238mm×106.6mm,采用一人一票,在作为旅客付款凭证的同时,还具备提示旅客行程的作用,但不作为机场办理乘机手续和安全检查的必要凭证使用。这一举措大大简化了旅客的购票和乘机流程,也使真正意义上的电子客票付诸实施。

3)数据获得和保留:旅客的数据可以在订座系统和离港系统同时取得,这些数据在系统中可以保留五年。

4)同 MNS(Market Navigation System)市场导航系统的联系:航空公司可以通过 MNS 系统,对持电子客票的旅客进行统计和管理,同时应用 MNS 的数据对电子客票的销售进行核对。

5)结算方式的改变:票证结算数据是由中国航信定期的数据带提供的,在结算中心经过拆分和分发,传送至航空公司的主机后,在国内票证收入结算系统内通过新增模块对电子客票进行接收处理，接收后的数据直接进入国内票证收入结算系统，无需以往的票证手工录入，降低了操作人员的工作量，提高了数据的时效性。

二、电子客票的实际使用及操作

1. 选择出票航空公司

原则上按照国际航协第850X号决议附件A中的条款，选择出票航空公司。
1）一般原则
（1）原则上选择第一承运人为出票航空公司；
（2）依据已有授权的航空公司的要求，选择该航空公司为出票航空公司以确认另一承运人的运输；
（3）当旅客所定航程的第一承运人没有授权于代理人，或其不是BSP航空公司（未加入中国BSP）时，如是单程运输，需要使用其他航空公司作为出票航空公司，必须得到该公司的许可；如果是联程运输，可按承运人的顺序选择出票航空公司；
（4）不同承运人的国际运输，也可以选择长航段承运人作为出票航空公司。
注意：代理人应按照有关航空公司的规定选择出票航空公司。代理人使用哪家承运人的销售价格，就必须选择该承运人作为出票航空公司。
2）电子客票运作时选择出票航空公司
（1）不同承运人的联程运输必须建立在两个或多个航空公司间针对电子客票签订互为销售认可协议。
（2）如航空公司间没有签订ET联运的销售协议，代理人只能填开所授权的实际销售的航空公司的航班。否则不能完成订座，形成不了数据，也没有内容进入账单。
（3）电子客票的记录储存在出票航空公司的电子客票数据库内，出票航空公司对这一航程运输的全过程具有控制权。每一票联（航段）的状态在系统中可随时变化。不同承运人的联程运输，由出票航空公司依据双方签订的联运协议，并将此设定在ET的数据库中，由此自动确定与其共享数据的航空公司或地面服务代理商。
（4）结算授权代码由出票航空公司发给联运航空公司后即进行不同承运人联程运输间的结算。

2. 旅客订座销售行程单

旅客订座销售行程单是旅客购买电子客票的凭证之一，包含旅客姓名、航程、航班、旅行日期、起飞及到达时间、票号等内容。旅客通过行程单可了解所购电子客票信息。此行程单可以重复打印。

第九章 电子客票

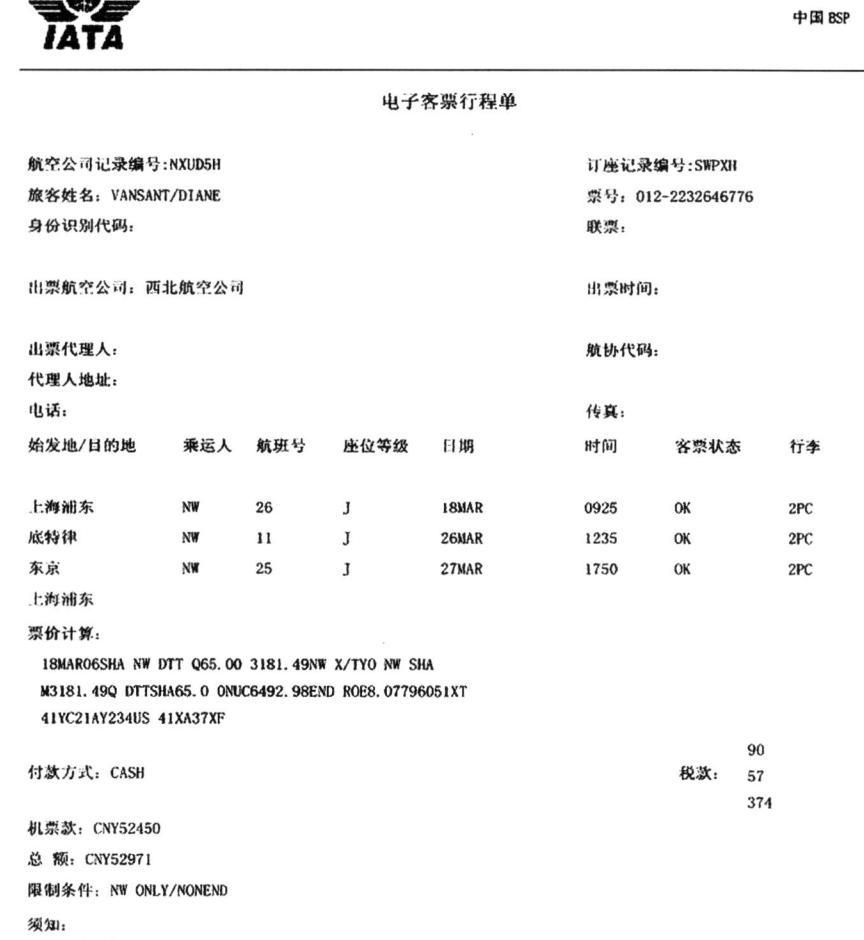

图 9.3 中文版电子客票行程单

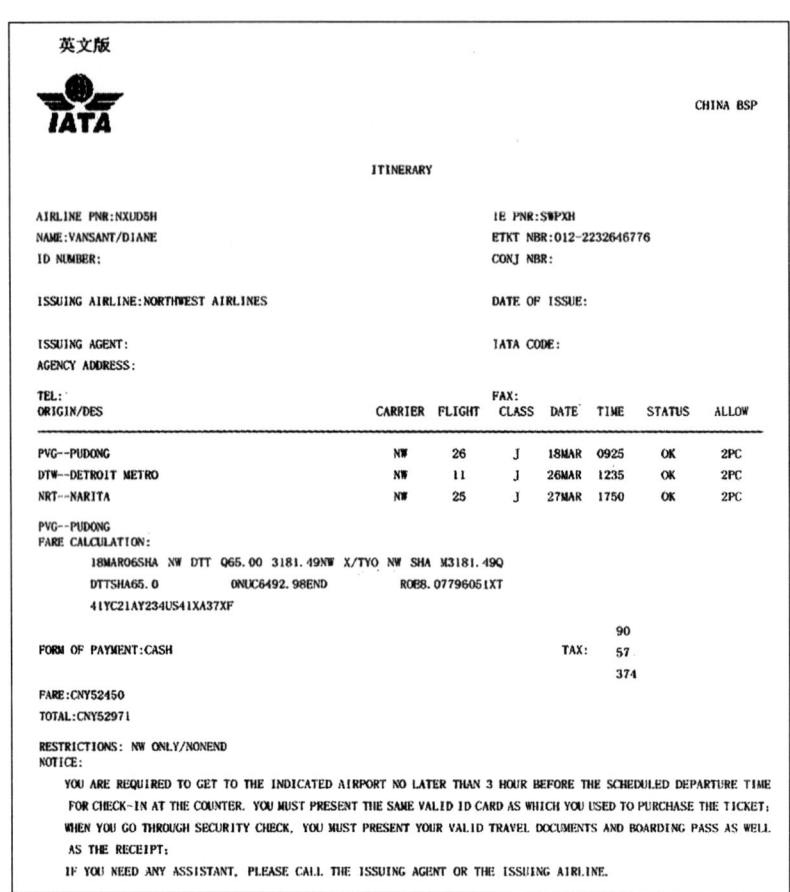

图 9.4　英文版电子客票行程单

3. 航空运输电子客票行程单（报销凭证）

1）航空运输电子客票行程单（报销凭证）的样式

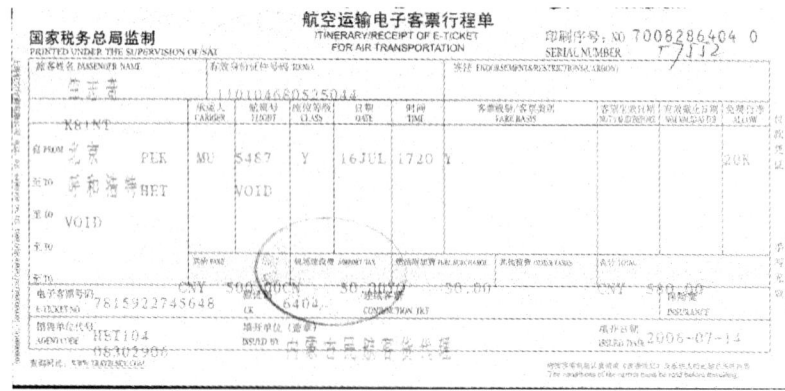

图 9.5　航空运输电子客票行程单

2）BSP 电子客票旅客联的用途

航空运输电子客票暂使用航空运输电子客票行程单（以下简称行程单）作为旅客购买电子客票的付款凭证或报销凭证，同时具有提示旅客行程的作用。《行程单》采用一人一票制，不作为机场办理乘机手续和安全检查的必要凭证使用。

行程单自 2006 年 6 月起试行，试行期为两年。试行期间，行程单纳入税务机关发票管理，由国家税务总局监制。

行程单为单机打发票，票面内容包括：航空运输电子客票行程单、国家税务总局监制、印刷序号、旅客姓名、有效身份证件号码、签注、航程、承运人、航班号、座位等级、日期、时间、客票生效日期、有效截止日期、免费行李、备注、票价、机场建设费、燃油附加费、其他税费、合计、电子客票号码、验证码、连续客票、保险费、销售单位代号、填开单位（盖章）、填开日期、查询网址。

旅客发生退票或其他客票变更导致票价余额与原客票不符时，若已打印行程单，要将原行程单退回，方能为其办理有关手续。

3）航空运输电子客票行程单（报销凭证）的领取

目前，航空运输电子客票行程单（报销凭证）的发放工作，由民航数据处理中心（DPC）即中国民航结算中心负责。

4. 代理人在操作电子客票时所做的工作

1）代理人向航空公司申请电子客票销售的授权。
2）在 CRS 订航空公司的 ET 航班。
3）在 CRS 打印旅客行程单（报销凭证）。
4）在 CRS 为旅客进行日期、航班的变更。
5）在 CRS 使用 VT 指令，进行 ET 票的作废；电子客票不得随意作废，作废量不能超过同期电子客票销售量的 5%，超出部分每张收取 5 元人民币的工本费。
6）在 CRS 使用 ETRF 进行 ET 票的退票，再使用 TRFD 填写退票单。
7）在 CRS 做销售统计或销售报告。
8）按现在的 BSP 流程进行结算和汇款。

5. 代理人在操作电子客票时需要注意的事项

1）按出票航空公司的操作要求和销售政策进行销售。
2）必须按顺序接受和使用电子客票的有价票联。
3）只有当 CRS 系统中电子客票的票联状态显示为"0"（OPEN FOR USE）表明该票联可以使用时，代理人才可以依据航空公司的规定处理如变更航班、退票等相关的票务工作。
4）出票成功后，代理人为旅客打印行程单。
5）当代理人进入中国 BSP 运作后，中国 BSP 经理/办公室将按照代理人担保额度自动配发电子客票使用量（即 BSP 电子客票票号）。代理人可登录国际航协 ASD 网站

(www.iata—asd.com）直接领取 BSP 电子客票票号。

6）代理人可在中航信 CRS 订座系统中使用"TOL:"指令，查看票证号码和票证数量等分配信息。

7）BSP 电子客票的销售报告、开账、结算和付款方式均与 BSP 纸质客票做法一致。

6. 电子客票操作中代理人应告知旅客注意的事项

1）代理人须通告旅客，在办理乘机手续时必须出示与购买电子客票时使用的身份证件相同的有效身份证件。

2）旅客出具航空电子客票行程单（报销凭证）和身份证件办理退票。或按出票航空公司有关电子客票退票的要求办理。

3）特殊情况的退票（非自愿退票等），旅客在出票航空公司直属售票处或机场内航空公司指定的售票柜台办理退票。

4）已售电子客票的变更在出票航空公司的直属售票处或机场内航空公司指定的售票柜台办理。

5）通知旅客在办理乘机手续时必须出示有效身份证件。

6）目前重要旅客及特殊旅客暂不能购买电子客票。

7. 连续运输凭证

连续客票，是指填开给旅客与另一本客票连在一起，共同构成一个单一运输合同的客票。

旅客全航程使用 2 个或 4 个以上票联时，称为连续客票。

使用连续运输凭证需注意：

（1）纸质客票应在每本客票的"连续客票"栏填写各本客票的客票号码。首先列明第一本客票的全部号码，然后加列其他各本续后客票号码中的最后两个数字。例如，3934567896/97/98。

（2）电子客票在电子数据中"票号"栏，显示第一本票的全部票号；在"联票"栏显示连续客票的号码。例如，3934567896—98。

（3）全航程选择同一个出票航空公司。

（4）纸质客票，所有连续客票必须在每本票相应的栏（票价计算栏，票价栏，始发地/目的地栏）内分别填写内容相一致的全航程票价计算过程，全航程票价和全航程的始发地/目的地点。

电子客票，电子数据直接显示全航程票价计算过程（FC：项）；全航程适用的公布票价（FN：FCNY 项）；全航程应收总余额（FN：ACNY 项）；和全航程的始发地/目的地点。

（5）电子客票票联显示，国内运输每 2 个票联中间有 1 条虚线；国际运输每 4 个票联中间有 1 条虚线。由此可以识别连续客票。

（6）保证连续客票的序号一定是紧接前一本票的号码。

注意：纸质客票，连续客票付款栏的内容只显示在第一本客票的出票人联上，后面所连续的客票票联不能显示付款栏的内容。如两本或两本以上的客票票联上均显示付款栏的内容，将会产生重复记账。

8. 变更标准运输凭证

1）旅客购票后，如要求更改航班、乘机日期。要在电子客票原订座记录中更改。变更时应注意下列事项。

（1）变更后的航班须仍是电子客票航班，且舱位代码相同。原则上应在原PNR基础上进行变更操作；如需新建PNR，则必须用SSR指令输入电子客票的客票号码，新建PNR的航班信息可自动转入电子客票记录中。

（2）电子客票全部未使用可由航空公司直属售票部门（包括市内售票处和机场航空公司指定售票柜台，下同）办理。

（3）电子客票已部分使用可由航空公司直属售票部门办理。

（4）部分旅客变更航班或日期

①同一电子客票订座记录中，如有部分旅客要求变更航班或日期，须持有效身份证件到航空公司直属售票部门办理；

②售票人员提取旅客PNR和电子客票记录，验证旅客信息合法有效后，在订座系统中进行正常的分离PNR操作，并按照旅客要求变更航班或日期。

2）旅客要求改变承运人，应征得原承运人或出票航空公司的同意并在新的承运人航班座位允许的条件下予以签转。

3）变更舱位等级。由于承运人的原因，旅客的舱位等级需变更时，票款的差额多退少不补；旅客要求变更舱位等级，票额多退少补。

4）变更航程。持电子客票的旅客如需变更航程，须按退票处理，旅客重新购票。

部分旅客变更航程：

（1）同一电子客票订座记录中，如有部分旅客要求变更航程，须持有效身份证件到航空公司直属售票部门办理退票手续；

（2）售票人员提取旅客PNR和电子客票票面信息，验证旅客信息合法有效后，在系统中分离旅客PNR；PNR分离后，进行退票操作。

5）一般情况下，客票一经填开，就不应对该票做任何更改。但由于航程变更、舱位等级、票价类别、无业务代理关系或无联运关系等原因，旅客所持票证不能继续使用时，代理人可以在承运人和/或旅客运输规则所规定的某些条件下，用换开客票或重新填开客票的方法予以处理。

注意：电子客票的变更，按照出票航空公司的要求办理。

9. 电子客票相关内容的修改

1）旅客姓名输入错误

电子客票出售后，如发现旅客姓名输入错误或出现同音不同字的错误，可以按照有效身份证件上的正确姓名进行修改。

旅客未到达机场时，可致电航空公司服务中心，由航空公司工作人员在订座系统中进行修改。

旅客到达机场办理乘机手续时，如发现姓名输入错误或出现同音不同字的错误，可到机场航空公司指定售票柜台办理相关手续。

2）有效身份证件输入错误

如旅客身份证件号码输入错误，由相关销售人员进行修改。

10. 遗失客票

电子客票保存在出票航空公司的电子客票里，不存在遗失客票。

11. 遗失电子客票行程单（报销凭证）

1）旅客遗失行程单，不影响旅客成行。旅客凭有效身份证和票号以及订座记录，办理乘机手续。行程单遗失后不能再次打印。

2）旅客遗失行程单后未乘机而提出退票，代理人应协助旅客填写《行程单遗失声明》后再办理退票手续。《行程单遗失声明》请在中国民航网站 www.caacsc.com 下载。《行程单遗失声明》与 PNR、电子退票单明细及汇总一起上交结算部门。

12. 旅客退票流程

1）旅客到柜台退票流程

（1）确认退票权利；

（2）确认客票的有效性；

（3）确认退票证件有效性；

（4）确认整体或部分旅客退票；

（5）确认退票原因，并检查证明文件；

（6）取消座位并打印 PNR；

（7）建立 TRFD，计算退票费并填写电子退票单；

（8）旅客签收退票款；

（9）打印电子退票单明细及汇总与 PNR、行程单一起上交结算部门。

2）旅客电话退票流程

（1）核对旅客信息，确认退票可靠性及合法性；

（2）先行退票，旅客后办理柜台退票手续；

（3）交待办理柜台办理退票注意事项；

(4) 其他与柜台退票流程相同。

三、跨航空公司电子客票

随着航空市场的不断发展，各个航空公司之间不仅加强了竞争，合作也变得越发重要。正是在这种背景下，IET（Interline Electronic Ticketing，跨航空公司电子客票）应运而生了。

IET 的系统结构如图 9.6 所示。

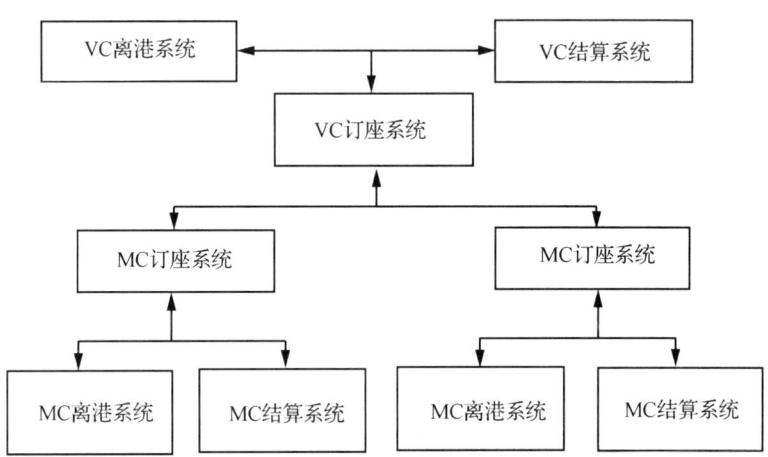

图 9.6　IET 系统结构

IET 的通讯及处理都通过各航空公司的订座和离港系统来实现，降低了系统复杂性和开发难度，减少了开发时间。上图中 VC（Validating Carrier）是出票的航空公司，MC（Marketing Carrier）是执行航段飞行任务的航空公司。VC 和 MC 是根据订票情况变化的。任何一家 IET 伙伴都可能是 VC，也可能是 MC，但对某一张票来讲，VC 只有一个，MC 可有多个。

IET 的功能主要包括：

(1) 1 张电子客票可订购多个航空公司的航段。

(2) 根据相互的协议，所有 IET 伙伴公司都可获取 ET 数据，更改 ET 航段状态，包括，显示 ET，获取 Airport Control，更改航段状态到 Check-in、登机、起飞、打印、重订 ET，退票，使航段无效等。

IET 技术的特点主要有：

(1) 通讯协议根据需要使用 EDIFACT（Electronic Data Interchange for Administration, Commerce and Transport）和 TTY（Teletype）。出票发给 MC 票号时使用 TTY，以确保 MC 可收到，保证旅客订票有效。其他时候使用 EDIFACT 以保证数据交换的实时性。

(2) 票务管理与财务管理一体化运作，完成的航段可在航空公司间及时结算。

（3）充分利用现有 USAS（Unisys Standard Airline System）系统，全新的程序只有 6 个，分别用于解析/生成报文（包括请求和回复报文）、处理 LS 表（存储有 IET 协议的航空公司信息）。

（4）系统具有良好的可扩展性，可很方便地增加 IET 伙伴（仅需修改 LS 表即可）。

IET 的作用主要体现在服务和成本两个方面：扩大了一站式服务的范围，使对旅客的服务在多个航空公司间可以实现无缝衔接；多个航空公司可以共享彼此的分销系统，以较低的成本加强了自身的分销能力。更方便快捷的结算方式和电子化处理，可减少人工处理及资金占用，降低了出错的可能性和管理及财务费用，减少营运费用。

IET 的处理流程主要包括：订票、显示、重订、打印、退票、使航段无效等。

（1）订票处理流程：包括 IET 出票规则检查，建立 ET 记录，建立结算记录，在 PNR 中增加 TKNE，发送相关数据到离港系统、MC 和结算系统。

（2）显示 ET 主要包括：获取 Airport Control，即在 IET 中，获得航段的 Airport Control 指获得该航段的控制权，任何对该航段的操作均需通过该公司更改航段状态处理流程，包括 MC 和 VC 的处理。

（3）重订、打印、退票、使航段无效流程：包括检验该指令是否是本地指令，执行该指令的航空公司是 VC 还是 MC，航班状态是否合法，VC 与 MC 之间信息传递，更新 ET 数据库，发送信息给结算中心等。

第十章　旅客运送服务

第一节　旅客运送流程

旅客购买机票后，将乘航班完成旅行。旅客到达机场常规登机流程如图 10.1 所示。

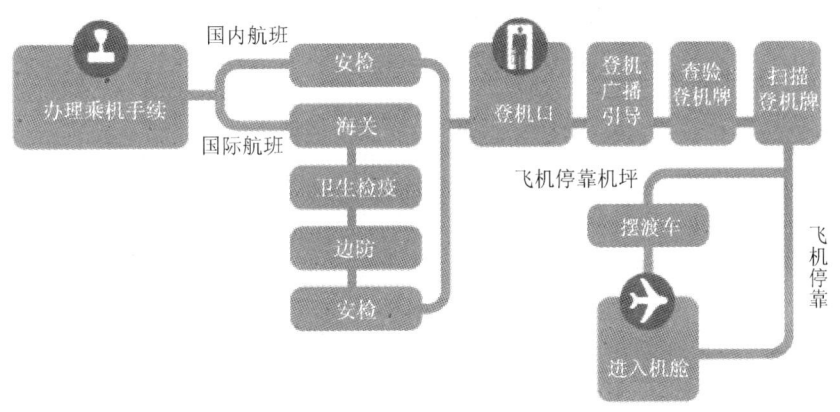

图 10.1　旅客运送流程

一、国内旅客出发流程

1. 行李托运、换登机牌

旅客到达机场后，可到出发大厅指定的服务台凭客票及本人有效身份证件按时办理乘机和行李交运手续，领取登机牌。

持电子客票旅客凭本人有效身份证件到值机柜台（或自助值机柜台）办理乘机和行李交运手续，领取登机牌。

飞机离站前 30 分钟停止办理乘机手续。

2. 安全检查

通过安全检查时，旅客应首先向工作人员出示登机牌、有效证件和飞机票（电子客票除外）。为了飞行安全，旅客及随身携带行李物品必须接受安全检查。行李物品要经过 X 光机检查，旅客要走金属探测器门。

3. 候机及登机

旅客可以根据登机牌所显示的登机口号在相应的候机厅候机休息，听广播提示进行登机。

二、国内旅客到达流程

1. 领取交运行李

到达目的地后，确认航班号，到相应的行李转盘领取交运行李。

2. 进入到达大厅

到达大厅接客处设有市区各大宾馆接待柜台，出租车和公交巴士站台位于国内到达出口处。

三、中转登机流程

1. 国际转国内

旅客下飞机后过检验检疫、边防检查，自行到行李转盘提取行李，携行李至中转厅办理中转手续即入境海关检查、行李安全检查、托运行李/换登机牌，安全检查，候机、登机。

2. 国内转国际

旅客下飞机后自行到行李转盘提取行李，携行李至中转厅办理中转手续即航空公司有关部门负责为旅客办理值机手续——换登机牌、托运行李，之后旅客从中转厅到出发大厅过海关、检验检疫、边防检查、安全检查、候机、登机。

3. 国内转国内

旅客下飞机后自行到行李转盘提取行李，携行李至中转厅，航空公司有关部门负责为旅客办理值机手续——换登机牌、托运行李。之后，旅客出中转厅到出发大厅过安检，候机、登机。

第二节　旅客乘机的有关规定

一、旅客运送的一般规定

1. 旅客应当在航空公司规定的时限内到达机场，凭客票及本人有效身份证件按时办理客票查验、托运行李、领取登机牌等乘机手续。
2. 如旅客未能按时到达航空公司的乘机登记处或登机门，或未能出示其有效身份证件及运输凭证，或未能做好旅行准备，航空公司为不延误航班可取消旅客已订妥的座位。对旅客由此所产生的损失和费用，航空公司不承担责任。
3. 航空公司开始办理航班乘机手续的时间一般不迟于客票上列明的航班离站时间前90分钟，截止办理乘机手续时间为航班离站时间前30分钟。航空公司应将上述时间以适当方式告知旅客。
4. 航空公司及地面服务代理人应按时开放乘机登记处，按规定接受旅客出具的客票，快速、准确地办理乘机登记手续。
5. 乘机前，旅客及其行李和免费随身携带物品必须经过安全检查。

二、查验客票

查验客票指检查客票的合法性、有效性和正确性。旅客乘坐飞机必须交验有效客票，承运人自办理乘机手续直到到达目的地的这段时间里，都有权查验旅客的客票。

三、安排座位的基本要求

为了提高客运服务质量、保证航班正点和确保飞行安全，根据飞机客舱座位布局、旅客订座情况和飞机载重平衡的要求，预先安排座位，以使旅客登机入座时有良好的秩序。旅客乘坐飞机必须严格按照登记牌的座位号登机、对号入座。安排座位应尽可能满足旅客的要求。座位安排的具体要求如下：

1. 安排座位应符合飞机载重平衡的要求。
2. 严格按照旅客客票的座位等级安排座位。
3. 伤病残旅客、行动不便的旅客、儿童、孕妇和携带婴儿的旅客不得安排在靠近客舱紧急出口处的座位。
4. 重要旅客和需要特殊照顾的旅客一般安排在客舱前部靠近乘务员的座位，以便于乘务员提供服务。
5. 团体旅客、同行旅客和需要相互照顾的旅客的座位尽可能安排在一起。
6. 携带外交信袋的外交信使、押运货物的押运员的座位应安排在客舱门附近，以便于上下飞机。

7. 不同政治态度和不同宗教信仰的旅客不要安排在一起。

8. 国际航班国内段载运国内旅客时,应将国内旅客的座位与国际旅客的座位分开安排。对有中途站的航班安排座位时,应给中途站预留适当的座位。

四、载运限制

1. 拒绝运输

承运人根据自己合理的判断,认为有下列情况之一时,可以决定对任何旅客拒绝运输或拒绝续程运输(包括要求中途下机)或取消已订妥的座位:

1)为了保证安全;

2)为了遵守我国的法律、政府规定和命令;

3)旅客其行为、精神或健康情况需要承运人给予特殊照顾,或对其他旅客会造成不舒适或反感,或者对其本人、其他旅客或财务可能造成任何危害及危险;

4)旅客不遵守承运人的规定,或不听从承运人的安排和劝导;

5)有特殊恶臭、外形怪异或有特殊怪癖,可能对其他旅客造成不良影响者;

6)患有传染疾病者;

7)为了避免旅客可能对其他旅客及其自身造成危害。

2. 不予载运

当飞机载重量或座位不足时,承运人有权根据自己合理的判断决定不予载运的任何旅客、行李和其他物品。

3. 有条件载运

无成人陪伴儿童、病残旅客、婴儿、孕妇、醉酒旅客、盲人和犯人等特殊旅客,只有在符合承运人规定的运输条件下,并经承运人同意方予载运。

4. 载运限制的补偿

1)根据上述规定被拒绝运输和拒绝续程运输(包括要求中途下机)或取消已订妥座位的任何旅客,承运人不给予该旅客赔偿,只限按照非自愿退票规定办理退票。

2)由于座位超售而不予载运的旅客,承运人按照有关超售补偿规定予以经济补偿,经济补偿应参照有关承运人具体规定办理。

第三节　误机、漏乘、错乘

一、误机

误机是指旅客未按规定时间办妥乘机手续或因旅行证件不符合规定而未能乘机。

1. 旅客如发生误机，应到乘机机场或原购票地点办理改乘航班、退票手续。
2. 旅客误机后，如要求改乘后续航班，在后续航班有空余座位的情况下，承运人应积极予发安排，不收误机费。
3. 旅客误机后，如要求退票，承运人可以收取适当的误机费。

二、漏乘

漏乘指旅客在航班始发站办理乘机手续后或在经停站过站时，未搭乘上指定的航班。发生旅客漏乘应首先查明漏乘原因，根据不同的漏乘原因进行处理。

1. 由于旅客原因造成漏乘

1）发生在航班始发站，按误机有关规定处理，即旅客可办理改乘后续航班，也可以办理退票；

2）发生在中途站，不得改乘后续航班，按旅客自动终止旅行处理，该航班未使用的航段的票款不退。

2. 由于承运人原因造成漏乘

承运人应尽早安排旅客乘坐后续航班，并按航班不正常的有关规定，承担漏乘旅客等候后续航班期间的膳宿费用。

三、错乘

错乘指旅客乘坐了不是客票的适用乘机联上列明的运输地点的航班。

1. 由于旅客原因错乘

1）在始发站发现错乘，承运人应安排错乘旅客搭乘飞往旅客客票乘机联上列明地点的最早航班，票款不补不退。

2）在中途站发现旅客错乘，应中止其旅行，承运人应安排错乘旅客搭乘飞往旅客客票上列明的目的地的直达航班，票款不补不退。

2. 由于承运人原因错乘

承运人应向旅客赔礼道歉，妥善安排旅客，并应承担错乘旅客在等候后续航班期间的膳宿费用。

1) 在始发站发现旅客错乘，承运人应安排错乘旅客搭乘最早飞往旅客客票上列明地点的最早航班。如旅客要求退票，按非自愿退票处理。

2) 在中途站发现旅客错乘，应中止其旅行，承运人应尽可能安排错乘旅客搭乘飞往旅客客票上列明的目的地的直达航班。如旅客要求退票，按非自愿退票处理，退还自错乘地点至旅客客票上列明的目的地的票款。但是，任何情况下退款都不得超过旅客实付票款。

第四节　旅客运送服务工作

一、不正常航班的旅客服务工作

航班正常是指飞机在班期时刻表上公布的离站时间前关好机门，并在公布的离站时间后15分钟内起飞，又在公布的到达站正常着陆的航班；反之则为航班不正常。航班不正常包括航班提前起飞、延误、取消、合并、加降、备降和飞越等不正常情况。

由于机务维护、航班调配、商务、机组等承运人原因，造成航班在始发地延误或取消，承运人应当向旅客免费提供餐食和住宿等服务。航班延误两小时以上，原则上每八小时免费提供一次饮料。正值用餐时间应免费提供餐食。航班延误时间比较长或过夜，应免费安排住宿。

由于天气、突发事件、空中交通管制、安检以及旅客等非承运人原因，造成航班在始发站延误或取消，承运人可协助旅客安排餐食和住宿，费用应由旅客自理。

航班在经停地延误或取消，无论何种原因，承运人应负责向经停旅客免费提供膳宿服务。

航班延误或取消时，承运人应迅速及时将航班延误或取消等信息通知旅客，做好解释工作，提供良好服务。并按规定依照旅客的要求，做好后续航班座位安排和退票工作。

二、特殊旅客的服务

1. 特殊旅客的一般规定

特殊旅客是指需给予礼遇和照顾的旅客，或由于其身体和精神状况需要给予特殊照料，或在一定条件下才能运输的旅客。

特殊旅客的情况比较复杂，不同的特殊旅客有不同的运输条件、手续和注意事项。各有关部门在办理特殊旅客运输时，必须认真负责地按照各有关规定，根据具体情况谨慎细致地处理。对于代理人而言，因不涉及特殊旅客的处理，因此，仅对相关规定作一定的了解，便于回答旅客的问题和提高代理人的服务质量。

关于特殊旅客的运输办法，是由各航空公司自行制定规定的。因此，凡是接受需要与其他空运企业联合运输的特殊旅客，必须事先取得各有关航空公司的同意，并遵照各航空公司提出的要求办理。

旅客的行为、年龄、身体和精神状况不适合航空旅行，或使其他旅客不舒适或反感，或对其自身或其他人员或财产可能造成任何危险或危害，航空公司可以根据合理的判断，有权拒绝运输旅客及其行李。

2. 特殊旅客的种类

重要旅客、病残旅客（轮椅、担架）、无成人陪伴儿童、孕妇、盲人、酒醉旅客及犯人都属于特殊旅客。

3. 重要旅客

重要旅客（VIP）是指航空公司对具有一定的身份、职务或社会知名度的旅客，从购票到乘机的整个过程都将给予特别的礼遇和特殊的照顾。重要旅客的手续因涉及多个相关部门，例如售票、值机、调度、服务、乘务等部门，因此重要旅客的手续只能由相关的航空公司进行处理。

1）重要旅客的接收范围

部级以上负责人，外国国家元首、政府首脑；

大军区级以上负责人；

公使、大使级外交使节；

由各部、委以上单位或我国驻外使馆、领馆提出要求按重要旅客接待的客人；

我国的科学院和社会科学院的院士；

承运人认为需要给予此种礼遇的旅客。

2）重要旅客的接收规定

（1）售票部门在接受重要旅客订座时，应要求经办人详细填写"旅客订座单"并问清其职务、级别和所需要提供的特殊服务。征求旅客本人或接待单位的意见，如愿意向承运人公开身份的，应在订座电脑的 PNR 的 OSI 项目中注明重要旅客的身份、职称和特殊服务要求。

（2）座位控制部门对重要旅客的订座要求，应优先予以保证，并及时拍发答复电报；重要旅客需要预订联程、回程座位及其他服务时，要及时向联程、回程站或有关承运人拍发订座电报。

（3）对重要旅客乘坐班机，除各个部门必须提供良好服务外，还应注意做好保密工作，遇到问题时多请示报告。

（4）对国务委员副总理以及本市副市长以上的重要旅客，航空公司领导要亲临现场组织实施并接送。对其他重要旅客，航空公司运输部门值班领导要亲临现场组织实施并接送。

3）运送重要旅客的工作程序

（1）重要旅客订座，接待单位需出示单位介绍信。承运人应优先安排并予以保证，如因人数较多安排确有困难时，应立即向上级部门反映。

（2）接受订座时需问清以下情况，并做好详细记录：

①航班（含联程和回程）、起飞时间和目的地；

②姓名、职务；

③特殊服务要求；

④随行人员人数；

⑤联系电话、联系人；

⑥是否愿意公开身份。

（3）建立PNR，并在重要旅客订座记录的OSI组注明VIP姓名和职务。

例如，OSICA XU/BEICHEN MR BINHAI SHI SHIZHANG

（4）出票时除按规定填写客票外，在重要旅客的姓名后加注"VIP"字样，在机票封面加盖"重要旅客"专用章。客票内所填项目也能与订座记录逐一核对，并交值班主任检查，确保航班号、日期和起飞时间正确无误。

（5）按照VIP信息传递图传送重要旅客运输信息。

（6）办理乘机手续柜台应预留好重要旅客和随同人员的座位。在重要旅客的托运行李上拴挂"VIP"行李标识牌，填制"特殊旅客服务通知单"。重要旅客乘机手续应随到随办，办后由服务人员引导到贵宾室等候登机。

登机时，由服务人员引导上机，并与机上乘务长办理交接，请其在"特殊旅客服务通知单"上签字。

（7）向经停站和目的站拍发VIP运送电报。

4. 病残旅客

由于身体和精神上的缺陷或病态，在航空旅行中不能自行照管自己的旅途生活，需由他人帮助照料的旅客，称为病残旅客。

1）病残旅客的分类

（1）身体患病；

（2）精神患病；

（3）肢体伤残。

带有先天残疾，已习惯于自己生活的人，如肢残、聋哑人等，不应视为伤残旅客。年迈体弱，虽然身体上并未患病，但在航空旅行中显然需要他人帮助时，也应视同病残旅客给予适当的照料。

2）不予承运的病残旅客

（1）下列情况之一者，承运人有权拒绝运输：

①患有传染性疾病；

②精神病患者，易于发狂、可能对其他旅客或自身造成危害者；

③面部严重损伤，有特殊恶臭或有特殊怪癖，可能引起其他旅客的厌恶者。

（2）患有下列疾病的旅客，除为了挽救生命且经承运人同意进行特殊安排之外，不予承运：

①处于极严重或危急状态的病患者，如严重的心力衰竭，出现紫绀症状和心肌梗塞者（在旅行前六周之内曾发生过梗塞者）；

②严重的中耳炎，伴随有耳咽管阻塞症的患者；

③近期患有自发性气胸的病人或近期作过气胸造型的神经系统病症的患者；

④大纵隔瘤，特大疝肿及肠梗阻的病人，头部损伤颅内压增高及颅骨骨折，下颌骨骨折最近使用金属线连接者；

⑤在过去30天内患过脊髓灰质炎的病人，延髓型脊髓灰质炎患者；

⑥带有严重咳血、吐血、出血、呕吐及呻吟症状的病人；

⑦近期进行过外科手术，伤口尚未完全愈合者。

3）病残旅客的接受条件

病残旅客要求乘机须具备下列条件：

（1）诊断证明书

病残旅客要求乘机，需交验"诊断证明书"一式三份，"诊断证明书"需由医疗单位填写旅客的病情及诊断结果，并经意向书签字、医疗单位盖章。

在班机起飞前96小时以内填开"诊断证明书"方为有效；病情严重的旅客，则应备有班机起飞前48小时以内填开的"诊断证明书"。

（2）特殊旅客（病残）乘机申请书

病残旅客要求乘机旅行，需填写"特殊旅客（病残）乘机申请书"一式两份，以表明如旅客在旅途中病情加重、死亡或给其他人造成伤害时，由申请人承担全部责任。

"特殊旅客（病残）乘机申请书"应由旅客本人签字，如本人书写有困难，也可由其家属或监护人带签。申请书上应包括：旅客年龄、性别、国籍、旅客的病情，"诊断申请书"是否齐备、旅客是否需要躺在担架上乘机等内容。

4）轮椅旅客

当需要轮椅的旅客联系订座时，工作人员应详细询问旅客或其代理人有关旅客的伤残情况，以便决定旅客属于哪一种情况。

WCHC：轮椅—"C"为客舱座位（CABIN）。旅客完全不能行动。旅客前往和离开飞机或移动时需要轮椅，在上下客梯和进出客舱座位时需要背扶。

WCHS：轮椅—"S"为客梯（STEPS）。旅客不能上下客梯，但可自己进出客舱座位；远距离离开或前往飞机时需要轮椅，但在上下飞机客梯时需要背扶。

WCHR：轮椅—"R"为客机坪（RAMP）。旅客可以上下客梯，可以自己进出客舱座位，但在远距离前往或离开飞机时，如穿过停机坪、廊桥时需要轮椅。

目前承运人所使用的机型不同，每一航班载运需要轮椅的旅客的数量限制也不同，具体应联系相关的承运人以确定是否接收。

需要使用轮椅的病残旅客多有自己的轮椅，并且希望在航程途中随机携带。为方便处理和接受承运轮椅，当旅客希望在航程中随机携带自己的轮椅时，必须通知航程中所有参加承运的航空公司。

5）担架旅客

重病旅客在旅行中不能使用机上的座位，只能躺卧在担架上，除遵照病残旅客运输的有关规定外，还应根据下列规定办理。

（1）人数

在每一航班的每一航段上，一般只限载运一名担架旅客，办理时向相关的承运人咨询。

（2）陪伴人员

担架旅客必须至少由一名医生或护理人员陪同旅行。经医生证明，病人在旅途中不需要医务护理时，也可由其家属或监护人员陪同旅行。

（3）售票

受理旅客使用担架的申请时，售票处要求旅客必须提供医院书面证明，证明该旅客在飞机上不会发生生命危险和传播疾病；旅客自己同时要提供书面担保，承担对由于自身原因发生生命危险和传播疾病的全部责任。

担架旅客需支付的费用可能因航空公司而不同，办理时应参照相关航空公司的规定。

5. 盲人

盲人旅客是指双目失明、单独旅行、需要承运人提供特殊服务的旅客。眼睛有疾病不属于盲人旅客，应按照病残旅客有关规定办理。有关盲人旅客运输的一般规定如下：

1）盲人旅客在航空旅行的整个过程中有成人陪伴同行，盲人旅客可按照一般普通旅客接受运输。

2）单独旅行、需要承运人提供特殊服务的盲人旅客，必须在订座时提出申请，经承运人同意后方可购票乘机。

3）建立 PNR 时，在 OSI 栏内注明。例如，"PAX/BLND 45 YEARS OLD MALE"。

4）单独旅行的盲人旅客在上下机地点应有人照料迎送。

5）盲人旅客如携带导盲犬，应符合承运人的规定并具备必要的检疫证明。

6）导盲犬经承运人同意可免费携带进入客舱或装在货舱内，同一客舱只能装运一只导盲犬。

7）携带进入客舱的导盲犬必须带上口套和系上牵引绳索。但在长距离飞行中途不着陆的航班上，承运人可拒绝导盲犬被带进客舱。

8）单独旅行的盲人旅客购票后，应给始发站、中途站和到达站拍发"盲人旅客运输"电报。

9）办理乘机手续柜台应填写"特殊旅客服务通知单"一式两份，并通知服务人员引导盲人旅客。

10）服务人员协助盲人旅客办理乘机手续，引导盲人旅客乘机，并与乘务员交接，将"特殊旅客服务通知单"一份交乘务员，一份留存备查。

6. 孕妇及新生儿

1）孕妇运输

由于飞机在高空飞行，高空空气中氧气相对减少，气压降低，对孕妇乘坐飞机有一定的限制条件。尽管有研究表明妊娠期的任何阶段乘坐飞机都是安全的，但为了慎重起见，航空公司通常对孕妇乘机制定了一些规定，只有符合运输规定的孕妇，承运人方可接受其乘机。

（1）怀孕不足 8 个月（32 周）的健康孕妇，可按一般旅客运输。

（2）怀孕超过 8 个月（32 周）的孕妇以及怀孕不足 8 个月、且经医生诊断不适宜乘机者，一般不予接受。

（3）怀孕超过 8 个月但不足 9 个月的健康孕妇，如有特殊情况需要乘机，应在乘机前 72 小时内交验由医生签字、医疗单位盖章的"诊断证明书"一式两份。内容包括旅客姓名、年龄、怀孕时期、预产期、航程和日期、适宜乘机以及在机上需要提供特殊照料的事项，经承运人同意后方可购票乘机。

（4）怀孕超过 9 个月的孕妇不接受运输。

2）婴儿运输

由于新生儿的抵抗力差，呼吸功能不完善，咽鼓管又较短，鼻咽部常有黏液阻塞，飞机升降时气压变化大，对身体刺激大，新生儿又不会做吞咽动作，难以保持鼓膜内外压力平衡。因此，对婴儿乘坐飞机要有一定的限制条件。航空公司规定新生婴儿出生不足 14 天不能乘机。

7. 无成人陪伴儿童

无成人陪伴儿童是指年龄在 5 周岁以上 12 周岁以下的无成人陪伴、单独乘机的儿童。有关无成人陪伴儿童运输的规定如下：

1）年龄在 5 周岁以下的儿童不予承运。

2）无成人陪伴儿童符合下列条件者，方能接受承运运输：

（1）无成人陪伴儿童必须有儿童的父母或监护人陪送到上机地点，并在儿童的下机地点安排人员迎接和照料。

（2）运输的全航程包括两个或两个以上的航班时，不论是由同一个承运人或不同的承运人承运，在航班衔接站应有儿童的父母或监护人安排人员接送和照料，并应提供接送人的姓名、地址和电话号码。

3）无成人陪伴儿童乘机的申请应在航班起飞日前一星期提出，否则不予受理。

4）直达航班可接受 5 至 11 岁无成人陪伴儿童运输，联程航班可接受 8 至 11 岁无成人陪伴儿童运输。如涉及其他承运人，还应得到有关承运人确认的电报同意后方可承运。过夜的联程航班，不接受无成人陪伴儿童的运输。

5）5 周岁和 5 周岁以上至 12 周岁以下的无成人陪伴儿童，一般按适用成人票价的 50% 购买儿童票。

6）无成人陪伴儿童客票的填开，除按一般规定外，在"旅客姓名"栏儿童姓名后缀"UM"字样，并加上两位数字的儿童年龄，例如，李小红（UM08）。

8. 犯人

由于犯人是受我国现行法律管束的，在办理犯人运输时，应与有关公安部门配合。有关的规定如下：

1）公安部门应在订座时提出犯人运输申请，经承运人同意后方可购票乘机。

2）在运输犯人的全航程中，有关公安部门必须至少派两人监送，并对监送犯人负全部责任。

3）监送人员如需携带武器，应由机场安检部门处理。

4）除民航总局特别批准外，只能在班机上监送犯人运输。

5）办妥售票手续后，应给始发站、中途站和到达站拍发犯人运输电报。

第十一章　行李运输

行李运输是旅客运输工作的组成部分，它是随着旅客运输的产生而产生的。行李运输在旅客运输中占据非常重要的地位，旅客旅行是否成功，往往还取决于旅客所携带的行李物品运输的完好性和准时性。这是因为，行李不仅本身有价值，而且更重要的是，它体现旅客旅行的目的，关系到旅客旅行任务的完成和生活的需要。所以，行李运输工作的好坏直接影响到旅客的生活、旅行需要、飞行安全、航班正常和服务质量。行李运输差错事故所引起的赔偿会给航空公司带来经济损失，也有损于航空公司的声誉，甚至造成严重的政治影响。随着客运量逐年上升，加强行李运输管理、预防行李运输差错事故的发生，已成为提高航空客运质量的重要环节。

第一节　行李运输的一般规定

一、行李的定义及分类

1. 定义

旅客在旅行中为了穿着、使用、舒适或者便利而携带的必要或者适量的物品和其他个人财物称作行李（Baggage）。

2. 类别

根据运输责任，承运人承运的行李可分为以下几类。

1）托运行李（Checked Baggage）

托运行李是指已经填开客票和行李票并由旅客交由承运人负责照管和运输的行李，此类行李将被计重并贴上行李牌放置于航空器的行李舱或货舱中，旅客无法接触到。承运人在收运行李时，必须在客票的行李栏内填写托运行李的件数及重量，客票上将贴上"行李牌识别联"以给旅客作为认领行李用。此种行李的包装必须包装完善、锁扣完好、捆扎牢固，能承受一定的压力，能够在正常的操作条件下安全装卸和运输。

托运行李每件不能超过 50 公斤。体积不能超过 40cm×60cm×100cm。超过上述规定的行李，须事先征得承运人的同意才能托运。

2) 自理行李（Unchecked Baggage）

自理行李是指经承运人同意由旅客自行负责照管的行李。如易碎物品、贵重物品、外交信袋等特殊物品可以作为自理行李由旅客带入客舱内。每一旅客携带自理行李的重量一般不能超过 10 公斤，体积每件不能超过 20cm×40cm×55cm，并要求能放入行李架内或座位底下，不妨碍客舱服务和旅客活动。经承运人同意的自理行李应与托运行李合并计重后，交由旅客带入客舱自行照管，并在行李上拴挂自理行李牌。

3) 随身携带行李（Carry on/Cabin Baggage）

随身携带物品是指经承运人同意由旅客自行携带进入客舱的小件物品。随身携带物品有别于自理行李，是旅客在旅途中所需要或使用而携带的个人物品，例如，一定量食品、书报、照相机、大衣等。随身携带物品的重量，每位旅客以 5 公斤为限，此重量不计入旅客的免费行李额内。每件随身携带物品的体积不得超过 20cm×40cm×55cm。持 F 舱客票的旅客，每人可随身携带两件物品；持 C 舱或 Y 舱的旅客，每人只能随身携带一件物品。超过上述重量、体积或件数限制的随身携带物品，应作为托运行李托运。

二、行李的范围

1. 旅客在旅行中为了穿着、使用、舒适或方便的需要而携带的物品和其他个人财物，可作为行李运输。

2. 重要文件和资料、外交信袋、证券、货币、汇票、贵重物品、易碎易腐物品，以及其他需要专人照管的物品，不得夹入行李内托运。承运人对托运行李内夹带上述物品的遗失或损坏按一般托运行李承担赔偿责任。

3. 国家规定的禁运物品、限制运输物品、危险物品以及具有异味或容易污染飞机的其他物品，在任何情况下都不能作为行李或夹入行李内托运。

4. 航空限运物品、管制刀具以外的利器、钝器应放入托运行李。

第二节　行李的运费

一、免费行李额

一张机票的价格中，不仅包括运输旅客的费用，还包括运输旅客所携带的行李的费用，也就是旅客可以在乘坐飞机的同时免费携带一定重量和件数的行李。旅客付的费用决定了旅客乘坐的座位等级和可免费携带的行李数量和重量。所付票价越高，可乘坐的座位越好，可享受的免费运输的行李越多。这种根据旅客所付票价、乘坐舱位等级和旅客乘坐的航线而享受的可免费运输的行李重量或件数就叫做免费行李额。声明价值行李不计入免费行李额内。（关于声明价值，会在后面章节中详细阐述。）

1. 凡持成人或儿童票的旅客，每人免费行李额：头等舱为 40 公斤，公务舱 30 公斤，经济舱为 20 公斤。持婴儿票的旅客无免费行李额。

2. 行李重量超过免费行李额时，其逾重部分，应按规定收取逾重行李费。

3. 持免费客票旅客的免费行李额，按其身份享受所持客票的舱位而定。

4. 到达站相同的同行旅客，免费行李额可合并计算。

5. 行李的重量以公斤为单位，不足 1 公斤时，尾数四舍五入。逾重行李的收费以元为单位，元以下四舍五入。

6. 构成国际运输的国内航段，每位旅客的免费行李额按适用的国际航线免费行李额计算。

二、行李的运价

1. 旅客的逾重行李费每公斤的费率按经济舱票价的 1.5% 计收。行李运费以元为单位，元以下四舍五入，每张逾重行李收据最低限额为人民币 1 元。

2. 运价表公布的行李运价是始发地至目的地机场之间的直达运价。

3. 适用公布运价的行李和折扣运价的行李应分别计价。

三、逾重行李及逾重行李费

旅客所携带的超过其票价所享受的免费行李额的行李叫做逾重行李。逾重行李将按照有关规定计费并向旅客收取。这种费用叫做逾重行李费，并且需要填开逾重行李票。

在国内运输中，逾重行李重量以公斤为单位，运费以元为单位，小数点以后的数字均四舍五入；逾重行李费费率按填开逾重行李票之日所适用的公布直达单程成人正常经济舱票价的 1.5% 计算，保留两位小数。

逾重行李票是收取逾重行李费的依据，是一种有价票证，也是承运人之间的结算凭证。

第三节　行李的收运

一、行李的收运

1. 旅客的行李一般应在旅客办理乘机手续时收运。如果团体旅客的行李过多或因其他原因需要提前交运时，可以和旅客约定时间、地点收运。收运行李运往机场时，应派人押运并填写交接清单。

2. 收运行李时，应检验旅客的客票，行李的运达地点应与客票上的到达站相同。如果客票上有两个或者两个以上的联程站时，只收运至客票上注明的第一个到达站，一般不办理联程运输。

3. 旅客的自理行李和托运行李、手提行李都应过磅，将托运行李的件数和重量填入客票的行李栏内，作为承运凭证。逾重而未付逾重行李费的重量不填入客票内。但在计算飞机载重时要记入飞机载重表以防超载。

4. 收运行李时应注意的事项

1）要了解行李的内容是否属于行李的范围，有无夹带禁运物品、易碎易损物品及其他不能作为交运行李的物品。对托运行李要进行抽查，抽查时，应会同旅客进行查看，查看时要注意方式方法，以免引起旅客的误解和不满。凡发现有不符合规定的物品，应及时处理。如旅客不同意查看，则拒绝收运，必要时报有关部门处理。

2）检查行李的包装是否符合要求，如不符合要求，应请旅客加以改善，否则，可拒绝收运。旅客因为时间限制，无法改善，但又要求交运，可根据具体情况决定。同意收运时，必须在行李上拴挂"免除责任行李牌"。并向旅客解释清楚，由于包装不良而造成行李损坏时，民航不负责任。

3）在收运行李时，要向旅客宣传办理行李声明价值的有关规定，是否办理声明价值，由旅客自己确定。

4）超过免费额的行李，超过部分应按规定收取运费。并填写"逾限行李费收据"。

5）行李过磅必须准确，不能将旅客手提行李的重量限额与免费行李额合并计算。

6）托运行李（包括办理声明价值的行李）和自理行李件数、重量，应准确地分别填入"出发旅客登记表"有关栏内，以便正确计算飞机的载重。

5. 旅客在免费行李额内托运的行李，应与旅客同机运出。在一般情况下，旅客的逾重行李也应与旅客同机运出。如果逾重行李过多，受班机载量的限制，不能全部同机运出时，应向旅客说明，在后续班机上优先运出，并将行李运出的日期、航班、行李的件数、重量和行李牌号码电告行李的到达站。对于未能与旅客同机运出的行李，必须建立登记制度，注意保管，及时运出，防止丢失、损坏或漏装。

二、行李牌

1. 行李牌是旅客托运行李的运输凭证，分上下两联。上联于填写后拴挂（或粘贴）在行李上，凭此装卸和运输，下联为旅客提取行李的凭证，交旅客收存，凭此在到达站提取行李。使用时，按行李上规定的内容填写清楚。

行李牌分为两种：一种为硬纸拴挂式，为防止行李牌脱落，硬纸拴挂式行李牌应采用尼龙松紧绳；一种为软粘贴式，格式由各单位自行设计。

图 11.1　软粘贴式行李牌

2. 免除责任行李牌

免除责任行李牌是在收运行李时，发现有下列情况之一者应拒绝收运。如旅客仍要求交运，则拴挂"免除责任行李牌"。

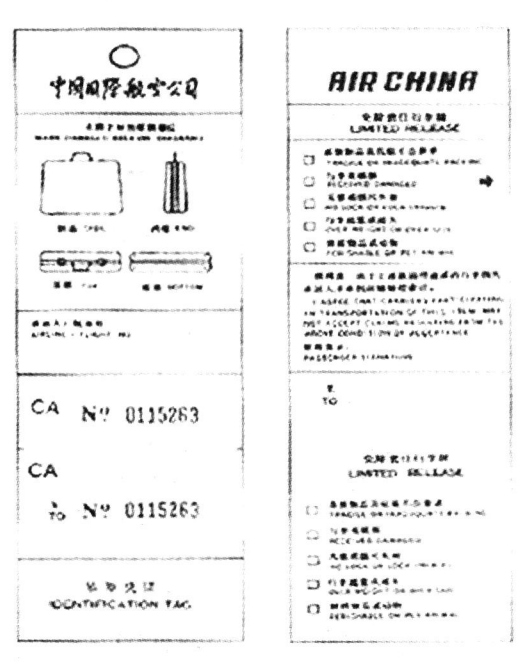

图 11.2　免除责任行李牌

1）精密易碎物品，包装简陋；
2）包装不符合要求（包括所有纸箱包装物）：
3）截止办登机手续后收运的行李：
4）交运行李时外包装已有残损：
5）无锁或锁已失效。

收运时有何种问题，在"免除责任行李牌"上对所属问题划出"√"符号。

三、行李标贴

1. 为便于在运输过程中行李牌脱落后能迅速查找，在收运行李时，凡无名牌者，要求旅客填写名牌，贴挂在行李上。民航要印制此牌，免费提供给旅客使用。

2. 为保证行李的顺利运输，对使用木箱、纸箱包装的行李或其他类似货物包装的行李，应加贴有"行李"字样的标贴，以防装卸时与货物混淆而发生差错。

3. 重要旅客及其随行人员的交运行李，除拴挂行李牌外，还要拴挂"重要旅客"标志牌。如同一班机上有两个以上不同单位的重要旅客时，应拴挂不同颜色的"重要旅客"标志牌以示区别。

对挂有"重要旅客"标志牌的行李，要严加保管，后装先卸，保证运输质量。

4. 为了保证团体旅客行李运输的安全迅速，对团体旅客交运的行李，除拴挂行李牌外，另外加挂（贴）"团体旅客"标志牌，如同一班机上有两个以上团体旅客时，应挂不同颜色的"团体旅客"标志牌。

5. 头等舱旅客或重要旅客又不愿显露其身份的，以及立即换乘其他航班联程旅客交运的行李，除拴挂行李牌外，还应拴挂"装舱门"行李牌，对挂有此行李牌的行李，应装在舱门口，后装先卸，保证运输质量。

图 11.3 "重要旅客"标牌和"装舱门"行李牌

四、逾重行李票

逾重行李费收据一式三联：财务联（白色），由出发站附同销售日报送财务部门；旅客联（粉红色），交旅客收执；存根联（浅蓝色），由收款单位留存。"重量"栏内填写行李逾重部分的重量。"费率"栏内填写承运航段间每公斤的运价。"声明价值"栏内填写超出规定限额部分的声明价值（人民币），并在"费率"栏内填写每百元的声明价值费率。

```
                中国东方航空公司
                  逾重行李票
            EXCESS BAGGAGE TICKET
旅客姓名：王明                客票号码：7811742465412
NAME OF PASSENGER                       TICKET
```

航段 SECTOR	承运人 CARRIER	航班号 FLIGHTNO	重量 WEIGHT	费率/公斤 RATE/KG	运费金额 CHARGE	声明价值附加费 DECLARED VALUE	合计收费 TOTAL
自/至 FROM/TO 上海－广州	MU	5303	15	12)60	189)00	/	189)00
日期 DATE	15FEB 96	经手人 ISSUED BY	李兵	盖章 SIGNATURE			

4．存根联
4．ISSUING OF FICECOUPON

图 11.4 逾重行李牌

旅客名牌如图 11.5 所示。在行李运输中，由于种种原因，行李牌有时会脱落，造成行李错运、丢失。为了便于寻找旅客丢失的行李，承运人要求旅客在托运行李前，在每一件行李上拴挂旅客名牌。承运人在旅客办理乘机手续时，发给旅客"旅客名牌"。旅客应按承运人要求预先填妥旅客名牌上的旅客姓名、电话号码、地址，并在每一件托运行李上拴挂或粘贴旅客名牌。承运人在收运行李时，应检查旅客的托运行李有无旅客名牌。

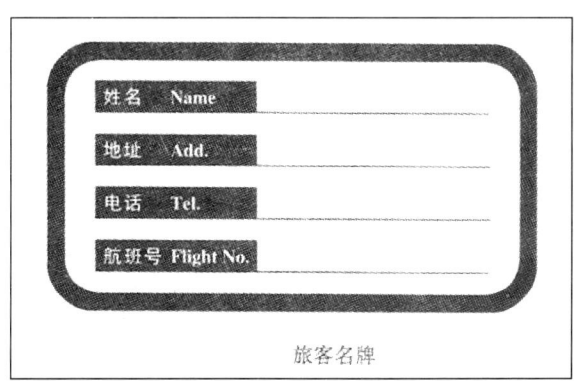

图 11.5 旅客名牌

第四节　行李的声明价值

根据航空公司运输规定，旅客的托运行李在运输过程中发生损坏、丢失时，承运人按照每公斤最高赔偿限额赔偿。当旅客的托运行李的每公斤实际价值超过承运人规定的每公斤最高赔偿限额时，旅客有权要求更高的赔偿，但必须在托运行李时办理行李声明价值，并付清声明价值附加费。办理过声明价值的行李，如在运输过程中由于承运人的原因造成损失，承运人应按照旅客的声明价值赔偿。

一、声明价值行李运输的规定

1. 属国内运输的托运行李每公斤价值超过人民币 50 元时或属国际运输的托运行李每公斤价值超过 20 美元时，可办理行李的声明价值。承运人应按旅客声明价值中超过最高赔偿限额部分价值的 5‰ 收取声明附加费。计算公式如下：

声明价值附加费 =［旅客的声明价值 -（规定每公斤限额即 50 元 × 办理声明价值行李的重量）］× 5‰

2. 声明价值附加费以元为单位，不足元者应进整为元。
3. 当旅客申报价值为外币时，应按当日银行公布的买入价折算成人民币。
4. 每一位旅客的行李声明价值最高限额为人民币 8000 元，托运行李的声明价值不能超过行李本身的实际价值。如承运人对旅客的声明价值有异议，而旅客拒绝接受检查，有权拒绝收运。
5. 自理行李、随身携带物品不办理声明价值。
6. 声明价值行李的计费重量为公斤，不足公斤者应进整。但实际重量应保留至小数点后 1 位。
7. 办理声明价值的行李重量不计入免费行李额，应另外收费，即办理声明价值的行李应按照逾重行李收取逾重行李费。

例如，

旅客自上海至厦门旅行，申报一件行李，价值为 5400 元人民币，重量为 3 公斤。计算逾重行李费和声明价值附加费。（SHA—XMN 经济舱客票票价为 640 元）

解：声明价值附加费 =（5400 - 50 × 3）× 5‰ = 26.25（元），应收 27 元

逾重行李费 = 3 × 640 × 1.5% = 28.80（元），应收 29 元

共计收费 = 27.00 + 29.00 = 56.00（元）

二、运输声明价值行李的注意事项

1. 办理声明价值的行李必须与旅客同机运出；

2. 在载重平衡表备注栏内须注明办理声明价值的行李件数、重量、行李牌号码和装舱位置；

3. 运出时应发电报通知到达站。

第五节　行李的检查、保管和装卸

一、行李的检查

1. 托运行李检查

要了解行李的内容是否属于行李的范围，根据旅客、行李运输规则规定，旅客在托运行李、自理行李和随身携带物品中，不得夹带国家规定的禁运物品、限制携带物品或危险物品，以及具有异味或容易污染飞机的其他物品；重要文件和资料、外交信袋、证券、货币、汇票、贵重物品、易碎易腐物品，以及其他需要专人照管的物品，也不得夹入行李内托运。同时，承运人对托运行李内夹带上述物品的遗失或损坏按一般托运行李承担赔偿责任。承运人在收运行李前或在运输过程中，发现行李中装有不得作为行李或夹入行李内运输的任何物品，可以拒绝收运或随时终止运输。

规则中还规定了承运人为了运输安全，可以会同旅客对其行李进行检查；必要时，可会同有关部门进行检查。如果旅客拒绝接受检查，承运人对该行李有权拒绝运输。

行李检查的目的就是为了运输安全，防止行李夹带上述物品，危及人身安全、飞行安全和违反国家有关规定。

目前，民用机场都设立了安全检查部门，负责检查旅客及其行李物品。旅客的托运行李在办理托运前，必须按规定经过行李安全检查。检查的内容包括包装的检查和内物的检查。

1）包装的检查

对于不同性质的行李，有着不同的包装要求。

交运行李的包装必须完善、锁扣完好、捆扎牢固，能够承受一定的压力，能够在正常的操作条件下安全装卸和运输，并应符合下列条件，否则可以拒绝收运。

（1）旅行箱、旅行袋和手提包等必须加锁；

（2）两件以上（含两件）的包件，不能捆为一件；

（3）包装上不得附插其他物品；

（4）竹篮、网兜、草绳、草袋等不能作为行李的外包装物；

（5）行李上应写明旅客的姓名、详细地址、电话号码；

（6）交运的行李包装不符合要求，应拒绝收运，如果依据具体情况同意收运时必须在行李上拴挂"免除责任行李牌"，并视行李包装情况在"免除责任行李牌"上注明免除责任的项目，并请旅客签字，向旅客说明由于包装不符合要求而造成的行李损坏时，航空公司将不负责任。

对于随身携带行李的包装检查，则要看其包装是否符合下列要求：

（1）草绳、网兜、草袋等不能作为随身携带行李的外包装物；
（2）外包装整洁，不容易渗溢，没有污染；
（3）运动器材、乐器等要求有外包装物；
（4）外交信袋、银行等特别用箱等必须加有封条。

2）行李体积、重量的检查

对于不同类型的行李，在进行收运时，检查人员必须检查其是否符合规定。关于体积、重量的规定，已经在第一节里详细介绍过，这里不再赘述。

3）行李内物的检查

对于旅客所携带的行李，除前面两项检查外，最主要的是行李内物的检查。机场安全检查人员使用仪器检查旅客的每一件托运行李。必要时，可请旅客开箱检查，经过安全检查的行李，并符合安全要求的，由安全检查人员贴上安全检查封条，允许其办理托运。

承运人对没有贴安全检查封条的托运行李可以拒绝收运。对已贴安全检查封条的托运行李，必要时，承运人可开箱进行检查。

2. 随身携带行李、客舱行李检查

旅客进入飞机客舱前，随身携带的行李物品（包括自理行李）必须经过安全检查。安全检查的目的是防止旅客携带武器、管制刀具或易燃、易爆等危险品乘坐飞机，危及空防安全和飞行安全。旅客不得携带管制刀具乘机，管制刀具以外的利器或钝器应放入托运行李内托运，不得随身携带。机场安全检查部门负责客舱行李的安全检查工作，在旅客进入候机楼通过安检时，机场安全检查人员使用仪器检查旅客携带的每一件行李物品，必要时，可请旅客开箱检查，承运人对拒绝安全检查的旅客，有权拒绝其乘机。

二、行李的保管和装卸

1. 基本要求

行李的保管和装卸是客运工作的一个重要组成部分，是提高客运服务质量，保证行李安全运输的主要环节。各地运输部门的各级领导必须重视这项工作，加强领导，严格要求，消灭事故，减少差错，提高工效，保证质量。其基本要求是：

1）根据行李包装一般不是很严固的特点，在装卸搬运时更应轻拿轻放，严禁抛掷、甩、扔，不得强塞、硬挤和坐压。要堆码整齐，做到大不压小，重不压轻，硬不压软。

2）加强工作责任心，做到分拣准确，装卸及时。不错装漏装，不错卸漏卸，不损坏丢失。

3）在任何情况下，保管、装卸人员不得私自开启行李，更不得监守自盗。拣到小件物品必须立即送交值班领导。

4）坚持工作讲评制度，对突出的好坏事例，应随时上报。

5）装卸机械、工具和车辆要定期保养维护，要保证经常处于完好可用的状态。

2. 行李的保管

1）基本规定

（1）客运工作人员与行李保管人员、装卸工，要建立交接制度。行李收运后，如数量不符或行李损坏，要查清和作出记录。发现无行李牌的行李，客运工作人员要会同行李保管员查清后方能运出，并记录清楚。

（2）由于班机取消，当日不能装机发运的行李，必须注意保管，防止丢失和损坏。如果装机后班机取消，一般应将行李卸下后妥善保管。

（3）凡货运工作与行李保管装卸工作分开的航站，对行李保管要建立一套完整的工作制度。要有行李保管员和仓库，不得将行李随意放在候机室、办公室等没有保管条件的地方。

（4）在行李保管期间需要检查行李的内容时，应请示值班领导，会同公安部门进行检查。

（5）行李收运后，如发现有松散、捆绑不牢等情况，应及时整修。必要时，可找旅客共同整修。

2）保管期限和费用

（1）与旅客同机到达目的地的行李，旅客应在当日提取。行李到达当日不收保管费。如旅客未提取，应自行李到达的次日起核收保管费。

（2）未与旅客同机到达的行李，自承运人发出到达通知的次日起，免费保管三天，过期核收保管费。

由于承运人过失，造成行李延误运达，在行李到达后，应予免费保管，不收保管费。

（3）行李保管费，每天每件XX元。收取保管费应填写"逾限行李收据"。

3）交付地点

到达行李一般应在机场交付。应与旅客同机运达的行李，因承运人责任延误运达，应主动和旅客联系，尽快交付。并根据旅客要求，在市内售票处交付或直接送交给旅客。交付时应向旅客表示歉意。如因行李延误到达造成旅客旅行的困难时，应按规定提供给旅客临时的生活日用品补偿费。

3. 行李的装卸

1）大型飞机应按值机配载指定的舱位装机。装卸人员不得随意变更舱位。装机时如与货物同装一个货舱，应先装货物，后装行李。卸机时应先卸行李，后卸货物。

2）装卸行李必须根据有关业务单据（如装机单、卸机单等）进行作业，认真检查核对。装卸作业的班、组长在清点核对后，应在单据上签字。如实际装机数与装机单上的数量不符，应立即与有关人员联系。卸机时如数量不符或发现破损时，应及时作出事故签证。

对经停本站的班机，要防止错卸、漏卸。

3）装卸飞机要准确、迅速，不能因装卸飞机而影响正常飞行。出发班机必须要在航班规定离站时间前完成装机作业，要挂好网，关好舱门。班机的到达站，装卸人员应按时到达岗位，以保证行李能按时交付旅客。

4）雨天作业时，要使用有篷卡车或用苫布将行李盖好，防止行李被雨水淋湿。夜间作业，要有照明设备。

5）装卸行李的车辆要注意行驶安全。场内行驶不得开快车，装卸行李的车辆要与飞机保持一定的距离。使用卡车时必须使用轮挡，以免碰撞飞机。

在行李运输过程中，由于工作人员的疏忽、机械或其他原因造成的运输差错事故称为不正常情况的行李运输，包括，迟运、错装、错卸、漏装、漏卸、丢失、破损等。

第六节　特殊行李的运输

在行李运输过程中，存在着许多特殊行李，这些特殊行李，在运输过程中必须严格按照其运输规定进行运输。主要有以下几种特殊行李。

一、不得作为行李运输的物品

指民航局规定不能在航空器载运和国家规定的禁运物品。即为了保障民用飞机和旅客生命财产的安全，除特别允许外，严禁旅客随身携带或在托运行李中夹带下列物品。

1. 枪支和警械：各种类型的军用、民用枪支，包括气枪、运动枪、猎枪、信号枪、麻醉注射枪、样品枪和逼真的玩具枪。

各种警械包括：电警棍、电击器、催泪剂、喷射剂等。

2. 弹药和爆炸物品：炸弹、手榴弹、子弹、照明弹、教练弹、烟幕弹、炸药、火药、引信、雷管、导火索、引爆索，以及其他爆炸物品和纵火器材。

3. 易燃、易爆物品：酒精、煤油、汽油、硝化甘油、硝铵、松香油、橡胶水、油漆、白酒（限两公斤），丁烷液化气罐及其他瓶装压缩气体或液化气体、硫化磷、镁粉、铝粉、闪光粉、黄磷、硝化纤维胶片、金属钠、金属钾、烟花、鞭炮等。

4. 毒害品：氰化钾、砷、有毒农药、氯气、有毒化学试剂、鼠药等各种有机、无机毒品。

5. 氧化剂：烟雾剂、发光剂、过氧化钠、过氧化钾、硝酸铵、过氧化铅、过醋酸等各种无机、有机氧化剂和过氧化物。

6. 腐蚀物品：硫酸、盐酸、氢氧化钠、有液蓄电池、海水等具有腐蚀作用的物品。

7. 放射性物品：放射性同位素等放射物品。
8. 易传播病毒的物品：传染性细菌、病毒和带有活病原体的物质等。
9. 其他具有异味，易污染飞机和其他行李、货物、邮件以及强磁性的物品。

上述物品在任何情况下都不得作为行李运输或夹入行李内托运，也不得作为随身携带物品带进客舱。

承运人在收运行李前或在运输过程中，发现行李中装有不得作为行李或夹入行李内运输的上述物品，可以拒绝收运或随时终止运输。

二、限制运输的行李物品

指旅客携带的某些行李物品，有可能危害人员和飞行安全或超出承运人的运输规定（如超过重量限制或超过体积限制），这些限制物品如采取一些必要措施或在特定的情况下，经承运人允许，可以承运。

按照承运人运输规定，旅客的随身携带物品和托运行李内不得夹带枪支弹药。但是，有关部门特别批准的、运动用小型武器、弹药，经承运人同意，可作为托运行李托运，一般不超过5公斤。

自行车一般应作为货物交运，如经过承运人允许作为托运行李托运时，应将车轮卸下，捆绑在车身上。

病残旅客所用的医用小型氧气瓶、氧气袋和假腿、假臂活动所需的小型二氧化碳压缩气体应事先取得承运人同意，每一病残旅客可携带2瓶（袋）。

旅客旅途所需的医药、化妆品，如酒精的药剂、润发剂、香水等，每一旅客所携带的总重量（包括毛重）不得超过2公斤或2升，每瓶的净重不得超过0.5公斤或0.5升。

经承运人同意，每一旅客携带的放在需冷冻的物品内的干冰不得超过2升。

三、小动物的收运和处理

航空运输中所谓小动物是指旅客乘机时所携带的猫、狗和小鸟等。

旅客携带小动物乘机，必须在订座时提出并提供动物检疫证明，并征得承运人同意后才可托运。

承运人接到旅客申请携带小动物乘机的要求后，在旅客同意遵守如下运输条件时，方可同意运输。

1. 小动物必须装在适合其特性的坚固容器内。容器的一般要求如下：
1）能防止小动物破坏、逃逸和接触到容器外面的旅客、行李、货物和邮件；
2）保证空气流通，不致使小动物窒息；
3）容器的大小不超过货舱门的宽度和高度；
4）能防止粪便渗溢，以免污染飞机设备和其他物品。
2. 小动物及其容器和食物的重量，不得计算在旅客免费行李额内，应按超项行李计收运费。

3. 旅客携带的小动物除经承运人特许以外，一律不准在客舱内运输。

野生动物或具有野性的动物、旅客不能随身携带，只能作为货物运输。旅客携带的小动物也可以作为货物运输，并按货物运输的有关规定办理。

收运小动物应单独填开逾限行李费收据，并按下列规定填写：

1）在"逾重"栏内填写小动物以及容器和食物的总重量；
2）在"超项"栏内填写小动物名称如"猫"、"狗"等；
3）在"费率"栏内按规定填写动物每公斤的运价，
4）其他各栏仍按逾限行李费收据的有关规定填写。

四、外交信袋的处理

1. 外交信袋应由外交信使随身携带，自行照管，根据外交信使的要求，承运人也可以按照托运行李办理，但承运人只承担一般托运行李的责任。

2. 外交信使携带的外交信袋与行李可以合并过磅计重，超过免费行李额部分，按逾重行李收费。

3. 外交信袋如需占用座位，必须在订座时提出，如有座位，可予同意购买占座客票。

4. 外交信袋占用每一座位的重量限额不得超过 75 公斤，每件体积和重量的限制与行李相同，占用座位的外交信袋没有免费行李额，运费按下列两种办法计算，取其高者：

1）根据占用座位的外交信袋的实际重量，按照逾重行李费率计算运费；
2）根据外交信袋占用的座位数，按照运输起讫点之间，与该外交信使所持客票票价等级相同的票价计算运费。

第七节　限制携带物品和违章行李的处理

一、限制携带的物品

限制携带物品，系指在运输过程中可能危害人员、飞行或飞行安全的物品。但采取适当措施后，可与旅客同机运输。

1. 运输条件

1）除助听器和心脏起搏器等人体功能所需各种电子设备外，其他电子设备一般不得在空中使用。

2）病残旅客所携带的医用氧气袋和残疾人假肢活动需要的小型二氧化碳压缩气体，应事先取得民航同意并采取相应的安全措施，方能运输。

3）旅客随身携带的枪支、电棒、匕首、伞刀等应按规定交安检部门处理。

4）旅客随身携带的利器，如菜刀、大剪刀、大型水果刀、工艺品刀和少数民族的佩刀、佩剑等（不含凶器）和其他容易被误认为凶器的物品，如玩具手枪、体育手榴弹、教练橡皮匕首等，应放入托运行李内交运。但在旅客无托运行李或因时间紧迫来不及托运时，可按以下规定办理运输手续。

（1）旅客接受安全检查时，应将随身携带的上述物品交给安全检查人员，由安全检查人员装入"限制物品保管袋"，并填写交接三联单（格式见如图11.6所示）。交接单第一联交旅客，作为领取物品的凭证；第二联贴在保管袋上；第三联由安全检查站存查。

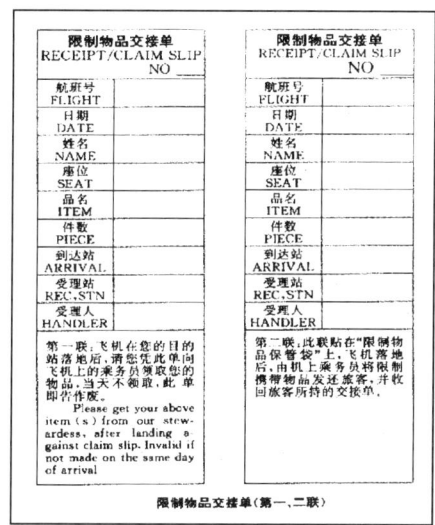
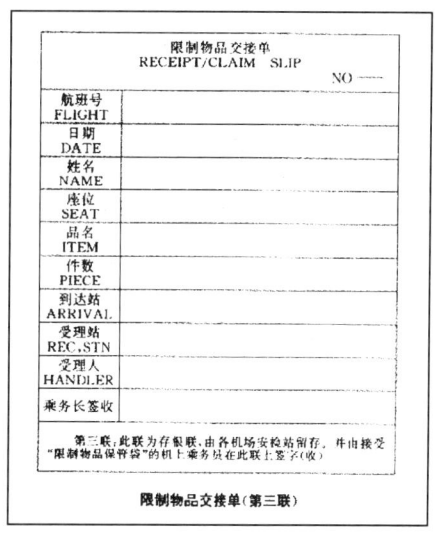

图11.6　限制物品交接三联单

（2）装有上述物品的保管袋，由安全检查人员送交该次航班的乘务长（员）。飞机降落后，在旅客离开飞机前，由乘务长（员）将上述物品交还旅客。

2. 领取和查找

1）旅客在到达目的站时，应凭交接单向机上乘务长（员）领取该物品，乘务长（员）也应主动提醒旅客领取。交付时应取出内物，请旅客核对，并收回旅客所持的交接单。

2）在交付限制携带物品时，如旅客没提出任何异议，民航即解除运输责任。

3）旅客在下机时如未领到限制携带物品或发现与原物不符时，应主动与乘务长（员）联系，并由乘务长（员）将该旅客未领到物品的情况签署在旅客所持的交接单上，旅客凭此单到行李查询部门填制"行李运输事故记录"，并由旅客和查询人员共同签字，行李查询部门应向有关站发电报查询，电报格式及具体处理办法按有关规定办理。

4）如旅客下机时未领到限制携带物品，在离开机场也未填制"行李运输事故记录"。事后提出丢失时，民航工作人员应尽量为旅客进行查找。但找到与否，民航均不负任何责任。

5）如旅客在机上未领，下机后到地面领取时，由行李查询部门接待，分情况处理。

6）乘务长（员）应将无人认领的限制携带物品，立即交给地面行李查询部门，并办理交接手续。行李查询部门要妥善保管。

7. 对长期无人领取的限制携带物品，可参照有关规定处理。

二、对违章（夹带物品）行李的处理

凡旅客的手提行李、自理行李或托运行李中，夹带国家规定的禁运物品、限制携带物品或危险物品，其整件行李称为违章行李。

对夹带物品和违章行李的处理规定如下：

1. 在始发站发现，应拒绝承运；如已承运应取消运输，或将夹带物品取出后再运输。已收运费不退。

2. 在经停站发现，应立即停运，已收运费不退。对违章行李另按行李运价收取自始发站至经停站的运费。违章行李在夹带物品取出后可以继续运输。

3. 在到达站发现，对违章行李另按行李运价收取全程的行李运费。

4. 夹带物品和违章行李一律交公安部门或其他有关部门处理。如果情节严重，或有其他可疑的情况，应报请公安部门或其他有关部门处理。

5. 对于易燃、易爆、有毒等危险物品的处理，要提高警惕，防止因处理不当而造成事故。必要时，应请具有这方面知识的人员在场指导。

6. 因违章行李造成民航或其旅客、货物、邮件的损失时，应由交运违章行李的旅客负责。

第八节　行李的退运、变更和交付

一、行李的退运

1. 旅客在始发站要求退运行李，必须在行李装机前提出。如果旅客临时退票，则必须同时退还已交运的行李。以上退运，均退还已收行李运费。

2. 旅客在经停站要求退运，该航班未使用航段的已收行李运费不退。
3. 退还行李运费时，应收回的原逾重行李费收据，另填开退款单交旅客。
4. 旅客退运行李，其交付手续按交付行李有关规定办理。

二、中途站提取行李的处理

1. 班机在中途过夜，旅客要求领取行李，可将行李交给旅客。行李上拴挂的行李牌可不取下，提取行李凭证暂时收回。其他交付手续按交付行李有关规定办理。
2. 续程重新交运时，提取行李凭证交还旅客，但行李应予复磅。如重量有变动，应在行李牌及业务文件上作相应的变更；重量增加超过免费行李额或超过原付费重量时，应收取或加收该站至到达站的行李运费，重量减少已付运费的差额不退。

三、航班中断时对行李的处理

1. 由于承运人的原因，需要安排旅客改乘其他班机，行李的运输应随旅客作相应的变更，行李运费可重新计算，多退少不补。
2. 如旅客改乘地面运输工具，行李交还旅客。如已收取行李运费，应退还未使用航段的运费。

四、声明价值行李的处理

1. 办理声明价值行李退运或变更时，已交的行李费可按本节第一、二、三条规定办理。已交声明价值附加费的应在始发站予以退还，在经停站不论是由于何种原因，一律不退还。
2. 退还声明价值行李运费时，在始发站，应收回原收据，另填开退款单交旅客，在经停站,应收回原收据,另填开行李运费退款单,并换开声明价值附加费收据交给旅客。

五、行李的交付

交付行李应准确迅速，尽量缩短旅客的等候时间。一般宽体机到站后，第一件行李在20分钟内交付给旅客，全部行李在1小时20分钟内交付给旅客；大中型飞机，行李在飞机到达后15分钟内开始交付，全部行李在1小时内交付给旅客；小型飞机在40分钟内全部交付给旅客．交付行李时应注意以下事项。

1. 准确核对，防止错发。交付行李时，必须收回提取行李凭证并与拴挂的行李牌核对号码。

收回的提取行李凭证，可在该航班的行李全部发放完毕，又未发现问题，经24小时后予销毁。
2. 交付行李时应请旅客当场查看，如旅客没有提出异议，民航即解除运输责任。
3. 旅客遗失提取行李凭证，应请旅客提出适当证明，经认可并在旅客出具收据后，将行李交付旅客。在旅客声明遗失提取行李凭证前，如行李已被冒领，民航不负责任，但应协助旅客查找。

4. 如行李牌脱落，为防止差错，应由旅客自行辨认后再采取核对重量、名牌以及行李内容等方法进行确认，经确认后，可交付给旅客，并收回提取行李凭证。此项工作一般可在到达行李交付完毕后进行。

5. 交付行李时，可根据需要请旅客交验客票。如旅客不能交验有效客票，可拒绝交付行李。

第九节　行李赔偿

一、行李赔偿责任划分

1. 承运人责任

1）旅客交运的行李在运输过程中发生丢失、破损、短少或延误等差错事故，承运人应负赔偿责任。

2）如行李丢失只是全部交运行李的一部分，不管其丢失的价值如何，只能按该部分丢失的重量在全部行李重量中的比例承担责任。如果行李部分破损，应赔偿破损部分的价值或付修理费。

3）承运人交付行李时，如果旅客没有对行李的完好提出异议，并未填写"行李运输事故记录"或"破损行李记录"，民航不负赔偿责任。

4）对于逾重行李的逾重部分，如未付逾重行李费，承运人对该部分不负赔偿责任。私自带上飞机的捎带物品，无论发生丢失或破损，承运人一律不负任何责任。

2. 免除责任

由下列情况造成行李的损失，除能证明是民航的过失外，民航不负赔偿责任。
1）因自然灾害或其他无法控制的原因。
2）包装方法或容器质量不良，但从外部无法观察发现。
3）行李本身的缺陷或内部物品所造成的变质、减量、破损、毁灭等。
4）包装完整，封志无异而内件短少、破损。
5）旅客的自理行李和手提行李。

3. 旅客的责任

1）旅客未遵守国家的法律、政府规章、命令及民航运输的有关规定。
2）行李内装有按规定不能夹入行李的运输物品。
3）由于旅客原因，造成民航或其他旅客的损失，应由造成损失的旅客负责。

二、提出赔偿要求的地点和时限

1. 由于承运人责任造成旅客行李丢失、破损等，旅客必须在该行李应当交付之日起的 180 天之内，凭"行李运输事故记录"或"破损行李记录"向受理站提出索赔要求，如旅客已离开受理站，由受理站将有关资料和处理意见委托距旅客所在地最近的民航站处理。

2. 受理站在接到旅客索赔要求时，应尽快作出赔偿决定，最迟在七天内将处理意见答复旅客。如受他站委托处理旅客索赔要求时，必须在三天之内将委托站办理赔偿的决定答复旅客。

三、办理赔偿的程序和要求

1. 接受赔偿的程序

1）在规定时限内，旅客（如系代理人，应持有旅客亲笔签名或盖章的委托书）应详细写明遭受损失行李的实际价值，提供必要的证明，凭"行李运输事故记录"或"破损行李记录"的原件及其他应填写的文件或表格，提出赔偿要求。

2）接到赔偿要求后，应请旅客或其代理人填写"旅客行李索赔单"，并立即了解该项行李事故的查询及处理情况，如经查明行李确已损坏、丢失或延误运输，并确系民航的责任，查询电文齐全，提出赔偿处理意见，经审批后，办理赔偿手续。

3）赔偿费用交付旅客时，应填写"行李赔偿费收据"，并请旅客在收据上签字，旅客对赔款签收后，应将旅客所持的"行李运输事故记录"等文字凭证收回。

4）旅客提出的赔偿要求，经过分析、调查，确定事故责任不属于运输过程中任何承运人时，受理站应及时答复旅客，说明不予赔偿的理由和根据，同时，退还有关票证和文件。

2. 办理赔偿的要求

1）办理行李丢失或延误运输赔偿时，各项电文必须齐全，包括，旅客行李索赔单、行李实际损失价值的必要证明、行李损失事故调查报告单、各种往来电报和领取行李凭证等。

声明价值行李和逾重行李的赔偿，还应有逾重行李费收据。

2）办理行李损坏赔偿时，应尽可能在旅客提出索赔的当时，赔款解决。赔偿金额参照当地同样物品的价格。

3）受理赔偿案件后，凡能肯定是承运人责任的，应由受理站迅速按规定给予办理，然后再划分内部责任，如责任属于他站，赔偿后应将处理结果通知责任站。

4）已赔偿的旅客丢失行李找到后，承运人应迅速通知旅客领取，旅客应将自己行李领回、退回全部赔款。临时生活用品补偿费不退。发现旅客有欺诈行为，承运人有权追回全部赔款。

四、赔偿限额和赔偿费用的结算

1. 赔偿限额

1）赔偿交运的行李全部或部分破损、丢失或延误运输时，不论旅客持何种客票，均按损失行李的实际价值赔偿，但每公斤的赔偿金额，最高不能超过人民币 100 元，逾重行李费退还旅客。

如旅客已办理行李声明价值，赔偿价值以声明价值为限，逾重行李费退还旅客，但所交声明价值费不退。

2）旅客行李丢失，需要赔偿行李的件数和重量，以客票上所填写的件数和重量为准，如无法确定行李的重量或其重量超过规定的免费行李额时，除非旅客持有效的逾限行李费收据，否则，每一旅客的损失行李最多只能按该旅客享受的免费行李额赔偿。行李部分丢失时，不管其重量如何，只能以该旅客享受和免费行李额减去已交付旅客的行李的重量来计算其需要赔偿的重量。

3）行李损坏时，按照行李降低的价值赔偿或负担修理费用。

4）由于发生在上、下航空器期间或航空器上的事件造成旅客的自理行李和随身携带物品丢失，承运人承担的最高赔偿金额每位旅客不超过人民币 3000 元。

5）构成国际运输的国内航段，行李赔偿按适用的国际运输行李赔偿规定办理。

2. 赔偿费用的结算

1）行李赔偿费用（包括赔偿、修理费、破损补偿费、交付行李运输费、日用品补偿费等）的结算，按承运人的规定或承运人和地面代理人签订的协议办理。

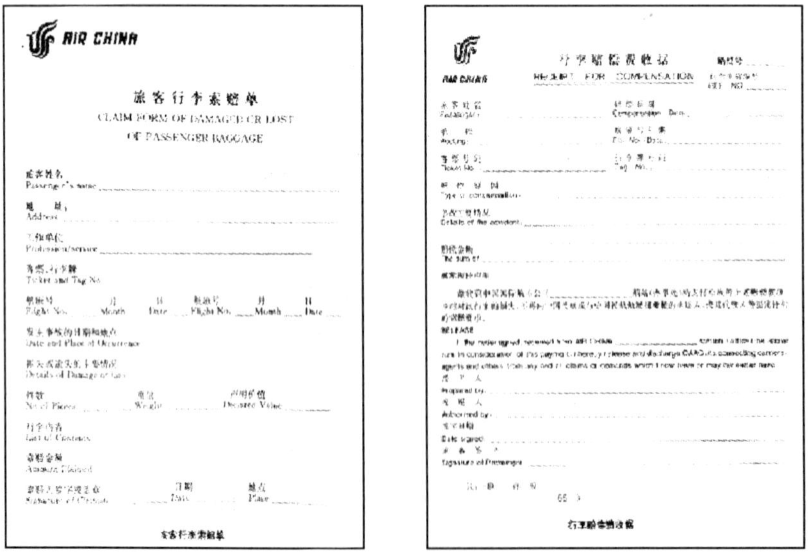
AIR CHINA

旅客行李索赔单

CLAIM FORM OF DAMAGE OR LOST OF PASSENGER BAGGAGE

旅客姓名 Passenger's name

地址 Address

件数 No. of Pieces　重量 Weight　声明价值 Declared Value

行李赔偿收据　RECEIPT FOR COMPENSATION

图 11.7　赔偿费用结算时的材料

2）如属于他站责任而由受理站垫付的赔偿款,由受理站于每月终后,向责任站结算。

3）赔偿费用进行结算时,应附下列材料：

（1）旅客行李索赔单、丢失行李调查表及证明行李内容和价值的有关材料。

（2）行李运输事故记录或破损行李记录、行李装卸事故签证、行李领取凭证、逾限行李费收据、行李赔偿费收据以及往来电报。

以上材料原件或复印件均可。

附录一

中国航空运输协会章程

第一章 总 则

第一条 本协会名称：中国航空运输协会，简称：中国航协。英文译名：CHINA AIR TRANSPORT ASSOCIATION，缩写：CATA。

第二条 本协会是依据我国有关法律规定，以民用航空公司为主体，由企、事业法人和社团法人自愿参加结成的、行业性的、不以营利为目的、经中华人民共和国民政部核准登记注册的全国性社团法人。

第三条 本协会的宗旨是：遵守宪法、法律法规和国家的方针政策。按照社会主义市场经济体制要求，努力为航空运输企业服务，维护行业和航空运输企业的合法权利，为会员单位之间及会员单位与政府部门之间的沟通，发挥桥梁和纽带作用。

第四条 本协会的业务主管单位是中国民用航空总局。接受民航总局的业务指导和国家社会团体登记机关的监督管理。

第五条 本协会会址设在北京市。

第二章 业务范围

第六条 本协会的业务范围：

（一）宣传、贯彻党和国家关于民航业的路线方针政策、法律法规、标准制度及有关文件精神。

（二）研究国际国内民航市场发展形势、经济形势和世界动向，探讨航空运输企业建设、改革和发展中的理论与实践问题，在改革开放、发展战略、产业政策、科技进步、市场开拓、技术标准、行业立法等方面，为政府提供信息，并及时向政府有关部门反映会员单位的意见和建议。通过政策性建议，争取政府有关部门的指导和支持，为航空运输企业提供管理咨询等。

（三）根据民航总局的授权、政府部门的委托及会员单位的要求，组织对有关专业人员进行培训和资质、资格认证。

（四）传播国际国内航空运输企业先进文化，组织举办航展、会展。

（五）编辑出版协会刊物，为会员单位及航空理论专家、学者、业内人士提供知识、经验、学术交流平台。

（六）组织国内外培训考察活动，开展会员单位间的业务交流与合作，促进航空运输企业核心竞争力的提高和持续发展。

（七）协调会员单位之间各方面的关系，建立起公平竞争、相互发展的经济关系。

（八）为了祖国的统一，早日实现与台湾直航，积极协助政府主管部门，加强海峡两岸民航界的联系。

（九）督导做好航空销售代理人的自律工作，监督并约束会员单位业务代理的行为规范，反对不正当竞争，维护航空运输企业的合法权益。

（十）在飞机引进、市场准入、基地设置等资源配置方面，为业务主管单位和航空运输企业提供评估报告，作为其决策依据之一。

（十一）中国民航总局委托承办的其他业务。

第三章 会 员

第七条 企、事业法人、社团法人均可成为本协会的单位会员。

第八条 申请加入本协会的条件：

（一）拥护本协会的章程；

（二）有加入本团体的意愿，提出书面申请；

（三）在本协会的业务领域内具有一定的影响。

第九条 会员入会的程序：

（一）提交入会申请书；

（二）经理事会讨论通过；

（三）协会履行有关手续；

（四）协会秘书处发给会员证。

第十条 本协会会员享有以下权利：

（一）行使表决权和选举权，有被选举权；

（二）参加协会组织的活动；

（三）优先获得协会提供的服务；

（四）对协会工作进行批评和监督，提出意见和建议；

（五）入会自愿，退会自由。

第十一条 本协会会员履行以下义务：

（一）遵守章程，执行决议；

（二）维护本协会的合法权益；

（三）完成本协会委托和交办的各项工作；

（四）按时交纳会费；

（五）向协会提供有关信息和数据资料。

第十二条 会员退会应事先书面通知协会，并交回会员证。会员二年不缴纳会费，经催缴仍不缴纳的单位或已经依法注销的单位，视为自动退会。

第十三条　会员如有严重违反本协会章程的行为，经理事会决定予以除名。

第四章　组织机构和负责人的产生、罢免

第十四条　本协会的最高权力机构是会员大会。会员大会的职权是：
（一）制定和修改章程；
（二）选举和罢免理事；
（三）审议和通过会徽；
（四）审议理事会的工作报告和财务报告；
（五）决定终止事项；
（六）决定其他重大事宜。

第十五条　会员大会须有三分之二以上的会员出席方能召开，其决议须经到会会员半数以上表决通过方能生效。

第十六条　会员大会每届三年。因特殊情况需提前或延期换届的，须由理事会表决通过，报业务主管单位审查，并经社团登记管理机关批准同意。但延期换届最长不超过一年。

第十七条　理事会是会员大会的执行机构。在会员大会闭会期间，领导协会工作，对会员大会负责。

第十八条　理事会的职权是：
（一）执行会员大会的决议；
（二）选举和罢免理事长、副理事长、秘书长；
（三）筹备召开会员大会；
（四）向会员大会报告工作和财务状况；
（五）决定会员的吸收和除名；
（六）决定设立办事机构、分支机构（专业委员会）、代表机构和实体机构。
（七）制定协会内部管理制度；
（八）领导本协会各机构开展工作；
（九）决定其他重大事项。

第十九条　理事会须有三分之二以上理事出席方能召开，其决议须经到会理事三分之二以上表决通过方能生效。

第二十条　理事会每年至少召开一次会议，必要时可提前或延期召开，情况特殊时可采用其他形式召开。

第二十一条　本协会设理事长、常务副理事长、副理事长。理事长、常务副理事长由理事长、副理事长单位依次轮流担任。
（一）理事长或常务副理事长主持协会工作。
（二）协会有必要设名誉理事长和顾问时，由理事会聘任。
（三）遇有必要递补理事时，由理事会确定人选，会员代表大会予以确认。

（四）理事已离退休或准备调离原工作单位，会员单位可推荐新的人选，报会员代表大会通过。

（五）协会设秘书处，由秘书长和办事机构组成，负责处理协会的日常工作。

第二十二条　本协会理事长、副理事长、秘书长必须具备以下条件：

（一）坚持党的路线、方针、政策，政治素质好；

（二）在行业领域内，具有较大的影响和组织协调能力；

（三）身体健康，能坚持正常工作；

（四）理事长、副理事长、秘书长，最高任职年龄不超过70周岁，秘书长为专职。

（五）未受过剥夺政治权利和刑事处罚；

（六）具有完全民事行为能力。

第二十三条　本协会理事长、副理事长、秘书长，如超过最高任职年龄的，须经理事会表决通过，报业务主管单位和社团登记管理机关批准同意后，方可任职。

第二十四条　本协会理事长、副理事长、秘书长，每届任期3年。原则上不超过两届，需延长任期的，须经会员大会三分之二以上表决通过。报业务主管单位和社团登记管理机关批准同意后，方可任职。

第二十五条　秘书长为本协会的法定代表人。

本协会法定代表人不兼任其他社团的法定代表人。

第二十六条　本协会理事长行使下列职权：

（一）召开和主持理事会；

（二）检查会员大会、理事会决议的落实情况；

第二十七条　协会秘书长行使下列职权：

（一）代表协会签署重要文件；

（二）主持办事机构开展日常工作，组织实施年度工作计划；

（三）协调各分支机构、代表机构开展工作；

（四）提名各办事机构、代表机构负责人，报理事会决定（必要时提名兼职副秘书长，报理事会决定）；

（五）决定办事机构、代表机构专职工作人员的聘用；

（六）处理协会的其他日常工作。

第五章　资产管理、使用原则

第二十八条　本协会经费来源：

（一）会费；

（二）捐赠；

（三）政府资助；

（四）在核准的业务范围内，开展经营活动或其他服务收入；

（五）利息；

（六）其他合法收入。

第二十九条　本协会按照国家有关规章收取会员会费。

第三十条　本协会经费必须用于本章程规定的业务范围和事业的发展，不得在会员中分配。

第三十一条　本协会建立严格的财务管理制度，保证会计资料合法、真实、准确、完整。

第三十二条　本协会配备具有专业资格的会计人员。会计不得兼任出纳。会计人员必须进行会计核算，实行会计监督。会计人员调动工作或离职时，必须与接管人员办清交接手续。

第三十三条　本协会的资产管理必须执行国家规定的财务规章制度，接受会员大会和财政部门的监督。资产来源属于国家拨款或者社会捐赠、资助的，必须接受审计机关的监督，并将有关情况以适当方式向社会公布。

第三十四条　本协会换届或更换法定代表人之前必须接受社团登记管理机关和业务主管单位组织的财务审计。

第三十五条　本协会的资产，任何单位、个人不得侵占、私分和挪用。

第三十六条　本协会专职工作人员的工资和保险、福利待遇参照国家对事业单位的有关规定执行。

第六章　章程的修改程序

第三十七条　对本协会章程的修改，须经理事会表决通过后提交会员大会审议。

第三十八条　本协会修改的章程，须在会员大会通过后 15 个工作日内，经业务主管单位同意，并报社团登记管理机关核准后生效。

第七章　终止程序及终止后的财产处理

第三十九条　本协会完成宗旨或自行解散或由于分立、合并等原因需要注销的，经业务主管单位同意，由理事会或常务理事会提出终止动议。

第四十条　本协会终止动议须经会员大会表决通过。并报业务主管单位同意。

第四十一条　本协会终止前，须在有关部门指导下成立清算组织，清理债权债务，处理善后事宜。清算期间，不开展清算以外的活动。

第四十二条　本协会经社团登记管理机关办理注销登记手续后即为终止。

第四十三条　本协会终止后的剩余财产，在社团登记管理机关的监督下，按照国家有关规定，用于发展与本团体宗旨相关的事业。

第八章 附 则

第四十四条 本章程经 2005 年 9 月 9 日第一届会员大会表决通过。

第四十五条 本章程的解释权属本协会的理事会。

第四十六条 本章程自业务主管单位审查同意，社团登记管理机关核准之日起生效。

附录二

中国民用航空旅客、行李国内运输规则

中国民用航空总局令（第49号）

（1996年2月28日）

第一章 总 则

第一条 为了加强对旅客、行李国内航空运输的管理，保护承运人和旅客的合法权益，维护正常的航空运输秩序，根据《中华人民共和国民用航空法》制定本规则。

第二条 本规则适用于以民用航空器运送旅客、行李而收取报酬的国内航空运输及经承运人同意而办理的免费国内航空运输。

本规则所称"国内航空运输"，是指根据旅客运输合同，其出发地、约定经停地和目的地均在中华人民共和国境内的航空运输。

第三条 本规则中下列用语，除具体条款中有其他要求或另有明确规定外，含义如下：

（一）"承运人"指包括填开客票的航空承运人和承运或约定承运该客票所列旅客及其行李的所有航空承运人。

（二）"销售代理人"指从事民用航空运输销售代理业的企业。

（三）"地面服务代理人"指从事民用航空运输地面服务代理业务的企业。

（四）"旅客"指经承运人同意在民用航空器上载运除机组成员以外的任何人。

（五）"团体旅客"指统一组织的人数在10人以上（含10人），航程、乘机日期和航班相同的旅客。

（六）"儿童"指年龄满两周岁但不满十二周岁的人。

（七）"婴儿"指年龄不满两周岁的人。

（八）"订座"指对旅客预定的座位、舱位等级或对行李的重量、体积的预留。

（九）"合同单位"指与承运人签订订座、购票合同的单位。

（十）"航班"指飞机按规定的航线、日期、时刻的定期飞行。

（十一）"旅客订座单"指旅客购票前必须填写的供承运人或其销售代理人据以办理订座和填开客票的业务单据。

（十二）"有效身份证件"指旅客购票和乘机时必须出示的由政府主管部门规定的证明其身份的证件。如：居民身份证、按规定可使用的有效护照、军官证、警官证、士兵证、文职干部或离退休干部证明，16周岁以下未成年人的学生证、户口簿等证件。

（十三）"客票"指由承运人或代表承运人所填开的被称为"客票及行李票"的凭

证，包括运输合同条件、声明、通知以及乘机联和旅客联等内容。

（十四）"联程客票"指列明有两个（含）以上航班的客票。

（十五）"来回程客票"指从出发地至目的地并按原航程返回原出发地的客票。

（十六）"定期客票"指列明航班、乘机日期和定妥座位的客票。

（十七）"不定期客票"指未列明航班、乘机日期和未定妥座位的客票。

（十八）"乘机联"指客票中标明"适用于运输"的部分，表示该乘机联适用于指定的两个地点之间的运输。

（十九）"旅客联"指客票中标明"旅客联"的部分，始终由旅客持有。

（二十）"误机"指旅客未按规定时间办妥乘机手续或因旅行证件不符合规定而未能乘机。

（二十一）"漏乘"指旅客在航班始发站办理乘机手续后或在经停站过站时未搭乘上指定的航班。

（二十二）"错乘"指旅客乘坐了不是客票上列明的航班。

（二十三）"行李"指旅客在旅行中为了穿着、使用、舒适或方便的需要而携带的物品和其他个人财物。除另有规定者外，包括旅客的托运行李和自理行李。

（二十四）"托运行李"指旅客交由承运人负责照管和运输并填开行李票的行李。

（二十五）"自理行李"指经承运人同意由旅客自行负责照管的行李。

（二十六）"随身携带物品"指经承运人同意由旅客自行携带乘机的零星小件物品。

（二十七）"行李牌"指识别行李的标志和旅客领取托运行李的凭证。

（二十八）"离站时间"指航班旅客登机后，关机门的时间。

第四条　承运人的航班班期时刻应在实施前对外公布。承运人的航班班期时刻不得任意变更。但承运人为保证飞行安全、急救等特殊需要，可依照规定的程序进行调整。

第二章　定　座

第五条　旅客在定妥座位后，凭该定妥座位的客票乘机。

承运人可规定航班开始和截止接受订座的时限，必要时可暂停接受某一航班的订座。

不定期客票应在向承运人定妥座位后才能使用。

合同单位应按合同的约定订座。

第六条　已经定妥的座位，旅客应在承运人规定或预先约定的时限内购买客票，承运人对所订座位在规定或预先约定的时限内应予以保留。

承运人应按旅客已经定妥的航班和舱位等级提供座位。

第七条　旅客持有定妥座位的联程或来回程客票，如在该联程或回程地点停留72小时以上，须在联程或回程航班离站前两天中午12点以前，办理座位再证实手续，否则原订座位不予保留。如旅客到达联程或回程地点的时间离航班离站时间不超过72小时，则不需办理座位再证实手续。

第三章 客 票

第八条 客票为记名式，只限客票上所列姓名的旅客本人使用，不得转让和涂改，否则客票无效，票款不退。

客票应当至少包括下列内容：

（一）承运人名称；
（二）出票人名称、时间和地点；
（三）旅客姓名；
（四）航班始发地点、经停地点和目的地点；
（五）航班号、舱位等级、日期和离站时间；
（六）票价和付款方式；
（七）票号；
（八）运输说明事项。

第九条 旅客应在客票有效期内，完成客票上列明的全部航程。

旅客使用客票时，应交验有效客票，包括乘机航段的乘机联和全部未使用并保留在客票上的其他乘机联和旅客联，缺少上述任何一联，客票即为无效。

国际和国内联程客票，其国内联程段的乘机联可在国内联程航段使用，不需换开成国内客票；旅客在我国境外购买的用国际客票填开的国内航空运输客票，应换开成我国国内客票后才能使用。

承运人及其销售代理人不得在我国境外使用国内航空运输客票进行销售。

定期客票只适用于客票中列明的乘机日期和航班。

第十条 客票的有效期为：

（一）客票自旅行开始之日起，一年内运输有效。如果客票全部未使用，则从填开客票之日起，一年内运输有效。

（二）有效期的计算，从旅行开始或填开客票之日的次日零时起至有效期满之日的次日零时为止。

第十一条 承运人及其代理人售票时应该认真负责。

由于承运人的原因，造成旅客未能在客票有效期内旅行，其客票有效期将延长到承运人能够安排旅客乘机为止。

第四章 票 价

第十二条 客票价指旅客由出发地机场至目的地机场的航空运输价格，不包括机场与市区之间的地面运输费用。

客票价为旅客开始乘机之日适用的票价。客票出售后，如票价调整，票款不作变动。

运价表中公布的票价，适用于直达航班运输。如旅客要求经停或转乘其他航班时，应按实际航段分段相加计算票价。

第十三条　旅客应按国家规定的货币和付款方式交付票款，除承运人与旅客另有协议外，票款一律现付。

第五章　购　票

第十四条　旅客应在承运人或其销售代理人的售票处购票。

旅客购票凭本人有效身份证件或公安机关出具的其他身份证件，并填写《旅客订座单》。

购买儿童票、婴儿票，应提供儿童、婴儿出生年月的有效证明。

重病旅客购票，应持有医疗单位出具的适于乘机的证明，经承运人同意后方可购票。

每一旅客均应单独填开一本客票。

第十五条　革命残废军人凭《革命残废军人抚恤证》，按适用票价的80%购票。

儿童按适用成人票价的50%购买儿童票，提供座位。

婴儿按适用成人票价的10%购买婴儿票，不提供座位；如需要单独占用座位时，应购买儿童票。

每一成人旅客携带婴儿超过一名时，超过的人数应购儿童票。

第十六条　承运人或其销售代理人应根据旅客的要求，出售联程、来回旅客票。

第十七条　售票场所应设置班期时刻表、航线图、航空运价表和旅客须知等必备资料。

第六章　客票变更

第十八条　旅客购票后，如要求改变航班、日期、舱位等级，承运人及其销售代理人应根据实际可能积极办理。

第十九条　航班取消、提前、延误、航程改变或不能提供原订座位时，承运人应优先安排旅客乘坐后续航班或签转其他承运人的航班。

因承运人的原因，旅客的舱位等级变更时，票款的差额多退少不补。

第二十条　旅客要求改变承运人，应征得原承运人或出票人的同意，并在新的承运人航班座位允许的条件下予以签转。

本规则第十九条第一款所列情况要求旅客变更承运人时，应征得旅客及被签转承运人的同意后，方可签转。

第七章　退　票

第二十一条　由于承运人或旅客原因，旅客不能在客票有效期内完成部分或全部航程，可以在客票有效期内要求退票。

旅客要求退票，应凭客票或客票未使用部分的"乘机联"和"旅客联"办理。

退票只限在出票地、航班始发地、终止旅行地的承运人或其销售代理人售票处办理。

票款只能退给客票上列明的旅客本人或客票的付款人。

第二十二条　旅客自愿退票，除凭有效客票外，还应提供旅客本人的有效身份证件，分别按下列条款办理：

（一）旅客在航班规定离站时间 24 小时以内、两小时以前要求退票，收取客票价 10% 的退票费；在航班规定离站时间前两小时以内要求退票，收取客票价 20% 的退票费；在航班规定离站时间后要求退票，按误机处理。

（二）持联程、来回程客票的旅客要求退票，按本条第一款规定办理。

（三）革命残废军人要求退票，免收退票费。

（四）持婴儿客票的旅客要求退票，免收退票费。

（五）持不定期客票的旅客要求退票，应在客票的有效期内到原购票地点办理退票手续。

（六）旅客在航班的经停地自动终止旅行，该航班未使用航段的票款不退。

第二十三条　航班取消、提前、延误、航程改变或承运人不能提供原订座位时，旅客要求退票，始发站应退还全部票款，经停地应退还未使用航段的全部票款，均不收取退票费。

第二十四条　旅客因病要求退票，需提供医疗单位的证明，始发地应退还全部票款，经停地应退还未使用航段的全部票款，均不收取退票费。

患病旅客的陪伴人员要求退票，按本条第一款规定办理。

第八章　客票遗失

第二十五条　旅客遗失客票，应以书面形式向承运人或其销售代理人申请挂失。

在旅客申请挂失前，客票如已被冒用或冒退，承运人不承担责任。

第二十六条　定期客票遗失，旅客应在所乘航班规定离站时间一小时前向承运人提供证明后，承运人可以补发原定航班的新客票。补开的客票不能办理退票。

第二十七条　不定期客票遗失，旅客应及时向原购票的售票地点提供证明后申请挂失，该售票点应及时通告各有关承运人。经查证客票未被冒用、冒退，待客票有效期满后的 30 天内，办理退款手续。

第九章 团体旅客

第二十八条 团体旅客定妥座位后，应在规定或预先约定的时限内购票，否则，所订座位不予保留。

第二十九条 团体旅客购票后自愿退票，按下列规定收取退票费：

（一）团体旅客在航班规定离站时间 72 小时以前要求退票，收取客票价 10% 的退票费。

（二）团体旅客在航班规定离站时间 72 小时以内至规定离站时间前一天中午 12 点前要求退票，收取客票价 30% 的退票费。

（三）团体旅客在航班规定离站时间前一天中午 12 点以后至航班离站前要求退票，收取客票价 50% 的退票款。

（四）持联程、来回程旅客票的团体旅客要求退票，分别按本条第（一）、（二）、（三）项的规定办理。

（五）团体旅客误机，客票作废，票款不退。

第三十条 团体旅客中部分成员要求退票，按照本规则第二十九条的规定收取该部分成员的退票费。

第三十一条 团体旅客非自愿或团体旅客中部分成员因病要求变更或退票，分别按照本规则第十九条、第二十三条或第二十四条的规定办理。

第十章 乘 机

第三十二条 旅客应当在承运人规定的时限内到达机场，凭客票及本人有效身份证件按时办理客票查验、托运行李、领取登机牌等乘机手续。

承运人规定的停止办理乘机手续的时间，应以适当方式告知旅客。

承运人应按时开放值机柜台，按规定接受旅客出具的客票，快速、准确地办理值机手续。

第三十三条 乘机前，旅客及其行李必须经过安全检查。

第三十四条 无成人陪伴儿童、病残旅客、孕妇、盲人、聋人或犯人等特殊旅客，只有在符合承运人规定的条件下经承运人预先同意并在必要时做出安排后方予载运。

传染病患者、精神病患者或健康情况可能危及自身或影响其他旅客安全的旅客，承运人不予承运。

根据国家有关规定不能乘机的旅客，承运人有权拒绝其乘机，已购客票按自愿退票处理。

第三十五条 旅客误机按下列规定处理：

（一）旅客如发生误机，应到乘机机场或原购票地点办理改乘航班、退票手续。

（二）旅客误机后，如要求改乘后续航班，在后续航班有空余座位的情况下，承运人应积极予发安排，不收误机费。

（三）旅客误机后，如要求退票，承运人可以收取适当的误机费。

旅客漏乘按下列规定处理：

（一）由于旅客原因发生漏乘，旅客要求退票，按本条第一款的有关规定办理。

（二）由于承运人原因旅客漏乘，承运人应尽早安排旅客乘坐后续航班成行。如旅客要求退票，按本规则第二十三条规定办理。

旅客错乘按下列规定处理：

（一）旅客错乘飞机，承运人应安排错乘旅客搭乘最早的航班飞往旅客客票上的目的地，票款不补不退。

（二）由于承运人原因旅客错乘，承运人应早安排旅客乘坐后续航班成行。如旅客要求退票，按本规则第二十三条规定办理。

第十一章　行李运输

第三十六条　承运人承运的行李，只限于符合本规则第三条第二十三项定义范围内的物品。

承运人承运的行李，按照运输责任分为托运行李、自理行李和随身携带物品。

重要文件和资料、外交信袋、证券、货币、汇票、贵重物品、易碎易腐物品，以及其他需要专人照管的物品，不得夹入行李内托运。承运人对托运行李内夹带上述物品的遗失或损坏按一般托运行李承担赔偿责任。

国家规定的禁运物品、限制运输物品、危险物品，以及具有异味或容易污损飞机的其他物品，不能作为行李或夹入行李内托运。承运人在收运行李前或在运输过程中，发现行李中装有不得作为行李或夹入行李内运输的任何物品，可以拒绝收运或随时终止运输。

旅客不得携带管制刀具乘机。管制刀具以外的利器或钝器应随托运行李托运，不能随身携带。

第三十七条　托运行李必须包装完善、锁扣完好、捆扎牢固，能承受一定的压力，能够在正常的操作条件下安排装卸和运输，并应符合下列条件，否则，承运人可以拒绝收运：

（一）旅行箱、旅行袋和手提包等必须加锁；

（二）两件以上的包件，不能捆为一件；

（三）行李上不能附插其他物品；

（四）竹篮、网兜、草绳、草袋等不能作为行李的外包装物；

（五）行李上应写明旅客的姓名、详细地址、电话号码。

托运行李的重量每年不能超过 50 公斤，体积不能超过 40×60×100 厘米，超过上述规定的行李，须事先征得承运人的同意才能托运。

自理行李的重量不能超过 10 公斤，体积每件不超过 20×40×55 厘米。

随身携带物品的重量，每位旅客以 5 公斤为限。持头等舱客票的旅客，每人可随身携带两件物品；持公务舱或经济舱客票的旅客，每人只能随身携带一件物品。每件随身携带物品的体积均不得超过 20×40×55 厘米。超过上述重量、件数或体积限制的随身携带物品，应作为托运行李托运。

第三十八条　每位旅客的免费行李额（包括托运和自理行李）：持成人或儿童票的头等舱旅客为 40 公斤，公务舱旅客为 30 公斤，经济舱旅客为 20 公斤。持婴儿票的旅客，无免费行李额。

搭乘同一航班前往同一目的地的两个以上的同行旅客，如在同一时间、同一地点办理行李托运手续，其免费行李额可以按照各自的客票价等级标准合并计算。

构成国际运输的国内航段，每位旅客的免费行李额按适用的国际航线免费行李额计算。

第三十九条　旅客必须凭有效客票托运行李。承运人应在客票及行李票上注明托运行李的件数和重量。

承运人一般应在航班离站当日办理乘机手续时收运行李；如团体旅客的行李过多，或因其他原因需要提前托运时，可与旅客约定时间、地点收运。

承运人对旅客托运的每件行李应拴挂行李牌，并将其中的识别联交给旅客。经承运人同意的自理行李应与托运行李合并计重后，交由旅客带入客舱自行照管，并在行李上拴挂自理行李牌。

不属于行李的物品应按货物托运，不能作为行李托运。

第四十条　旅客的逾重行李在其所乘飞机载量允许的情况下，应与旅客同机运送。旅客应对逾重行李付逾重行李费，逾重行李费率以每公斤按经济舱票价的 1.5% 计算，金额以元为单位。

第四十一条　承运人为了运输安全，可以会同旅客对其行李进行检查；必要时，可会同有关部门进行检查。如果旅客拒绝接受检查，承运人对该行李有权拒绝运输。

第四十二条　旅客的托运行李，应与旅客同机运送，特殊情况下不能同机运送时，承运人应向旅客说明，并优先安排在后续的航班上运送。

第四十三条　旅客的托运行李，每公斤价值超过人民币 50 元时，可办理行李的声明价值。

承运人应按旅客声明的价值中超过本条第一款规定限额部分的价值的 5‰ 收取声明价值附加费。金额以元为单位。

托运行李的声明价值不能超过行李本身的实际价值。每一旅客的行李声明价值最高限额人民币 8000 元。如承运人对声明价值有异议而旅客又拒绝接受检查时，承运人有权拒绝收运。

第四十四条　小动物是指家庭饲养的猫、狗或其他小动物。小动物运输，应按下列规定办理：

旅客必须在订座或购票时提出，并提供运输检疫证明，经承运人同意后方可托运。

旅客应在乘机的当日，按承运人指定的时间，将小动物自行运到机场办理托运手续。

装运小动物的容器应符合下列要求：

（一）能防止小动物破坏、逃逸和伸出容器以外损伤旅客、行李或货物。

（二）保证空气流通，不致使小动物窒息。

（三）能防止粪便渗溢，以免污染飞机、机上设备及其他物品。

旅客携带的小动物，除经承运人特许外，一律不能放在客舱内运输。

小动物及其容器的重量应按逾重行李费的标准单独收费。

第四十五条　外交信袋应当由外交信使随身携带，自行照管。根据外交信使的要求，承运人也可以按照托运行李办理，但承运人只承担一般托运行李的责任。

外交信使携带的外交信袋和行李，可以合并计重或计件，超过免费行李额部分，按照逾重行李的规定办理。

外交信袋运输需要占用座位时，必须在订座时提出，并经承运人同意。

外交信袋占用每一座位的重量限额不得超过75公斤，每件体积和重量的限制与行李相同。占用座位的外交信袋没有免费行李额，运费按下列两种办法计算，取其高者：

（一）根据占用座位的外交信袋实际重量，按照逾重行李费率计算运费；

（二）根据占用座位的外交信袋占用的座位数，按照运输起讫地点之间，与该外交信使所持客票票价级别相同的票价计算运费。

第四十六条　旅客的托运行李、自理行李和随身携带物品中，凡夹带国家规定的禁运物品、限制携带物品或危险物品等，其整件行李称为违章行李。对违章行李的处理规定如下：

（一）在始发地发现违章行李，应拒绝收运；如已承运，应取消运输，或将违章夹带物品取出后运输，已收逾重行李费不退。

（二）在经停地发现违章行李，应立即停运，已收逾重行李费不退。

（三）对违章行李中夹带的国家规定的禁运物品、限制携带物品或危险物品，交有关部门处理。

第四十七条　由于承运人的原因，需要安排旅客改乘其他航班，行李运输应随旅客作相应的变更，已收逾重行李费多退少不补；已交付的声明价值附加费不退。

行李的退运按如下规定办理：

（一）旅客在始发地要求退运行李，必须在行李装机前提出。如旅客退票，已托运的行李也必须同时退运。以上退运，均应退还已收逾重行李费。

（二）旅客在经停地退运行李，该航班未使用航段的已收逾重行李费不退。

（三）办理声明价值的行李退运时，在始发地退还已交付的声明价值附加费，在经停地不退已交付的声明价值附加费。

第四十八条　旅客应在航班到达后立即在机场凭行李牌的识别联领取行李。必要时，应交验客票。

承运人凭行李牌的识别联交付行李，对于领取行李的人是否确系旅客本人，以及由此造成的损失及费用，不承担责任。

旅客行李延误到达后，承运人应立即通知旅客领取，也可直接送达旅客。

旅客在领取行李时，如果没有提出异议，即为托运行李已经完好交付。

旅客遗失行李牌的识别联，应立即向承运人挂失。旅客如要求领取行李，应向承运人提供足够的证明，并在领取行李时出具收据。如在声明挂失前行李已被申领，承运人不承担责任。

第四十九条 无法交付的行李，自行李到达的次日起，超过 90 天仍无人领取，承运人可按照无法交付行李的有关规定处理。

第五十条 行李运输发生延误、丢失或损坏，该航班经停地或目的地的承运人或其代理人应会同旅客填写《行李运输事故记录》，尽快查明情况和原因，并将调查结果答复旅客和有关单位。如发生行李赔偿，在经停地或目的地办理。

因承运人原因使旅客的托运行李未能与旅客同机到达，造成旅客旅途生活的不便，在经停地或目的地应给予旅客适当的临时生活用品补偿费。

第五十一条 旅客的托运行李全部或部分损坏、丢失，赔偿金额每公斤不超过人民币 50 元。如行李的价值每公斤低于 50 元时，按实际价值赔偿。已收逾重行李费退还。

旅客丢失行李的重量按实际托运行李的重量计算，无法确定重量时，每一旅客的丢失行李最多只能按该旅客享受的免费行李额赔偿。

旅客的丢失行李如已办理行李声明价值，应按声明的价值赔偿，声明价值附加费不退。行李的声明价值高于实际价值时，应按实际价值赔偿。

行李损坏时，按照行李降低的价值赔偿或负担修理费用。

由于发生在上、下航空器期间或航空器上的事件造成旅客的自理行李和随身携带物品灭失，承运人承担的最高赔偿金额每位旅客不超过人民币 2000 元。

构成国际运输的国内航段，行李赔偿按适用的国际运输行李赔偿规定办理。

已赔偿的旅客丢失行李找到后，承运人应迅速通知旅客领取，旅客应将自己的行李领回，退回全部赔款。临时生活用品补偿费不退。发现旅客有明显的欺诈行为，承运人有权追回全部赔偿。

第五十二条 旅客的托运行李丢失或损坏，应按法定时限向承运人或其代理人提出赔偿要求，并随附客票（或影印件）、行李牌的识别联、《行李运输事故记录》、证明行李内容和价值的凭证以及其他有关的证明。

第十二章 旅客服务

第一节 一般服务

第五十三条 承运人应当以保证飞行安全和航班正常，提供良好服务为准则，以文明礼貌、热情周到的服务态度，认真做好空中和地面的旅客运输的各项服务工作。

第五十四条 从事航空运输旅客服务的人员应当经过相应的培训，取得上岗合格证书。未取得上岗合格证书的人员不得从事航空运输旅客服务工作。

第五十五条 在航空运输过程中，旅客发生疾病时，承运人应积极采取措施，尽力救护。

第五十六条　空中飞行过程中，承运人应根据飞行时间向旅客提供饮料或餐食。

第二节　不正常航班的服务

第五十七条　由于机务维护、航班调配、商务、机组等原因，造成航班在始发地延误或取消，承运人应当向旅客提供餐食或住宿等服务。

第五十八条　由于天气、突发事件、空中交通管制、安检以及旅客等非承运人原因，造成航班在始发地延误或取消，承运人应协助旅客安排餐食和住宿，费用可由旅客自理。

第五十九条　航班在经停地延误和取消，无论何种原因，承运人均应负责向经停旅客提供膳宿服务。

第六十条　航班延误或取消时，承运人应迅速及时将航班延误或取消等信息通知旅客，做好解释工作。

第六十一条　承运人和其他各保障部门应相互配合，各司其职，认真负责，共同保障航班正常，避免不必要的航班延误。

第六十二条　航班延误或取消时，承运人应根据旅客的要求，按本规则第十九条、第二十三条的规定认真做好后续航班安排或退票工作。

第十三章　附　则

第六十三条　本规则自1996年3月1日起施行。中国民用航空局1985年1月1日制定施行的《旅客、行李国内运输规则》同时废止。

关于修订《中国民用航空旅客、行李国内运输规则》的决定

中国民用航空总局令（第124号）

（2004年7月12日）

中国民用航空总局根据经国务院批准的民航国内航空运输价格改革方案的有关规定，决定对1996年2月28日以中国民用航空总局第49号令公布的《中国民用航空旅客、行李国内运输规则》（CCAR-271TR-R1）作如下修改：

一、第十五条第一至三款的内容修改为：

"革命伤残军人和因公致残的人民警察凭《中华人民共和国革命伤残军人证》和

《中华人民共和国人民警察伤残抚恤证》，按照同一航班成人普通票价的50%购票。

儿童按照同一航班成人普通票价的50%购买儿童票，提供座位。

婴儿按照同一航班成人普通票价的10%购买婴儿票，不提供座位；如需要单独占座位时，应购买儿童票。

航空公司销售以上优惠客票，不得附加购票时限等限制性条件。"

二、删除第二十二条第一款第（一）、（二）项和第二十九条、第三十条内容。

1996年2月28日以中国民用航空总局第49号令公布的《中国民用航空旅客、行李国内运输规则》（CCAR-271TR-R1）根据本决定做相应的修订，重新公布。

本决定自2004年8月12日起实施。

附录三

附表 3-1　中国主要航空公司的二字代码及名称

两字代码	公司名称（英文）	公司名称（中文）	所属国家或地区
BK	Okay Airways company Ltd.	奥凯航空有限公司	中国
CA	Air China	中国航空集团公司	中国
CX	Cathay Pacific Airways Limited	国泰航空公司	中国香港
CZ	China Southern Airlines	中国南方航空集团公司	中国
EU	United Eagle Airlines Ltd.	鹰联航空有限公司	中国
FM	Shanghai Airlines	上海航空公司	中国
HU	Hainan Airlines	海南航空股份有限公司	中国
KA	Hong Kong Dragonair	港龙航空公司	中国香港
KN	China United Airlines Co., Ltd	中国联合航空股份公司	中国
MF	Xiamen Airlines Ltd.	厦门航空有限公司	中国
MU	China Eastern Airlines	中国东方航空集团公司	中国
NX	Air Macau Company Ltd.	澳门航空公司	中国澳门
SC	Shandong Airlines	山东航空公司	中国
UO	Hongkong Express	港联航空有限公司	中国香港
ZH	Shenzhen Airlines	深圳航空公司	中国
3U	Sichuan Airlines	四川航空股份有限公司	中国
9C	Spring Airlines Ltd.	春秋航空有限公司	中国

附表 3-2　世界主要航空公司的两字代码及名称

两字代码	公司名称（英文）	公司名称（中文）	所属国家
AA	American Airlines	美国航空公司	美国
AC	Air Canada	加拿大航空公司	加拿大
AF	Air france	法国航空公司	法国
AI	Air India	印度航空公司	印度
AY	Finnair	芬兰航空公司	芬兰
AZ	Alitalia	意大利航空公司	意大利
A7	Air plus comet.	西班牙红风筝航空公司	西班牙
BA	British Airways	英国航空公司	英国
BI	Royal Brunei Airlines	文莱皇家航空公司	文莱
CO	Continental Airlines Inc.	大陆航空公司	美国

续表

两字代码	公司名称（英文）	公司名称（中文）	所属国家
EK	Emirates Airlines	阿联酋国际航空公司	阿联酋
ET	Ethiopian Airlines	埃塞俄比亚航空公司	埃塞俄比亚
E5	Samara Airlines	俄罗斯航空公司	俄罗斯
FD	Thai airaisa	泰国亚洲航空公司	泰国
FG	Ariana Afghan Airlines	阿富汗阿里亚纳航空公司	阿富汗
GA	Garuda Indonesia	印度尼西亚鹰航	印度尼西亚
HY	Uzbekistan Airways	乌兹别克斯坦航空公司	乌兹别克斯坦
H8	Khabarovsk Aviation	俄罗斯远东航空公司	俄罗斯
IR	Iran Air-The Airlines of the Islamic Repubic of Iran	伊朗航空公司	伊朗
JL	Japan Airlines	日本航空公司	日本
JS	Air Koryo	朝鲜航空公司	朝鲜
J2	Azerbaijan Airlines	阿塞拜疆航空公司	阿塞拜疆
KE	Korean Air	大韩航空	韩国
KL	Klm Royal Dutch Airlines	荷兰皇家航空公司	荷兰
KQ	Kenya Airways	肯尼亚航空公司	肯尼亚
LH	Lufthansa German Airlines	德国汉莎航空公司	德国
LY	El Al Israel Airlines Ltd.	以色列航空公司	以色列
MH	Malaysian Airlines	马来西亚航空公司	马来西亚
MI	Silk Air	新加坡胜安航空公司	新加坡
MS	Egypt Airlines	埃及航空公司	埃及
MO	Aero-Mongolia	蒙古国航空公司	蒙古
NH	All Nippon Airways Co., Ltd.	全日空公司	日本
NW	Northwest Airlines, INC.	美国西北航空公司	美国
OM	MIAT Mongolian Airlines	蒙古航空公司	蒙古
OS	Austrian Airlines	奥地利航空公司	奥地利
OZ	Asiana Airlines	韩亚航空公司	韩国
PG	Bangkok Airlines	曼谷航空	泰国
PK	Pakistan International Airlines	巴基斯坦国际航空公司	巴基斯坦
PR	Philippine Airlines, INC.	菲律宾航空公司	菲律宾
QF	Qantas Airways	澳洲航空公司	澳大利亚
QH	Altyn Air	吉尔吉斯斯坦黄金航空公司	吉尔吉斯斯坦
QR	Qatar Airlines	卡塔尔航空公司	卡塔尔
QV	Lao Aviation	老挝航空公司	老挝

续表

两字代码	公司名称（英文）	公司名称（中文）	所属国家
RA	Nepal Airlines	尼泊尔航空公司	尼泊尔
R8	Kyrghyzstan Airlines	吉尔吉斯斯坦国家航空公司	吉尔吉斯斯坦
SK	SAS-Scandinavian Airlines	北欧航空公司	瑞典
SQ	Singapore Airlines	新加坡航空公司	新加坡
SU	Aeroflot-Russian International Airlines	俄罗斯航空公司	俄罗斯
S7	Siberia Airlines	俄罗斯西伯利亚航空公司	俄罗斯
TG	Thai Airways International	泰国国际航空公司	泰国
TK	Turkish Airlines	土耳其航空公司	土耳其
T5	Turkmenistan Airlines	土库曼斯坦航空公司	土库曼斯坦
UA	United Airlines	美国联合航空公司	美国
UL	Srilankan Airlines Limited	斯里兰卡航空公司	斯里兰卡
UM	Air Zimbabwe	津巴布韦航空公司	津巴布韦
UX	Air Europa	西班牙欧洲航空公司	西班牙
VN	Vietnam Airlines	越南航空公司	越南
VS	Virgin Atlantic	维珍航空公司	英国
VV	Areosvit Ukranian Airlines	乌克兰空中世界	乌克兰
2P	Air Philippines	飞鹰航空公司	菲律宾
7J	Tajikistan Airlines	塔吉克斯坦航空公司	塔吉克斯坦

附表 3-3　中国主要城市三字代码

三字代码	城市全称	三字代码	城市全称
AAT	阿勒泰	KWL	桂林
AKA	安康	LIA	梁平
AKU	阿克苏	LHW	兰州
AQG	安庆	LHK	光化
BAV	包头	LUM	芒市
BAC	邦达	LUZ	庐山
BFU	蚌埠	LXA	拉萨
BJS	北京	LZO	泸州
BHY	北海	LDG	罗定
BSD	保山	LXI	林西
CAN	广州	LYG	连云港
CGD	常德	LYA	洛阳

续表

三字代码	城市全称	三字代码	城市全称
CGO	郑州	LYI	临沂
CGQ	长春	LZH	柳州
CHG	朝阳	MDG	牡丹江
CHW	酒泉	MXZ	梅县
CIF	赤峰	NAO	南充
CIH	长治	NDG	齐齐哈尔
CKG	重庆	NGB	宁波
CNI	长海	NKG	南京
CSX	长沙	NNG	南宁
CTU	成都	NNY	南阳
CZX	常州	NTG	南通
DAT	大同	QXU	衡州
DAX	达县	SJW	石家庄
DDG	丹东	SHA	上海
DLC	大连	SHE	沈阳
DNH	敦煌	SHP	山海关
DYG	大庸	SHS	沙市
DZU	大足	SIA	西安
ENH	恩施	SWA	汕头
ENY	延安	SZV	苏州
FOC	福州	SZX	深圳
FUG	阜阳	SYM	思茅
FUO	佛山	SYX	三亚
FYN	富蕴	TAO	青岛
GOQ	格尔木	TAC	塔城
GHN	广汉	TEN	铜仁
HAK	海口	TGO	通辽
HUZ	惠州	TNA	济南
HYN	黄岩	TSN	天津
HEK	黑河	TXN	屯溪
HET	呼和浩特	TNH	通化
HEF	合肥	TYN	太原
HGH	杭州	URC	乌鲁木齐
HHA	黄花（长沙）	UYN	榆林

续表

三字代码	城市全称	三字代码	城市全称
HLD	海拉尔	WEF	潍坊
HLH	乌兰浩特	WEH	威海
HMI	哈密	WNZ	温州
HNY	衡阳	WUH	武汉
HRB	哈尔滨	WXN	万县
HTN	和田	WUZ	梧州
HZG	汉中	WUX	无锡
INC	银川	XEN	兴城
IQM	且末	XFN	襄樊
IQN	庆阳	XIC	西县
JDZ	景德镇	XIL	锡林浩特
JGN	嘉峪关	XIY	咸阳（西安）
JHG	景洪	XIN	兴宁
JIL	吉林	XMN	厦门
JNG	济宁	XNN	西宁
JNZ	锦州	XUZ	徐州
JIU	九江	XNT	邢台
JJN	晋江（泉州）	YBP	宜宾
JMU	佳木斯	YIH	宜昌
KCA	库车	YIN	伊宁
KHG	喀什	YNT	烟台
KHN	南昌	YIW	义乌
KMG	昆明	YLN	依兰
KNC	吉安	YNJ	延吉
KOW	赣州	ZAT	昭通
KRL	库尔勒	ZGC	中川（兰州）
KRY	克拉玛依	ZHA	湛江
KWE	贵阳	ZUH	珠海

附表 3-4　世界主要城市三字代码

城市全称	三字代码	中文	国家或地区
ABU DHABI	AUH	阿布扎比	阿联酋
ADDIS ABABA	ADD	亚的斯亚贝巴	埃塞俄比亚
ADELAIDE	ADL	阿德莱德	澳大利亚
ALMA ATA	ALA	阿拉木图	哈萨克斯坦
AMMAN	AMM	安曼	约旦
AMSTERDAM	AMS	阿姆斯特丹	荷兰
ANCHORAGE	ANC	安克雷奇	美国
ANKARA	ANK	安卡拉	土耳其
ATHENS	ATH	雅典	希腊
ATLANTA	ATL	亚特兰大	美国
AUCKLAND	AKL	奥克兰	新西兰
BAGHDAD	BGW	巴格达	伊拉克
BAHRAIN	BAH	巴林	巴林
BANDUNG	BDO	万隆	印度尼西亚
BANGKOK	BKK	曼谷	泰国
BANGUI	BGF	班吉	中非
BARCELONA	BCN	巴塞罗那	西班牙
BARI	BRI	巴里	意大利
BEIRUT	BEY	贝鲁特	黎巴嫩
BELGRADE	BEG	贝尔格莱德	南斯拉夫
BELIZE	BZE	伯利兹城	伯利兹（拉美）
BERLIN	BER	柏林	德国
BERMUDA	BDA	百慕大	西印度洋岛
BISSAU	OXB	比绍	几内亚比绍
BOGOTA	BOG	波哥达	哥伦比亚
BOMBAY	BOM	孟买	印度
BONN	BNJ	波恩	德国
BOSTON	BOS	波士顿	美国
BRAZZAVILLE	BZV	布拉柴维尔	刚果（布）
BRISBANE	BNZ	布里斯班	澳大利亚
BRUSSELS	BRU	布鲁塞尔	比利时
BUCHAREST	BUH	布加勒斯特	罗马尼亚
BUDAPEST	BUD	布达佩斯	匈牙利
BUENOS AIRES	BUE	布宜诺斯艾利斯	阿根廷

续表

城市全称	三字代码	中文	国家或地区
CAIRO	CAI	开罗	埃及
CALCUTTA	CCU	加尔各答	印度
CAPE TOWN	CPT	开普敦	南非
CANBERRA	CBR	堪培拉	澳大利亚
CARCAS	CCS	加拉加斯	委内瑞拉
CHIANG MAI	CNX	清迈	泰国
COLOGNE	CGN	科隆	德国
CHICAGO	CHI	芝加哥	美国
COLOMBO	CMB	科伦坡	科伦坡
COPENHAGEN	CPH	哥本哈根	丹麦
DALLAS	DFW	达拉斯	美国
DAMASCUS	DAM	大马士革	叙利亚
DARESSALAAM	DAR	达累斯萨拉姆	坦桑尼亚
DARWIN	DRW	达尔文	澳大利亚
DENVER	DEN	丹佛	美国
DETROIT	DTT	底特律	美国
DHAKA	DAC	达卡	孟加拉
DJIBOUTI	JIB	吉布提市	吉布提
DUBAI	DXB	迪拜	阿拉伯联合酋长国
DUBLIN	DUB	都柏林	爱尔兰
DUSSELDORF	DUS	杜塞尔多夫	德国
EDINBURGH	EDI	爱丁堡	英国
FLORENCE	FLR	佛罗伦萨	意大利
FRANKFURT	FRA	法兰克福	德国
FUKUOKA	FUK	福冈	日本
GENEVA	GVA	日内瓦	瑞士
GLASGOW	GLA	格拉斯哥	英国
GUAM	GUM	关岛	太平洋马里亚纳群岛中最大的一个岛，属美国管辖
HAMBURG	HAM	汉堡	德国
HANOI	HAN	河内	越南
HAVANA	HAV	哈瓦那	古巴
HELSINKI	HEL	赫尔辛基	芬兰
HO CHI MINH	SGN	胡志明市	越南

续表

城市全称	三字代码	中文	国家或地区
HONGKONNG	HKG	香港	中国
HONOLULU	HNL	檀香山	美国（夏威夷）
HOUSTON	HOU	休斯敦	美国
IRKUTSK	IKT	伊尔库茨克	俄罗斯
ISLAMABAD	ISB	伊斯兰堡	巴基斯坦
ISTANBUL	IST	伊斯坦布尔	土耳其
JAKARTA	JKT	雅加达	印度尼西亚
JEDDAH	JED	吉达	沙特阿拉伯
JOHANNESBURG	JNB	约翰内斯堡	南非
KABUL	KBL	喀布尔	阿富汗
KARACHI	KHI	卡拉奇	巴基斯坦
KATHMANDU	KTM	加德满都	尼泊尔
KIEV	IVE	基辅	乌克兰共和国
KINGSTON	KIN	金斯敦	牙买加
KINSHASA	FIH	金沙萨	刚果（金）
KUALA LUMPUR	KUL	吉隆坡	马来西亚
KUWAIT	KWI	科威特	科威特
LAGOS	LOS	拉各斯	尼日利亚
LAPAZ	LPB	拉巴斯	玻利维亚
LEEDS	LBA	利兹	英国
LIMA	LIM	利马	秘鲁
LINCOLN	LNK	林肯	美国
LISBON	LIS	里斯本	葡萄牙
LIVERPOOL	LPL	利物浦	英国
LOME	LFW	洛美	多哥
LONDON	LON	伦敦	英国
LOS ANGELES	LAX	洛杉矶	美国
LUANDA	LAD	卢安达	安哥拉
LYON	LYS	里昂	法国
MACAU	MFM	澳门	中国
MADRAS	MAA	马德拉斯	印度
MADRID	MAD	马德里	西班牙
MALTA	MLA	马耳他	马耳他
MANCHESTER	MAN	曼彻斯特	英国

续表

城市全称	三字代码	中文	国家或地区
MANHATTAN	MHK	曼哈顿	美国
MANILA	MNL	马尼拉	菲律宾
MAPUTO	MPM	马普托	莫桑比克
MARSEILLE	MRS	马赛	法国
MELBOURNE	MEL	墨尔本	澳大利亚
MEXICO CITY	MEX	墨西哥城	墨西哥
MIAMI	MIA	迈阿密	美国
MILAN	MIL	米兰	意大利
MONTEVIDEO	MVD	蒙得维的亚	乌拉圭
MONTREAL	YUL	蒙特利尔	加拿大
MOSCOW	MOW	莫斯科	俄罗斯
MUNICH	MUC	慕尼黑	德国
NADI	NAN	楠迪	斐济
NAGASAKI	NGS	长崎	日本
NAGOYA	NGO	名古屋	日本
NAIROBI	NBO	内罗毕	肯尼亚
NEW ORLEANS	MSY	新奥尔良	美国
NEW YORK	NYC	纽约	美国
NICE	NCE	尼斯	法国
NOVOSIBIRSK	OVS	新西伯利亚	俄罗斯
NUREMBERG	NUE	纽伦堡	德国
OAKLAND	OAK	奥克兰	美国
OKINAWA	OKA	冲绳	日本
OSAKA	OSA	大阪	日本
OSLO	OSL	奥斯陆	挪威
OTTAWA	YOW	渥太华	加拿大
PANAMA CITY	PTY	巴拿马城	巴拿马
PARIS	PAR	巴黎	法国
PENANG	PEN	槟城	马来西亚
PHILADELPHIA	PHL	费城	美国
PITTSBURGH	PIT	匹兹堡	美国
PORT MORESBY	POM	莫尔兹比港	巴布亚新几内亚
PRAGUE	PRG	布拉格	捷克
PYONGYANG	FNJ	平壤	朝鲜

续表

城市全称	三字代码	中文	国家或地区
QUITO	UIO	基多	厄瓜多尔
YANGON	RGN	仰光	缅甸
REYKJAVIK	REK	雷克雅未克	冰岛
RIO DE JANEIRO	RIO	里约热内卢	巴西
RIYADH	RUH	利雅得	沙特阿拉伯
ROME	ROM	罗马	意大利
ROTTERDAM	RTM	鹿特丹	荷兰
ST LOUIS	STL	圣路易斯	美国
STPETERS BURG	LED	圣彼得堡	俄罗斯
SAIPAN	SPN	塞班	北马里亚纳群岛（塞班是首府，隶属于美国）
SANAA	SAH	萨那	也门
SAN FRANCISCO	SFO	旧金山	美国
SANTIAGO	SCL	圣地亚哥	智利
SANTIAGO	SCU	圣地亚哥	古巴
SAO PAULO	SAO	圣保罗	巴西
SAPPORO	SPK	札幌	日本
SEATTLE	SEA	西雅图	美国
SEOUL	SEL	首尔	韩国
SHARJAH	SHJ	沙迦	阿联酋
SYDNEY	SYD	悉尼	澳大利亚
SINGAPORE	SIN	新加坡	新加坡
SOFIA	SOF	索非亚	保加利亚
STOCKHOLM	STO	斯德哥尔摩	瑞典
SUVA	SUV	苏瓦	斐济
TAIPEI	TPE	台北	中国台湾
TEHRAN	THR	德黑兰	伊朗
TEL AVIV	TLV	特拉维夫	以色列
TIRANA	TIA	地拉那	阿尔巴尼亚
TOKYO	TYO	东京	日本
TORONTO	YYZ	多伦多	加拿大
TUNIS	TUN	突尼斯	突尼斯
TURIN	TRN	都灵	意大利
VANCOUVER	YVR	温哥华	加拿大

续表

城市全称	三字代码	中文	国家或地区
VENICE	VCE	威尼斯	意大利
VIENNA	VIE	维也纳	奥地利
VIENTIANE	VTE	万象	老挝
WARSAW	WAW	华沙	波兰
WASHINGTON	WAS	华盛顿	美国
WELLINGTON	WLG	惠灵顿	新西兰
WINNIPEG	YWG	温尼伯	加拿大
YAOUNDE	YAO	雅温得	喀麦隆
ZURICH	ZRH	苏黎世	瑞士

附表 3-5　机型代码

机型代码	机型全称	机型代码	机型全称
B787	波音 BOEING787	TU5	图 154 Tupolev154
B777	波音 BOEING777	SH6	肖特 360 Shorts360
B767	波音 BOEING767	DH4	冲 4 Dash4
B757	波音 BOEING757	DH8	冲 8 Dash8
B747	波音 BOEING747	146	BAE146
B737	波音 BOEING737	YK2	雅克 42 Yak42
B727	波音 BOEING727	SF3	萨伯 100 Saab AF340
B707	波音 BOEING707	ILW	伊尔 Ilyushin IL86
M82	麦克唐奈 道格拉斯 McDnnell Douglas MD82	FK1	福克 100 Fokker FK100
M11	麦克唐奈 道格拉斯 McDnnell Douglas MD11	AN4	安 24 Antonov24
M90	麦克唐奈 道格拉斯 McDnnell Douglas MD90	DHC	双水獭 Twin Otter
A300	空中客车 AIRBUS A300	YN7	运-7 Y-7

续表

机型代码	机型全称	机型代码	机型全称
A310	空中客车 AIRBUS A310	CRJ	庞巴迪 CRJ200
A319	空中客车 AIRBUS A319	ERJ	庞巴迪 EMB145
A320	空中客车 AIRBUS A320	DON	多尼尔 DORNIER32
A330	空中客车 AIRBUS A330		
A340	空中客车 AIRBUS A340		

参考书目

［1］田静．民航国内旅客运输．北京：国防大学出版社，1999．
［2］国际航协中国教学中心．BSP 教员复训课程，2006．
［3］石丽娜，周慧艳．航空客运实用教程．北京：国防工业出版社，2005．
［4］徐月芳，石丽娜．航空客货运输．北京：国防工业出版社，2004．
［5］中国民用航空旅客、行李国内运输规则．中国民航出版社，2004．